IMT 시리즈 ④
이슬람 연구 시리즈 ㉒

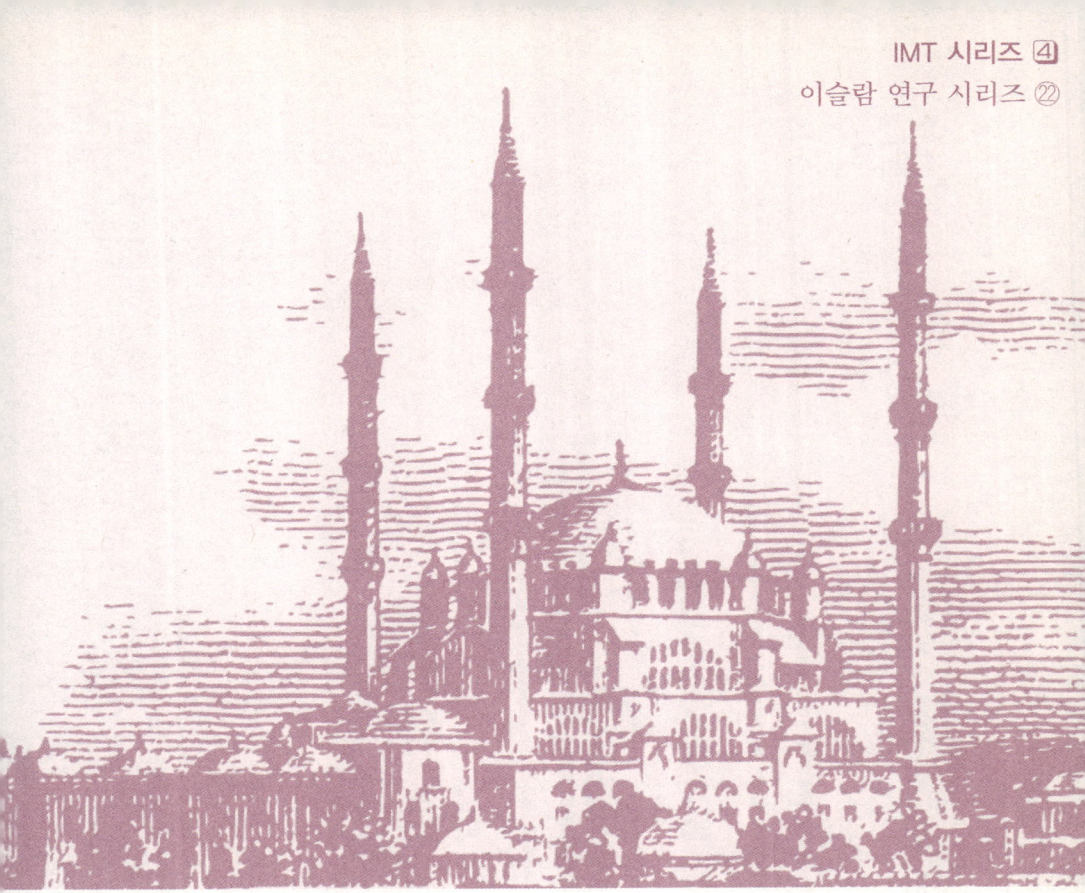

이슬람의 왜곡된 진리

이동주 지음

Truth Distorted by Islam

기독교문서선교회

기독교문서선교회(Christian Literature Center: 약칭 CLC)는 1941년 영국 콜체스터에서 켄 아담스에 의해 시작되었으며 국제 본부는 미국 필라델피아에 있습니다.

국제 CLC는 59개 나라에서 180개의 본부를 두고, 약 650여 명의 선교사들이 이동도서차량 40대를 이용하여 문서 보급에 힘쓰고 있으며 이메일 주문을 통해 130여 국으로 책을 공급하고 있습니다.

한국 CLC는 청교도적 복음주의 신학과 신앙서적을 출판하는 문서선교 기관으로서, 한 영혼이라도 구원되길 소망하면서 주님이 오시는 그날까지 최선을 다할 것입니다.

Truth Distorted by Islam

Written by
Dong-Joo Lee

Korean Edition
Copyright © 2017 by Christian Literature Center
Seoul, Korea

추천사 1

김 상 복 박사
햇불트리니티신학대학원대학교 명예총장

이동주 박사의 『이슬람의 왜곡된 진리』 출간은 시기적절하다. 이 책은 한국 정부, 한국 사회 및 한국의 종교 지도자들과 국민들이 주의 깊게 읽어야 한다. 이 책은 그리스도인들에게 진리를 왜곡하는 이슬람의 교리를 꾸란과 성경을 통해 하나씩 비교하며 자세히 설명해 주고 있다. 특히 정치, 군사, 경제, 교육, 종교가 하나인 이슬람의 세계 정복 전략을 상세히 독자들에게 알려주고 있다.

이미 한국에도 무슬림이 15만 명이 넘고 있고, 심지어 파키스탄 무슬림이 한국 국적을 취득하여 한국식 이름을 갖고, 벌써 보수 정당 정치에까지 깊이 들어가 활약하고 있다. 9.11 사태 이후 전 세계는 과격한 무슬림들의 지속적인 테러 때문에 몹시 불안해하고 있다. 유럽은 이미 자신들의 무슬림 이민 정책이 실패했다고 공공연히 인정하면서도 늦어버린 상황을 어떻게 대처해야 할지를 전혀 모르고 방치한 상태이다. 테러 사건이 일어나면 조사하고 처벌하는 길밖에 없다.

한국에서는 이슬람의 장학금을 받고 이슬람 대학에 가서 박사학위를 받고 돌아온 분들이 대학의 교수들이 되어서 한국의 이슬람화에 앞장을 서며 우리 사회의 모든 분야에 조직적으로 침투해 왔고 지금도 계속하고 있다. 점점 증가해 가는 무슬림으로 인해 우리나라도 유럽이 실패한 이민 정책의 전철을 그대로 밟고 있는 것처럼 보인다.

이런 때에 이동주 박사가 이슬람의 꾸란과 이슬람의 모순에 환멸을 느낀 전(前) 무슬림들의 간증들을 통해 이슬람의 정체와 전략을 세밀하게 분석하여 우리에게 전해 주고 있다. 일부다처제를 믿는 무슬림 남자들은 본국에 아내와 자식들을 두고 있으면서도 한국에 와서 이슬람을 잘 알지 못하는 한국 여성들과 무조건 결혼하며 한국에 뿌리를 내리고 있다. 한국 정부와 사회가 이슬람의 정체를 정확히 파악하고 적절한 정책을 수립하지 않으면, 머지않아 이슬람 샤리아 법이 이 땅에 들어와 오랫동안 쌓아온 보편적 인권과 민주주의, 특히 오랜 세월을 거쳐 쟁취한 한국 여성들의 인권에 심각한 위기가 닥칠 것이다.

이 책은 그리스도인들만 읽을 책이 아니다. 이민 정책을 다루고 있는 한국 정부의 최고 지도층, 외무부, 출입국·외국인정책본부, 국정원, 국회의원 등 모두가 이 책을 반드시 읽고 한국 사회가 유럽과 같은 불행을 당하지 않도록 적절하고 지혜로운 정책을 세워 확실하게 대처해야 할 것이다. 기독교나 불교나 힌두교는 폭력적 종교가 아니다. 그러나 이슬람은 다르다. 그것을 역사와 현실이 증명하고 있다.

그리스도인들 중에는 이슬람을 두려워하지 말고 사랑으로 품어 주어야 한다는 견해도 있다. 원리적으로 옳다. 그리스도인들은 그들을 사랑으로 품고 사랑의 하나님을 만나게 해 주어 두려움 속에 사는 무슬림들이 두려움에서 자유와 해방을 누리게 도와주어야 할 것이다. 그러나 한국 정부는 유럽의 예와 이슬람의 세계 정복 정책과 전술을 정확히 파악하고 한국 사회의 현재와 미래를 보호해 줄 책임이 있다. 우리도 그들처럼 불행을 당하는 일이 없도록 대처해야 한다. 우리에게 진실과 필요한 경고의 메시지를 전해 준 이동주 박사에게 진심으로 감사를 드린다.

2017년 9월

추천사 2

김영한 박사
기독교학술원장, 한국개혁신학회 초대원장, 숭실대 기독교학대학원 설립원장

정통 복음주의 여성 신학자 이동주 박사가 『이슬람의 왜곡된 진리』를 출간하게 되어 기쁘다. 저자는 독일 하이델베르그대학교(신학 석사)와 튀빙겐대학교(신학 박사)에서 신약학, 종교학, 그리고 선교학을 깊이 연구한 학자로서 그의 문장은 군소리가 없는 신앙과 진리의 융합을 보여준다.

이 책은 이슬람의 정체와 지속되는 테러의 이유를 자료를 들어 상세히 밝히고 있는 중요한 이슬람 연구서이다. 이 책은 그동안 이슬람에 관해서 연구하여 언론과 학술 강연에서 발표한 논문들을 모은 것인데, 유럽과 세계 각지에서 테러로 문제를 야기하는 이슬람의 정체를 밝히고 그 대책을 제시하고 있다. 이 책은 스스로를 평화의 종교라고 변호하는 이슬람이 가는 곳마다 테러를 저지르는 그 원인이 꾸란에서 나오는 것임을 밝히고 있다.

저자는 제1부에서 선교학적이고 정통 신학적인 관점에서 알라와 하나님의 차이, 예수와 무함마드의 차이, 성령과 "악령"(Jinn)의 차이, 이슬람의 자력 구원과 기독교의 은총 구원의 차이를 잘 밝혔다.

제2부에서는 이희수 교수를 중심으로 하는 이슬람의 한국화 전략에 대한 구체적인 과정을 소개해준다.

제3부에서는 선교학자로서 현장에서 만난 한 이슬람 개종자의 간증을 보고한다.

제4부에서는 알라와의 합일을 추구하는 이슬람 신비주의인 수피즘(Sufism)에 대한 소개와 비판적 성찰을 한다.

제5부에서는 내부자 신학자들의 그릇된 상황화 신학을 비판적으로 조명한다. 저자는 이들이 꾸란을 긍정적으로 해석하고 꾸란이 강력하게 주장하는 반(反)삼위일체적이고 반(反)기독교적인 구절들에 관해서 침묵하고 있으며, 상황화 신학의 위험성은 바로 이러한 이슬람과 기독교를 다 끌어안아 진정한 회개로 인도하지 못하는 데 있다고 지적하고 있다.

저자는 무슬림들의 이주(헤지라)가 그들의 결혼 전략 및 다산(多産) 정책과 함께 알라가 그들의 경전(꾸란)에서 명령한 세계 이슬람화 전략 중에 하나라고 규정한다. 무슬림들은 세계 속으로 이주하고, 이주하는 곳마다 모스크를 세우고, 곳곳에 기도처들과 이슬람 센터와 학교 등을 세우며, 그들만의 특이한 공동체 생활을 하며, 절대로 현지인 사회 속에 뒤섞여 행동하지 않는다. 이 조직체가 견고해지면 그곳에 이슬람법(샤리아, Sharia)을 따로 세우고, 연이어 그들의 법이 그들이 이주한 국가의 법이 되게 하려고 투쟁을 벌인다.

저자는 무함마드가 722년 메카에서 메디나로 이주하여 그곳을 종교적, 정치적으로 완전히 장악한 것처럼, 무슬림 이주자들도 무함마드처럼 이주하고 그곳을 장악하여서, 과거에 기독교 지역이었던 소아시아(터키)와 북아프리카와 중동이 이슬람화되었고, 현대는 기독교 지역이었던 유럽을 그렇게 장악해 나가고 있다고 서술하고 있다.

현재 영국 사법부가 국내 무슬림들을 위한 샤리아(이슬람법)에 합법적 권한도 부여했다는 구체적인 예를 제시하고 있다. 저자는 강대국이요 기독교 국가였던 이집트가 어떻게 그렇게 강력한 이슬람 국가로 변하게 되었는지 그 과정을 제시하고 있다. 이러한 저자의 논거는 설득력이 있다.

현재 세계 곳곳에서 목격되는 바와 같이 비무슬림들에 대한 테러 등과 같은 "성전"이 발생한다. 저자는 그 원인을 이슬람의 세계관 때문이라고 설명한다. 이슬람은 무슬림과 비무슬림의 지역을 "평화의 집"(Dar al Islam)과 "전쟁의 집"(Dar al-Harb)으로 분리하고 있다. 이슬람의 집은 이슬람법과 평화가 다스리는 곳이고, 그 밖의 세상은 성전을 통해 이슬람화해야 할 곳이며 평화가 없는 곳이다. 꾸란은 "배교자"(기독교로의 개종자)에 관해서, 개종자들과 비무슬림들을 살해할 것을 명하고 있다. 지하드는 4가지 점진적인 방식을 거쳐야 한다고 한다. 먼저 가슴, 말, 펜, 그리고 마지막 수단으로 무력을 사용한다.

저자는 최근 한국에서 벌어지고 이슬람의 선교를 설명한다. 이슬람은 한국을 이슬람화하고 샤리아를 입법화하려는 목표를 두고 진행되는 타끼야 평화 종교 선전을 하고 있다. 저자는 한국에 샤리아가 입법화 되는 날부터 한국의 여성들과 기독교인들에게 대재앙이 임한다는 사실을 경종으로 알려주고 있다. 저자는 영국의 데이비드 캐머런 총리가 2011년 2월 5일 독일 뮌헨의 국제안보회의 중에 언급한 연설 중에 "실패한 정책(다문화주의)을 접을 시간이 됐다"라고 선언한 것을 상기시키고 다문화 실패 원인을 이슬람 테러리즘, 무슬림에 의한 성폭력, 폭력적인 범죄, 마약 등 네 가지로 꼽고 있다.

저자는 이슬람 지도자들이 지하드 전략으로 행하는 무슬림들의 타끼야(위장, 거짓말) 정책을 경계해야 하며, 타끼야의 원인이 되는 꾸란 자체의 내용을 교회는 물론 일반적인 무슬림 자신들도 잘 모른다고 지적한다. 꾸란과 이슬람은 모르는 것에 대한 질문이 절대 금지되어 있다. 그렇기 때문에 무슬림들은 꾸란과 샤리아의 비인간성, 잔인성 등을 보지 못한다.

또한 모든 무슬림들은 샤리아를 만든 자를 알라라고 믿기 때문에 오직 복종만 한다. 그러므로 그들의 판단력이 정지되었다. 오직 복종만 허락되는 무슬림에게는 결정권이 없고 샤리아와 무함마드의 전통에 완전히 통제받는다. 무함마드는 "내게 복종하는 자는 알라에게 복종하는 자"라고 하였다.

저자는 이슬람을 비판만 하는 것이 아니라 기독교적 마음으로, 무슬림도 하나님의 사람을 받을 권리를 가지고 있다고 역설하고 있다. 저자는 무슬림도 진정한 하나님의 자녀가 되는 권세를 얻을 수 있도록, 죄와 탐심으로 얼룩진 구제불능의 인간들을 찾아와 만나주시는 하나님의 형언할 수 없는 사랑을 전하고 있다. 저자는 이슬람의 경전과 토론하며 성경과 복음에 대한 무슬림들의 오해를 풀어주기 위해 이 책을 쓰고 있다.

이 책에는 냉철한 선교학자의 판단과 기독교적 사랑이 넘치고 있다. 이 책은 오늘날 한국 교회 모든 신자와 교회 지도자만이 아니라 사회 및 국가 지도자들이 반드시 읽어야 할 중요한 이슬람에 대한 권위 있는 안내서이다.

CONTENTS

추천사 1 (김상복 박사 | 횃불트리니티신학대학원대학교 명예총장)　5
추천사 2 (김영한 박사 | 기독교학술원장)　8

서론　14

제1부 무슬림도 받을 수 있는 하나님의 사랑　30

　제1장 하나님은 누구인가?　33
　제2장 예수는 그리스도인가?　45
　제3장 성령은 누구인가?　63
　제4장 구원은 어떻게 받는가?　79

제2부 이슬람 대처　100

　제1장 무슬림 인구 확장　109
　제2장 꾸란과 샤리아적인 세계 선교　113
　제3장 지하드 선교: 성전과 테러　123
　제4장 이슬람의 한국 고지 점령 전략　141
　제5장 이희수 교수의 "교과서 바로잡기" 논문 내용의 진실성 문제　150
　제6장 일부다처제와 다산에 의한 이슬람 확장　178
　제7장 이슬람 대처 방안　200
　부록　한 개종자의 간증　207

제3부 이슬람 수피즘 연구   214

　　제1장 **수피들의 신학** 221
　　제2장 **신비 체험** 228
　　제3장 **수피즘의 인간 신격화 신학의 문제점** 235

제4부 내부자 운동의 번역 성경과 상황화 신학의 문제   242

　　제1장 **꾸란의 생성** 247
　　제2장 **무슬림의 성경관** 251
　　제3장 **유일신 종교의 신 명칭** 257
　　제4장 **내부자 운동 번역 성경의 신 명칭** 265
　　제5장 **내부자 운동 번역 성경의 "메시아-예수"** 269
　　제6장 **두려움의 영과 성령** 278
　　제7장 **내부자들의 상황화 공동체** 285
　　제8장 **내부자 운동의 세계관에 대한 변증과 결론** 291

결론 301

참고문헌 312

서론

2006년에 리비아 지도자 무아마르 알 카다피가 다음과 같이 말했다.

> 현재 유럽에는 5천만의 무슬림이 있다. 칼이나 총, 혹은 어떤 정복 전쟁 없이도 알라의 도움으로 이슬람은 유럽에서 승리할 것이다. 5천만 유럽 무슬림들은 수십 년 안에 유럽을 무슬림 대륙으로 바꿀 것이다.[1]

이러한 주장은 사실이다. 무슬림 인구 팽창률과 이민-이주 정책을 통한 무슬림들의 확산으로 견주어 볼 때, 이 말은 누구도 무시할 수 없는 무게를 느끼게 한다.

무슬림들의 세계 이주는 일반인들의 이주와는 매우 다르게, 정치적이고 종교적인 행동이다. 경제적 이유에서든 정치적 이유에서든 무슬림들

---

[1] 샘 솔로몬 · 엘리아스 알 막디시, 『이슬람의 이주 정책 – 이슬람의 세계정복을 위한 주요전략』, 도움번역위원 역 (인천: 도움, 2016), 추천의 글(게르트 빌더스 하원의원, 1999).

은 세계 속으로 이주한다. 그들이 이주하는 곳마다 모스크가 세워지고, 곳곳에 기도처들과 이슬람 센터와 학교 등이 세워진다. 그들은 자신들만의 특이한 공동체 생활을 하며 절대로 현지인 사회 속에 뒤섞여 행동하지 않는다.

모스크 직원들은 자신들과는 다른 목표로 이주해 온 무슬림 이주자들에게도 능숙한 친절과 도움을 베풀며 접근하여 자신들의 조직 안으로 포섭한다. 그리고 이 조직체가 견고해지면 그곳에 이슬람법(샤리아, Sharia)을 따로 세우고, 자신들의 법이 자신들이 이주한 국가의 법이 되게 하려고 투쟁을 벌인다.[2]

아래의 꾸란 구절들을 보면, 무슬림들의 이주는 알라의 명령에 의한 것이며, 무슬림 이주의 동기와 목적은 세계 이슬람화임을 알 수 있다.

> 믿음을 갖고 이주하여 하나님의 길에서 그들의 재산과 생명으로 성전하는 자들은 하나님으로부터 가장 큰 보상을 받으니 …(Sura 9:20).

> 믿음으로 이주하여 하나님을 위해 싸우는 이들과 그들을 보호하여 도와주는 이들이 진실한 신앙인들이니 그들에게는 관용과 자비로운 양식이 있을 것이라(Sura 8:74).

> 후에 믿음을 갖고 이주하여 너희와 함께 성전하는 자 있었으니 이들도 너희 가운데 있으되 …(Sura 8:75).[3]

---

2 샘 솔로몬 · 엘리아스 알 막디시, 40f.
3 『성 꾸란 의미의 한국어 번역』, 최영길 역 (파하드 국왕 꾸란 출판청, 1999).

위와 같은 무슬림들의 이주는 그들의 결혼 전략과 다산 정책과 함께 알라가 그들의 경전(꾸란)에 명령한 세계 이슬람화 전략 중에 하나이다. 무함마드가 722년 메카에서 메디나로 이주하여 그곳을 종교적, 정치적으로 완전히 장악한 것처럼, 무슬림 이주자들도 무함마드처럼 이주하고 그곳을 장악하며 지배해 왔다.

과거에 기독교 지역이었던 중동이 그렇게 이슬람화되었고, 현재는 기독교 지역이었던 유럽을 그렇게 장악해 나가는 것이 아닌가?

현재 영국 사법부는 국내 무슬림들을 위한 샤리아(이슬람법)에 합법적 권한도 부여하였다.[4]

와하비즘의 창시자 쉐이크 압둘 와합은 다음과 같이 말했다.

> 헤지라(이주)는 이슬람교를 공개적으로 실천할 수 있는 모든 무슬림들에게 하나의 의무 사항이다. 왜냐하면 그들은 **헤지라를 통해 지하드에 참여**할 수 있고 무슬림의 수적인 증가에 기여할 수 있기 때문이다.[5]

이 주장과 같이, 무슬림들의 이주는 이슬람화의 초기 단계이다. 이를 뒤따라서 현재 세계 곳곳에서 목격되는 바와 같이 비무슬림들에 대한 테러 등의 "성전"이 발생한다.

아래의 사항들은 무슬림 이주자들이 "지키지 못하면 처벌을 받는다"라고 서명한 내용이다.

① 그 땅의 법을 따랐을 경우.
② 기존 사회와의 통합을 위해 최선을 다했을 경우.

---

[4] 샘 솔로몬 · 엘리아스 알 막디시, 23.
[5] 샘 솔로몬 · 엘리아스 알 막디시, 59f.

③ 종교를 개인의 자유의지로 선택할 수 있는 문제로 간주했을 경우.
④ 남녀가 모든 면에서 평등하다고 주장할 경우.
⑤ 차별적이고 폭력적인 교리 및 샤리아의 가르침이 오늘날에는 적용될 수 없고 효과가 없다고 간주했을 경우.
⑥ 무슬림과 비무슬림의 평등을 받아들였을 경우.
⑦ 국가와 종교의 분리를 지지할 경우.
⑧ 모든 개인이 자신의 혈족이나 공동체의 종교와 상관없이 각자 종교를 선택할 권리가 있다고 주장하며 이를 지지할 경우.[6]

이슬람은 무슬림과 비무슬림의 지역을 "평화의 집"(Dar al-Islam)과 "전쟁의 집"(Dar al-Harb)으로 분리하고 있다. 이슬람의 집은 이슬람법과 평화가 다스리는 곳이고, 그 밖의 세상은 성전을 통해 이슬람화해야 할 곳이며 평화가 없는 곳이다. 꾸란은 "배교자"(기독교로의 개종자)에 관해서, 다음과 같이 말하며 개종자들과 비무슬림들을 살해할 것을 명하고 있다.

> 그들이 배반한다면 그들을 포획하고 그들을 발견하는 대로 살해할 것이며 친구나 후원자를 찾지 말라(Sura 4:89).

> … 너희가 어디서 그들을 발견하든지 그들을 포획하여 살해하라 이는 하나님이(알라가) 너희를 위해 그 권한을 부여하였노라(Sura 4:91).

> 그들에 투쟁하라 하나님은 너희 손으로 그들을 벌하사 그들을 수치스럽게 하여 너희에게 승리를 안겨다 주시며 …(Sura 9:14).

---

6 샘 솔로몬 · 엘리아스 알 막디시, 125f.

세계 이슬람화를 목적으로 이주한 무슬림들은 위와 같이 온 세계를 이슬람화하기 위해서 하나로 뭉친다. 온 세상을 이슬람화하는 목표는 알라의 의지이고 그의 명령이다.

> 비록 그들이 성서의 백성이라 하더라도 항복하여 인두세를 지불할 때까지 성전하라 그들은 스스로 저주스러움을 느끼리라(Sura 9:29).

> 박해가 사라지고 종교가 온전히 하나님만의 것이 될 때까지 성전하라 (Sura 8:39).[7]

꾸란의 **불신자 및 배교자 살해 명령은** 모든 무슬림들에게 위임된 **사형집행장**이며, 이 명령에 의해서 일반 시민 목격자가 원하면 즉석에서 살해할 수 있다.

노니 다르위시는 자신의 책, 『이슬람의 인권과 여성 – 숨겨왔던 샤리아의 진실』(4HIM, 2013)에서 **강대국과 기독교 국가들**이 어떻게 그렇게 강력한 이슬람 국으로 변할 수 있었을까라는 질문에 대하여 **이집트 이슬람화**를 한 예로 살펴본다. 7세기에 두 강대국이었던 페르시아와 이집트는 639년에 동시에 이슬람의 침략을 받았고, 641년에 이 두 나라는 이슬람의 지배하에 들어갔다. 침입자들은 저항 세력에 대해 극단적으로 잔혹했다.

---

[7] 한국어 번역 꾸란 8:39의 "성전하라!" 즉 "와카틸루"의 원뜻은 접속사 "와"(그리고)와 "까-틸루"(죽여라, 어원은 '까탈라'[to kill]의 남성 복수 명령형)이다.

약탈, 집단 학살, 고문,[8] 노획물, 여성 노예 생포,[9] 강간[10] 등으로 이루어진 **극도로 잔인한 전략**에 의해 무슬림들의 선교 대상국은 급속하게 이슬람화가 된 것이다.

이집트 니키우(Nikiou) 시에서는 아무도 무슬림들에게 저항하지 않았는데도 무슬림들은 거리와 교회에서 만나는 모든 사람(남자, 여자, 어린아이)을 남김없이 살해하고, 마을을 약탈하며 사람들을 노예로 만들었다. 그들이 이집트인들에게 아랍어를 강요하여 결국 이집트는 콥틱어를 잃어버리고 아랍어를 국어로 채택했다. 또한 그들은 이집트 주민들에게 이슬람 법체계(샤리아)를 강요하고, 옛 문화를 말살시키며, 빠른 속도로 이슬람 문화

---

8 Abd al—Masih, *Gesetzgebung im Qur'an*(*Die Qur'ansische Schari'a*), *Der heiliger Krieg im Islam – Traum oder Wirklichkeit?* (EUSEBIA gGmbH, 2000), 25. 고문 또는 괴롭힘이란 아랍 단어는 '아드합'(adhab)이며 극한 고통을 의미한다. 이 단어는 꾸란에서 320회가 넘게 나타난다! 이것은 무시무시한 괴롭힘으로서 무하마드 종교의 기본적인 요소 중 하나이다. 이것은 반전주의자(전쟁기피자), 개종자, 스파이로 의심되는 사람, 포로 또는 알라의 전쟁에 각성을 주는 여성에게 행해져 왔고, 또 여전히 행해지고 있는 굴욕적이며 고통스러운 형벌로서 상상을 초월한 것이다. 물론 다른 종교에서도 끔직한 괴롭힘이 있다. 그러나 차이점은 알라는 꾸란에서 그들에게 명령했고, 이슬람법으로써 합법적으로 형벌을 주도록 하고 있다는 것이다(Sura 8:12; 9:5). Sura 8:12에서 "내가 불신자들의 마음을 두렵게 하리니 그들의 목을 때리고 또한 그들의 각 손가락을 '때리라'('자르라' 또는 '칼로 치라'를 최영길 번역 꾸란에서 타끼야 미화된 단어)"라는 말을 노니 다르위시는 "목과 관절을 쳐서 그들을 무력화하고 그들의 손가락과 발가락을 자르고 참수하라"로 묘사하였다(노니 다르위시, 『이슬람의 인권과 여성 – 숨겨왔던 샤리아의 진실』, 장성일 역 [4HIM, 2013], 162–4).

9 Abd al—Masih, *Gesetzgebung im Qur'an*, 26. 무함마드는 여자와 어린이들에 대하여는 싸우지 말라고 하였다. 그러나 지하드에서 포로로 잡힌 여성들을 강간한 예는 셀 수 없이 많다.

10 노니 다르위시, 『이슬람의 인권과 여성 – 숨겨왔던 샤리아의 진실』, 장성일 역 (4HIM, 2013), 170. 7세기 아라비아에서 지하드 전사들에게 최고의 대가로 성적인 보상을 제공했다. 그것은 전투에서 붙잡힌 여성들에 대한 무제한의 성행위를 허용한 것이다. 이와 같이 **지하드는 폭력과 성적 쾌락의 기회이다.** 여성 인권은 유린되고 짓뭉개졌다. 이 저자는 말하기를, 런던의 한 모스크 이맘 압둘 마킨(Abdul Makin)이 질의응답 시간에 **알라가 왜 무고한 비무슬림들을 살해하고 강간하라고 하는지**에 관해 질문을 받았는데, "그는 비무슬림들은 절대로 무고하지 않다. 그들은 알라와 그의 예언자를 부인하는 죄가 있다"라고 대답했다고 한다(노니 다르위시, 183).

로 대체했다. 이집트라는 **나라 이름**까지도 **미스르(Misr)로 바뀌었다.**

그리고 딤미들(dhimmis: 이슬람 국가의 내부에 사는 콥트교인들)에게는 과중한 인두세(Jijyah)를 부과함으로써, 그들이 노예 상태로 생존하게 했다(Sura 9:29).[11] 현재 이집트 콥트교인들의 형편도 다르지 않다. 딤미들이 **신성 모독**(혐오감을 일으키는 연설이나, '종교의 자유'나 '양심의 자유를 주장하는 범죄)을 한 경우에는 딤미-보호 약속이 철회되고, 그들은 사형이나 재산 몰수를 당한다.[12] 이집트에서 그리스도인 박해, 살인 방화 사건이 무수한데, 그 진행 과정에는 다음과 같은 공통점이다.

① 그리스도인들에 대한 거짓 소문을 퍼뜨리고,
② 금요예배(비무슬림 학살 선동이 매번 이루어지는 곳)에서 그리스도인들이 더 이상 인두세를 지불하지 않음으로 더 이상 보호받는 소수 민족이 될 수 없다는 내용의 그리스도인 공격을 위한 전단지가 돌려지면, 무슬림들은 살상과 파괴를 저지르기 위해 모스크에서 몰려 나간다.
③ 그러나 언론에서 그리스도인 집단 학살에 대한 뉴스는 별로 다뤄지지 않고,
④ 오히려 무슬림들은 "콥트교인들에게 아무런 편견도 없다"라고 주장하고, 그 무장 무슬림 공격자들은 비주류 소수의 극단주의자들이고, 그 학살자들은 이슬람을 대변하지 않는, 정신이 불안한 몇몇 개인들이라고 변명을 한다.[13]

---

11 Sura 9:29, "… 비록 성서의 백성이라 하더라도 항복하여 인두세를 지불할 때까지 성전하라. 그들은 스스로 저주스러움을 느끼리라."
12 노니 다르위시, 282-4.
13 노니 다르위시, 293-6.

이러한 학살은 '**자경단**'이라고 하는 일반 시민 무슬림들의 사형집행권 행사로 이루어진다.[14] 이집트 강경 무슬림들은 모스크 금요예배 때 젊은 이들을 충동한다. 2007년 2월 이집트 신문인 「알 마스리 알 욤」(*Al-Marsi Al-Yom*)은 "무슬림 여성과 그리스도인 젊은 남성 사이의 러브 스토리 소문으로 인해 그리스도인 가옥 25채와 점포 5개가 방화되었다"라고 보도하였다.[15] 이처럼 **지하드의 필수 조건은 분노**이다. 분노가 없으면 지하드도 없다. 그러므로 지하드로 온 세계를 이슬람화하라는 알라의 뜻을 이행하기 위해서 이슬람 지도자들은 무슬림들의 마음을 끊임없이 선동해야 한다.[16]

그러나 무슬림들의 대부분은 무기로 '성전'하는 사람들이 아니다. 모슬림들의 대부분은 선량한 시민으로 살아가는 무슬림 남녀들이다. 지하드를 행하는 원리주의 무슬림들은 약 15% 정도로 추산되고 있다. 그러나 무슬림들이 다수가 되면 원리주의자들도 그만큼 늘어난다. 그리고 모든 무슬림 남녀들의 공통점은 모두가 이슬람적이고, 알라의 명령대로 순종하고, 온 세계를 이슬람화하는 일을 자명한 것으로 알고 있다.

필자는 아랍에미리트(UAE) 장터에서 무슬림 어린아이들이 필자의 일행에 관해서 "엄마 저 사람들은 왜 무슬림 아니야?"라고 묻는 말과, 모든 무슬림 여인들이 필자에게 한 첫 질문이 "당신 무슬림이세요?"였다는 사실에 그 국민들의 신앙심에 놀란 적이 있다.

---

14 노니 다르위시, 206f. 물론 자경단의 위험성은, 한 무슬림이 의심과 미움으로 인해 살해를 했더라도 그 가해자는 죽은 상대방을 배교자나 신성 모독자로 죄명을 씌울 수 있다는 점에 있다.
15 노니 다르위시, 294f.
16 노니 다르위시, 282-284. 우리는 앞으로 모스크에서 이루어지는 무슬림들의 교육 내용에 관해서 무관심할 것이 아니라, 우리는 그들이 청소년들에게 비무슬림들을 향하여 무엇을 선동하고 분노하게 하고 충동을 느끼게 하는지를 알 필요가 있다.

최근에 **한국으로** 외래 종교인 이슬람이 들어와서 무슬림들이 모스크와 차세대 무슬림들을 위한 학교들을 짓고, 곳곳에 기도처와 그들의 할랄 음식을 요구하고 있다. 무슬림들의 사법부 시리즈 강연, 그들의 문화 선교, 매스컴 선교, 무함마드 생일 축하 피켓 시위, IS의 살해 대상자 명단 통보, 무슬림들의 장기 체류용 위장 결혼, 일부다처 결혼과 그 피해 사례 등이 발생하고 있다.

이제는 한국으로 이주한 무슬림 2세들이 군대에 입대하기 시작하였다. 최근 한국에서 벌어지고 있는 이 모든 일들은 한국을 이슬람화하고 **샤리아를 입법화하려는 목표**를 두고 진행이 된다. 우리는 그들이 국회, 사법계, 정치계, 교육계, 경제계 등에 진출하여 고지를 점령하려는 목적을 간파하고, 그들과 그들의 법이 우리의 통치자로 군림하지 못하도록 대비해야 할 것이다.

한국 정부는 또한 무슬림들이 한국을 이슬람화하기 위한 전략으로 **타끼야**(위장, 거짓말) **평화 종교 선전**을 하고 있다. 이제 이슬람화 초기 단계에 처한 한국과 한국 교회는 그들의 **타끼야 평화 선전**을 듣고 있다. 그러나 한국에 샤리아가 입법화되는 날부터 한국의 여성들과 그리스도인들에게 대재앙이 임한다는 사실을 알고 있어야 한다.[17]

우리는 구미 대륙에서 '다문화주의'를 이용하는 무슬림들의 배후 전략을 간파해야 한다. 우리도 이제는, 방향 감각 없는 얄팍한 다문화주의적 동정과 인권주의를 한국의 이슬람화를 위해 사정없이 이용할 수 있는 무슬림들의 한국 이슬람화 전략을 잘 파악하고, 마땅한 대비를 해야 할 것이다.

많은 그리스도인들이 종교다원주의와 문화다원주의에 심취하고 있지만, 이슬람은 그들의 역사가 증명하고 있는 바와 같이, 항상 불신자와의

---

17 참조, 한기총 제작 DVD, "이슬람을 경계하라"(2006).

전쟁과 세계 이슬람화를 위해 "성전"을 준비해 왔다. 무슬림 영혼들을 우리가 사랑해야 할 이웃으로 알고 그 사랑은 불변해야 하겠지만, 반(反)기독적이고 적그리스도적인 이슬람이 기독교 복음을 대체하도록 허용해서는 결코 안 될 것이다.

우리는 **영국**의 데이비드 캐머런 총리가 2011년 2월 5일 독일 뮌헨에서 열린 국제안보회의의 연설 중에 "**실패한 정책(다문화주의)을 접을 시간이 됐다**"라고 **선언**한 바를 귀 귀울여 들어야 한다. 2월 7일 영국「데일리 익스프레스」신문의 칼럼니스트 레오 미킨스트리는 **다문화 실패 원인**을, 이슬람 테러리즘, 무슬림에 의한 성폭력, 폭력적인 범죄, 마약, 이렇게 네 가지로 꼽았다.[18]

이슬람은 722년 무함마드가 메디나로 이주한 이래 오늘날까지 1,300여 년 동안 끊임없이 세계 이슬람화를 위해서 불신자들의 영혼과 땅을 정복해 왔고, 한결 같이 "성전"을 연습하며 시행해 왔다는 사실을 가볍게 여기지 말아야 한다.

기독교의 땅이었던 소아시아(터키)와 북아프리카와 중동의 교회들이 무슬림들의 침략에 의해 **지금 어떻게 되었으며**, 그 땅의 주인이었던 그리스도인들은 어떻게 박해를 견디며 살아 왔는지를 보라!

만일 한국 교회가 현재의 안일주의, 무지주의적인 삶에서 깨우치지 못한다면, 그것은 차세대들에게 무서운 형벌이 될 것이다. 현세대에 사는 우리로 인하여 차세대에 종교적 주인이 바뀌는 일이 발생하게 해서는 결코 안 될 것이다.

2007년 8월 쿠웨이트 잡지「알아라비」[19]에서 2007년 10월에 인천시에 개원할 "종합이슬람센타" 건립을 위해 이슬람 국가들에게 후원금을 요

---

18 http://blog.naver.com/9hunter9/220615588178
19 「알아라비」, Kuwait, 2007.8.16., 114-121.

청한 광고문인 '한국 이슬람을 위한 대문'(A Gate for Islam in Korea)을 보면, **한국**을 **"동아시아의 이슬람 전파를 위한 전초 기지"**라고 칭한 바가 있다. 무슬림들이 "한국을 2025년 또는 2020년까지 샤리아(이슬람법)가 다스리는 이슬람 국가로 만들겠다"는 소문도 사실무근하지는 않을 것이다. 1999년 11월 12일자 조선일보는 세계 무슬림 인구가 2025년에 인류의 1/3이 된다고 하였다.[20]

IS(이슬람 국가) 무장 세력은 60개국에 중국, 일본과 함께 한국에도 테러 위협을 경고하였고[21] 2016년 6월 19일에 IS는 우리나라의 민간인과 미군 기지를 공격 대상으로 지목하였다. 그들은 지난해(2015년 9월) 한국을 '반IS 동맹국'으로 밝히고 한국을 테러 협박 대상에 포함한 것이다.

국정원이 공개한 '유나이티드 사이버 칼리프 메시지'는 테러 대상들을 오산 등 주한 미군 공군 기지 2곳과 민간인 한 명으로 삼고, 조직원들에게 공격 지령을 내리는 방법으로 진행한다고 하였다. 사이버 폴리싱 연구센터장 정태진은 IS의 이와 같은 행사에 대해, 공포심을 극대화하는 심리전이라고 했다.[22]

2015년 2월 3일, "채널A"의 "쾌도난마"는 지난 5년간 한국 거리를 활보한 테러리스트가 56명이었다고 보도했다. 2016년 1월 20일자 「쿠키뉴스」는 "국내 외국인 근로자 7명, IS 가담 … 5년 간 '테러 관련' 51명 추방"이라는 제목으로 "국가정보원(국정원)이 20일 우리나라에서도 IS를 포함해 테러 관련 인물 51명이 지난 5년간 51명이나 추방했다"라고 밝혔다. 또 국정원은 국내에서 근로자로 활동했던 외국인 7명이 IS에 가담

---

20 「알아라비」, Kuwait, 2007.8.16., 114-121.
21 https://www.youtube.com/watch?v=rvQSgvgSwXs&feature=youtu.be
22 https://www.youtube.com/watch?v=oPVrwlu8IJ4&feature=youtu.be

한 사례가 있다고도 아래와 같이 전했다.

> 새누리당 이철우 정보정책조정위원장은 이날 오전 국회에서 열린 테러 위기상황 대처를 위한 합동 당정협의에서 국정원이 이 같은 내용을 보고했다고 밝혔다. 이 위원장은 "이런 것들을 봤을 때, 또한 국내에 들어와 있는 무슬림 관련 인물이 57개국 15만 5000명인 점 등의 정황들을 봤을 때 우리나라도 (테러의) 안전지대가 아니다"라며 "그래서 테러방지법이 준비되기 전이라도 현재의 지침과 경찰의 능력들을 최대한 가동해서 테러에 만전을 기해달라고 했다"고 전했다. 이와 관련해 이 위원장은 "현재 국정원에서는 테러 관련 정보를 수집할 수 있다. 법이 있는데도 불구하고 야당에서는 정보를 수집하는데 통신감청이나 금융추적을 할 수 있는 추가적인 조치해달라고 하는데도 그걸 안 해주려고 한다"며 "국정원에서 테러정보 수집도 못하게 하는 건 절대 안 된다. 국정원에서 테러 정보 수집할 수 있는 통신감청 해달라고 했다"고 밝혔다.[23]

IS는 일본인 2명, 유카와 하루나와 고토 겐지를 참수했다. 구토 겐지의 참수는 영상으로 공개되었다.[24] "채널A"는 참수된 인질들의 공통점이 IS 격퇴 지원국이라고 보도하였으며, "알카에다 등 국제 테러 조직 한국 침투," "지난 5년간 한국인 대상 테러 114건 달해," "테러리스트 붙잡아도 처벌 안하는 한국," "테러리스트 붙잡아도 구금 48시간 못넘겨"와 같은 자막을 내보냈다.[25]

---

23 http://news.kukinews.com/news/article.html?no=341671
24 https://www.youtube.com/watch?v=MsZHoKfcSlA
25 https://www.youtube.com/watch?v=epeN9WYA0Vo

세계 이슬람화 방법에 의해 이주 국에 무슬림 인구가 확대되면서 무슬림 지도자들은 **지하드 전략**으로 **타끼야**를 행한다.[26] 우리는 무슬림들의 **타끼야 정책**을 경계해야 한다. 문제는 타끼야의 **원인**이 되는 꾸란 자체의 내용을 교회는 물론, 일반적으로 무슬림 자신들도 잘 모른다는 것이다.

꾸란과 이슬람은 모르는 것에 대한 **질문이 절대 금지**되어 있다. 그렇기 때문에 무슬림들은 꾸란과 **샤리아**의 비인간성, 잔인성 등을 보지 못한다. 또 모든 무슬림들은 **샤리아를 만든 자를 알라**라고 믿기 때문에 오직 복종만 한다. 그 때문에 판단력이 정지되었다. 오직 복종만 허락되는 무슬림은 결정권이 없고 샤리아와 무함마드의 전통에 완전히 통제받는다. 무하마드는 "내게 복종하는 자는 알라에게 복종하는 자라"라고 하였다.[27]

우리는 꾸란이 주장하는 불신자와 개종자 살해 명령과 세계정복명령을 알고 있어야 하고 사법계에 접근하는 무슬림들의 이유를 간파하고, 한국 미래의 이슬람화와 샤리아의 지배로부터 벗어날 수 있는 길을 마련해야 한다.

우리는 이슬람과 샤리아가 한국 고지를 점령하여 한국의 주인이 되도록 허락해서는 안 될 것이다. 우리 한국 교회는 차세대 성도들의 영혼이 노략질 당하지 않도록, 그리스도의 복음이 변질되지 않도록 잘 파수해야 할 뿐만 아니라, 17억 명의 무슬림들을 포함한 온 세상의 잃어버린 영혼들에게 생명의 복음의 말씀을 잘 전할 수 있는 교회로 계속 존재해야 한다.

26　압 둘 미시흐, 『무슬림과의 대화』, 이동주 역 (서울: CLC, 2001), 155. 무슬림들은 전쟁 때 타끼야 전략으로 거짓말을 할 수 있다. **법적으로 허락되는 속임은 성전하는 동안**, 두 무슬림 사이의 화해를 위해서, 남편이 부인들에게, 부인이 남편에게 허락된다.

27　압 둘 미시흐, 237f, 276.

▲ 이주노동자들이 2016년 8월 21일 오후 서울 종로구 보신각 앞에서 "이주노동자 결의대회"를 열어 고용허가제 폐지와 노동3권 보장 등을 요구하고 있다.

▶▶▶ 이주노동자조합(위원장: 아노아르)은 "미등록 이주노동자 전면 합법화! 단속 추방 분쇄! 고용허가제 철폐!"를 외치며 피켓 시위를 하고 있다. 이러한 이주노동자들의 시위는 이미 10년 이상 계속되었다. '이주노동자 노동조합'이 형성된 동기는 한국 정부가 1994년에 '산업연수생제도'를 도입한 후, 2003년에 다시 '고용허가제'를 설치하면서 산업연수생제를 폐지했는데, 당시 이명박 대통령이 점차 늘어나고 있는 불법체류자들을 엄격하게 대처하기 위해 그들의 임금을 감봉 또는 삭감하거나 강제 추방을 감행하였다. 연이어 경북의 한 양돈장 정화조를 청소하던 네팔인 두 명의 질식사하는 사고가 발생하였다. 이 일로 인하여 노조의 시위는 더욱 격양되었다.
(위 내용의 출처들: http://blog.daum.net/bong-che/8147543; http://blog.daum.net/douron/6995387; http://kilsh.tistory.com/1124)

이 책 내용들은 필자가 최근 2-3년간에 걸쳐 '기독교학술원'(원장: 김영한 박사)에서 발표한 글들이다.

1. "무슬림도 받을 수 있는 하나님의 사랑"
2. "이슬람 대처"
3. "한 개종자의 간증"
4. "이슬람 수피즘 연구"
5. "내부자 운동의 번역 성경과 상황화 신학의 문제"

필자는 이 책에 위의 글들을 거의 그대로 옮겨 놓았는데, "이슬람 수피즘 연구"에는 필자가 내용을 다소 추가하였다. 이 책의 서론과 결론에 새로운 내용들이 포함되어 있다. 이 책의 내용들은 오프라인과 온라인 주간지인 「크리스천 투데이」의 '오피니언/컬럼'을 통해 공개된 것들이다.

늘 필자의 글을 컬럼에 옮겨준 「크리스천 투데이」 이대웅 부장님에게 진심으로 감사하고, 특별히 필자의 책들을 기꺼이 출판해 주신 CLC(기독교문서선교회)의 사장님이시고 필자가 소장으로 있는 "선교신학연구소"의 신학선교연구분과 위원장님이신 박영호 박사님께 깊은 마음으로 감사드린다.

이 책을 저술한 필자의 뜻은 한편으로 한국의 현재와 다음 세대에 이슬람의 실상을 알리고, 다른 한편으로는 무슬림 구도자들에게도 하나님의 사랑을 알게 하여 생명의 구원으로 초청하고자 하는 데 있다.

제1부

무슬림도 받을 수 있는 하나님의 사랑

제1장 하나님은 누구인가?
제2장 예수는 그리스도인가?
제3장 성령은 누구인가?
제4장 구원은 어떻게 받는가?

필자는 그동안 세계 복음화에 가장 도전이 되고 있는 아시아 종교 연구에 집중하던 중, 세계 이슬람이 2025년까지 한국을 이슬람화하려고 할 뿐만 아니라 이슬람법(샤리아)이 다스리는 나라가 되게 하려고 한다는 소식을 접하였다.

그리하여 서둘러 이 사실 여부를 살펴보니 실로 여러 명의 무슬림들이 한국 사법계과 법조계까지 들어가서 해마다 여러 차례 강연을 하고 있는 것을 발견하였다. 교회가 무관심한 사이에 무슬림들은 또 발 빠르게 이란의 사법부 수장 아야톨라 마흐무드 하세미 사루다까지 모셔와 사법 연수원에서 강의하게 하였다.[1]

필자는 이 실상을 알아 갈수록 이 외래 종교에 무관심한 한국 교회를 일깨우고자 하는 뜻으로 서둘러 변증적인 연구 발표를 해 왔다. 그러나 이제는 여러 신학자들과 선교사들이 이슬람의 실체를 밝히는 좋은 자료들을 공개하게 되었으므로, 필자는 이제 본연의 관심과 사명감으로 무슬림 영혼 구원을 위해서 간절한 마음으로 이 글을 쓰게 되었고, 설교 제목과도 비슷한 제1부의 제목이 설득력이 있을까 하는 의혹과 동시에 소원을 품고 필을 든다.

필자는 제1부의 내용을 통하여 한편으로는 아직도 여러 그리스도인들에게 생소한 이슬람이 무엇인지를 이해시키고, 다른 한편으로는 무슬림들에게 기독교에서 무엇을 믿고 또 어떻게 믿게 되는지를 이해시키고 싶다. 그리고 이슬람의 경전과 토론하며 성경과 복음에 대한 무슬림들

---

[1] 비공개자료 2009. 무슬림 지도자 이희수 교수(한양대학교)는 2007년 2학기 사법 연수원 선택 과목으로 "이슬람법과 문화"를 개설하였고 또 국내 이슬람 지도자인 한국외대 아랍어과 교수 손주영과 선문대 국제관계학 교수 이원삼 등과 함께 사법 연수원 교수위원으로 강좌를 맡았다. 이러한 사실로 볼 때, 이슬람교도들은 사법계 고지 점령으로 한국을 이슬람화하려는 활동을 펼치고 있는 것이다.

의 오해를 풀어주고 싶다. 무슬림들도 진정한 하나님의 자녀가 되는 권세를 얻을 수 있다는 것과, 죄와 탐심으로 얼룩진 구제불능의 인간들을 찾아와 만나주시는 하나님의 형언할 수 없는 사랑과, 모든 율법과 예언을 완성하시는 하나님의 사랑을 받는 방법과 결과를 전하고 싶다.

제1부의 내용은 기독교 교리에 대한 이슬람의 오해를 중심으로 다루면서 하나님의 사랑의 본질, 사랑의 하나님과 인간과의 관계, 타락한 죄인을 찾아오시는 하나님의 사랑과 구원의 길에 관하여 서술하고자 한다.

다시 확언하는 바는, 무슬림들도 엄청난 하나님의 사랑을 받고 있다는 사실을 깨닫고 하나님께 돌아와 그 크신 하나님의 사랑과 구원을 받아들이고 우리처럼 하나님을 찬양하며 행복을 노래할 수 있기를 소원한다.

필자는 무슬림 구도자들이 제1부의 내용을 접하여 하나님의 사랑과 구원의 진리를 알게 되기를 소원한다. 제1부의 내용은 하나님의 사랑을 중점으로 신론, 기독론, 성령론, 구원론에 관해 다루게 된다.

제 1 장

하나님은 누구인가?

요한일서 4:8-11에 **"하나님은 사랑이심이라"**라고 증거하는 바와 같이, 하나님은 그의 사랑 때문에 남·녀 인간을 **자기의 형상대로 창조**하셨다 (창 1:26-27).[1] 또 가족을 창조하신 하나님이 부모와 같은 마음으로 인간과 사랑의 관계를 가지시고(신 6:5; 요 3:16; 21:15-17), 하나님을 닮은 인간이 온 마음과 성품과 힘을 다해서 하나님을 사랑하기를 원하신다 (신 6:5). 성경은 사랑의 하나님에 관해서 아래와 같이 묘사하고 있다.

> 사랑은 여기 있으니 우리가 하나님을 사랑한 것이 아니요 하나님이 우리를 사랑하사 우리 죄를 속하기 위하여 화목 제물로 그 아들을 보내셨음 이니라 사랑하는 자들아 하나님이 이같이 우리를 사랑하셨은즉 우리도

---

[1] 이와 대조적으로 성경보다 훨씬 후대에 기록된 **꾸란**에는 알라가 인간을 **하나님의 형상**대로가 아니라 인간을 **"형상"**으로 창조하였다고만 기록되었기 때문에(Sura 7:11), 무슬림들은 남·녀 인간이 얼마나 고귀한 하나님의 형상으로 창조되었는지를 알지 못하고 또 인간이 어떤 사랑에 의해 창조되었는지를 알지 못하고 있다.

서로 사랑하는 것이 마땅하도다(요일 4:10-11).

꾸란의 하나님은 인간에게 접근하는 일도 없고 또 인간이 하나님께 접근하여 질문하는 것도 일체 허락하지 않는다. 그러므로 무슬림들이 하나님을 더욱 알고 싶어도 알라에게 또는 꾸란에 질문을 할 수 없게 되어 있기 때문에, 늘 불확실하고 불분명한 채로 살아가고 있다.

믿는 자들이여 분명한 것은 묻지 말라 했으니 그것이 오히려 해롭게 하느니라. 또한 꾸란이 계시되는 것을 묻는다면 이는 더욱 너희들에게 해악이라 … 너희 이전의 한 무리가 그러한 질문을 하였으니 그들은 그로 인하여 불신자들이 되었노라(Sura 5:101-102).[2]

그러나 우리 하나님은 우리가 섬기는 하나님이 어떤 하나님이신지를 알기 원하신다.[3] 우리가 하나님이 어떤 분이신지를 알지 못하면 하나님을 올바로 경외할 수 없고, 하나님에 대한 바른 지식이 없으면 선지자 호세아가 전한 말씀처럼 멸망하게 된다.

---

2 본문에서 인용된 꾸란은 사우디 아라비아 메디나에서 출판된 『성 꾸란 의미의 한국어 번역』, 최영길 역 (파하드 국장 성 꾸란 출판청, 1999)이다.

3 딤후 3:14-17, "그러나 너는 배우고 확신한 일에 거하라 너는 네가 누구에게서 배운 것을 알며 어려서부터 성경을 알았나니 성경은 능히 너로 하여금 그리스도 예수 안에 있는 믿음으로 말미암아 구원에 이르는 지혜가 있게 하느니라. 모든 성경은 하나님의 감동으로 된 것으로 교훈과 책망과 바르게 함과 의로 교육하기에 유익하니 이는 하나님의 사람으로 온전하게 하며 모든 선한 일을 행할 능력을 갖추게 하려 함이라."
벧후 1:5-7, "그러므로 너희가 더욱 힘써 너희 믿음에 덕을, 덕에 지식을, 지식에 절제를, 절제에 인내를, 인내에 경건을, 경건에 형제 우애를, 형제 우애에 사랑을 더하라."

내 백성이 지식이 없어 망하는도다 네가 지식을 버렸으니 나도 저를 버려 내 제사장이 되지 못하게 할 것이요 …(호 4:6).

그러므로 우리가 여호와를 알자 힘써 여호와를 알자 그의 나타나심은 새벽 빛 같이 어김없나니 비와 같이, 땅을 적시는 늦은 비와 같이 우리에게 임하시리라 하니라(호 6:3).[4]

1. 무슬림들의 '삼위일체' 오해

무슬림들은 기독교의 **삼위일체** 신앙을 '하나님 – 성모 마리아 – 예수'라는 세 분의 신으로 오해하여 극악한 신성 모독 죄(쉬르크)로 여기고 있다.

'삼위일체의 하나님'이라는 기독교 신 개념은 성령으로 거듭난 사람이 아니고는 이해할 수 없는 개념이다. 무슬림들이 기독교가 세 분의 하나님을 숭배한다고 여기는 이유 중에 하나는 아래와 같은 꾸란의 진술 때문이다. 꾸란은 알라 앞에 올라간 예수에게 알라가 예수 자신과 그의 어머니를 숭배하게 하였느냐고 질문하고, 이 질문에 대해 예수는 자신의 입으로 자신의 신성을 부정하고 있다.

하나님께서 마리아의 아들 예수야 네가 백성에게 말하여 하나님을 제외하고 나 예수와 나의 어머니를 경배하라 하였느뇨 하시니, 영광을 받으소서 결코 그렇게 말하지 아니했으며 그렇게 할 권리도 없나이다. 제가

---

[4] 엡 4:13, "우리가 다 하나님의 아들을 믿는 것과 아는 일에 하나가 되어 온전한 사람을 이루어 그리스도의 장성한 분량이 충만한데 까지 이르리니."

> 그렇게 말하였다면 당신께서 알고 계실 것입니다 …(Sura 5:116-117).[5]
>
> 하나님이 셋 중의 하나라 말하는 그들은 분명 불신자라. 하나님 한 분 외에는 신이 없거늘 만일 그들이 말한 것을 단념치 않는다면 그들 불신자들에게는 고통스러운 벌이 가해지리라 …(Sura 5:73).
>
> 하나님과 선지자들을 믿되 삼위일체설[6]을 말하지 말라 너희에게 복이 되리라. 실로 하나님은 단 한 분이시니 그분에게는 아들이 있을 수 없노라 (Sura 4:171).[7]

꾸란은 기독교의 "삼위일체"를 세 분의 신으로 오해하며 철저하게 부정한다. 무함마드는 대상(大商)으로 여행 중에 시리아에서 아리우스 사상과 같은 이단 신학을 접하여 예수 그리스도의 신성을 부정하게 된다. 그 한 예로 그리스도 예수가 '하나님의 아들'임을 부정하고 오직 "마리아의 아들"이며 하나의 피조물이라고 주장하는 바를 볼 수 있다.

예수 그리스도를 하나님의 아들이라고 고백하면 신성 모독 죄로 판정을 받으므로 무슬림들은 오늘날까지 예수 그리스도가 누구인지를 전혀 알 수 없게 된 것이다. 이것으로 보아 무함마드가 에비온파의 영향을 받은 것이 확실하다. 무함마드 출생 이전에 많은 아라비아인들은 기독교

---

[5] 꾸란은 예수 그리스도가 십자가에서 죽지 않고 살아 있던 채로 승천했다고 한다.
[6] 이 구절은 원어에 삼위일체라는 말은 들어있지 않기 때문에 잘못된 번역이다. 이 꾸란 구절 속의 "thalathatu"는 삼위일체가 아니라 "셋" 또는 "세 분"이라고 번역되어야 한다.
[7] 참조, 무함만 압둘 아렘 시디끼, 『이슬람 교리문답』, 하지 사브리 서정길 역 (이슬람 선교성, 트리폴리, 주한 리비아 국민사무소, 1983). "하나님은 동반자가 없으며, 하나님은 자식을 생산하지도 않으며, 생산되지도 않고, 인간의 모습으로 나누어져서 땅에 내려오지도 않습니다. … 하나님 같은 다른 분이 또 있을 수 없고 …."

를 받아 들였고, 대부분의 그리스도인들은 유대 배경, 에티오피아 배경, 시리아 배경의 신앙을 소유하고 있는 소그룹들이었다. 이러한 그룹에서 동정녀 마리아 숭배를 발견한 무함마드가 이를 우상 숭배로 정죄한 것은 당연한 일이었다.[8]

그러나 사실, '기독교 이단 종파'[9]가 아니고는, 어떤 그리스도인도 꾸란과 무슬림들이 주장하는 바와 같은 삼위일체를 '성부 – 성모 – 예수'로 믿고 있지 않다. 아라비아 반도에는 이단으로 정죄 받고 이주해 온 많은 이단들이 있었다. 그중 에비온파는 예수 그리스도의 인성만을 인정하고 예수를 위대한 예언자로서만 믿으며, 바울서신을 배척하며, 할례를 행하고 율법을 철저히 지킴으로써 구원을 받는다고 믿고 있었다. 이들은 그리스도인들을 '나사라'로 칭하는데, 꾸란에서 그리스도인들을 칭하는 바와 동일하다.[10]

---

8   안드리아스 마우러, 『무슬림 전도학 개론』, 이승준 · 전병희 역 (서울: CLC, 2011), 34-35. 당시 아라비아 반도에는 아라비아어로 번역된 성경도 없었고 정통 신학자도 없었다.
9   시리아와 이집트에는 단성론자들이 많았다. 단성론이란 그리스도의 두 본성이 합쳐져서 단 한 본성만을 가지신다는 교리이다(『기독교 대백과사전』 4 [서울: 기독교문사, 1985], 595). 칼케돈과 콘스탄티노플에서 정죄를 받아 이단이 된 단성론자들과 단의론자들, 그리고 네스토리우스주의자들은 이슬람의 통치하에 들어가게 되자 이슬람을 환호하였다(『기독교 대백과사전』 4, 595). 이집트의 콥트교회, 시리아의 야콥교회, 에티오피아 정교회, 아르메니아 사도교회, 마론교회가 그리스도의 단성론자들에 속한다. 단성론자들은 451년 칼케돈 공의회에서 이단으로 정죄되었다. 시리아는 무함마드의 대상 여행지였고, 이집트는 초기 "계시 수령자" 무함마드의 피신처였다. 네스토리우스는 아라비아 수도원으로 은퇴하였고, 네스토리우스파는 페르시아와 중국으로 확장되었다. 또한 아라비아에는 그리스도에게는 신적 의지만이 있었다는 '단의론'을 주장하는 마론교회가 있었다. 마론교회는 제6차 콘스탄티노플 공의회(680년)에서 이단으로 정죄 받았다. 네스토리우스가 정죄를 받고 페르시아 쪽으로 이동하였을 때, 안디옥 학파에 속한 자들도 함께 페르시아로 도피하였고 네스토리안은 아라비아, 인도, 중국으로 확산되었다(공일주, 『아랍교회에 부흥 있으라』 [서울: 예루살렘, 2000], 211-212).
10 공일주, 『아랍교회에 부흥 있으라』 (서울: 예루살렘, 2000), 218.

2. 하나님은 삼위일체인가?

> 그러므로 너희는 가서 모든 족속을 제자로 삼아 아버지와 아들과 성령의 이름으로 세례를 베풀고(마 28:19).

위의 성경 말씀은 부활하신 예수 그리스도께서 승천하시기 전에 제자들에게 남기신 단 한 가지 유언이다. 그 유언의 내용은 모든 족속을 제자로 삼고 그들에게 **아버지와 아들과 성령의 이름으로** 세례를 베풀라는 명령이다. 그 '이름'이라는 그리스어 중성 명사는 **삼인칭 단수 명사인 "그 이름"**(토 오노마, τὸ ὄνομα)[11]으로 되어 있다. 성부와 성자와 성령이 세 분의 하나님이 아니라 **한 분의 하나님**이심을 확인하는 것이다.

그러면 기독교의 하나님인 삼위일체란 본래 어떤 하나님인가?

하버드 대학교에서 신약학으로 박사학위를 받은 연세대학교 교수 김정주는 그의 논문에서 성령을 하나님 자신의 영이라고 논증하면서, 삼위일체 하나님이 복수의 신이 아니고 유일한 신으로서 **구약에서도** 발견할 수 있는지를 연구하였다. 그의 저서 『바울의 성령 이해』는 구약의 유일신적 삼위일체의 "하나"에 관해서 뛰어난 연구인데, 그는 구약에서 "하나"에 대한 두 가지 개념을 발견하였다.

김정주는 신명기 6:4의 "이스라엘아 들으라 우리 하나님 여호와는 **오직 하나인 여호와시니**"라는 구절의 "하나"(에하드, אֶחָד)에는 복수적 개념의 의미가 담겼다는 것을 발견하였다. 이 복수적 의미를 품은 '에하드'는 단일성 개념인 '야히드'(יָחִיד, "하나")와 구별된다. '야히드'는 창세기 22:2,

---

[11] **토 오노마 투 파트로스 카이 투 휘우 카이 투 하기우 프뉴마토스**(τὸ ὄνομα τοῦ πατρὸς καὶ τοῦ υἱοῦ καὶ τοῦ ἁγίου πνεύματος, "아버지와 아들과 성령의 이름").

스가랴 12:10에서 처럼 "독자"(獨子)를 위한 개념으로서 단일성을 나타내는 "하나"이다. 그러나 '에하드'는 에스겔 37:17의 두 막대기가 하나가 될 때, 또는 한 남자가 아내와 연합하여 둘이 한 몸이 될 때(창 2:24) 사용되는 복합적인 "하나"이다.[12]

그렇다면, 인간을 창조하시면서 "우리의 형상을 따라 우리의 모양대로 우리가 사람을 만들자"라고 하신 유일하신 창조주 하나님의 주어가 2인칭 복수 대명사인 이유를 이해할 수 있게 된다(창 1:26).[13]

압둘 마시흐는 세속적인 사람을 위해서 흰자와 노른자와 껍질로 되어 있는 계란이나 삼각형 또는 삼분설적 인간론 등을 예로 들어 삼위일체를 설명하고 있다.[14]

삼위일체 하나님의 본질은 사랑이고, 그 사랑의 본질은 공동체적 본질이다. 이 사랑의 본질이 인간과도 사랑의 공동체를 형성하기 위해서 인간을 하나님의 형상대로 창조하셨고, 피조물인 인간에게 다가오시는 하나님으로서, 하나님을 떠난 죄인들에게 메시아를 보내주셨으며, 하나님 자신의 영인 성령을 보내주셔서 결국 인간과 '임마누엘' 공동체[15]를 이루셨으며, 인간에게 마음과 뜻과 힘을 다하여 하나님을 사랑하라는 전인적인 사랑을 요구하셨다(신 6:5).

삼위일체 하나님에 대한 지식은 신비로운 것이기에 마틴 루터는 성령으로 말미암아 그리스도를 믿게 된 이유를 그의 『소요리문답』(*Der Kleine*

12　김정주, 『바울의 성령 이해』 (서울: CLC, 1997), 279f.
13　꾸란은 철저히 반삼위일체적 단신(單神)을 주장하면서도 알라 자신을 일컬을 때는 삼인칭 복수인 "우리"로 칭하는 큰 모순을 드러내고 있다. 그들은 알라를 가리키는 "우리"를 장엄복수라고 주장하나, 알라는 왜 다수의 지시대명사로 받을까 하는 의문을 가지게 된다.
14　압 둘 미시흐, 『무슬림과의 대화』, 이동주 역 (서울: CLC, 2001), 33.
15　임마누엘: 예수의 이름(참조, 사 7:14; 마 1:23).

Katechismus)에서 아래와 같이 고백하였다.

> 나는 나의 이성으로나 나의 힘에 의해 예수 그리스도를 나의 구주로 믿거나 그에게 나아올 수가 없다. 내가 주를 믿는 것은 성령께서 복음을 통하여 나를 부르시고 그의 은사로써 깨닫게 하시며 올바른 신앙으로 거룩하게 하시고 또 지키시기 때문이다.[16]

에밀 브룬너(E. Brunner) 역시 성령에 의존하여 그리스도를 믿게 되는 것임을 아래와 같이 증거하였다.

> 성령을 받는 것은 높임 받으신 살아 계신 주를 만나는 것이며, 그 이유는 십자가에서 죽으셨다가 죽은 자 가운데서 부활하신 자를 성령께서 하나님의 아들이라고 증거하기 때문이다.[17]

위의 루터나 브룬너이 말한 바와 같이, 모든 그리스도인의 신앙 고백인 삼위일체 하나님에 대한 신앙과, 하나님의 아들 예수 그리스도에 대한 고백과, 하나님 자신의 영인 성령에 대한 지식은 인간의 사색에 의한 것이 아니라, 하나님이 우리 죄를 사하심을 믿고 회개함으로 받은 성령의 계시에 의한 것이다(행 1:8; 2:38; 고전 12:3). 예수 그리스도의 이름으로 세례를 받고 죄 사함을 받은 사람이라야 하나님이 약속하신 성령을

---

[16] "Ich glaube, daß ich nicht aus eigener Vernunft noch Kraft an Jesus Christus, meinen Herrn, glauben oder zu ihm kommen kann, sondern der Heilige Geist hat mich durch das Evangelium berufen, mit seinen Gaben erleuchtet, im rechten Glauben geheiligt und erhalten …."

[17] E. Brunner, *Die Lehre vom Heiligen Geist* (Zürich, 1945), 11-4.

받게 되고, 성령을 받고 나서야 비로소 오직 한 분의 삼위일체 하나님을 알게 되고 또 교제하는 경험을 하게 된다.

3. 하나님은 아버지인가?

꾸란은 증거하기를, 알라 외에는 모든 존재(예수도 포함)는 다 피조물이고, 모든 피조물은 하나님에게 오직 노예일 뿐(Sura 19:93)이며, 예수 그리스도조차 알라의 노예라고 한다(Sura 4:172).

종에게는 아버지가 없다. 또한 아들을 부인하는 자에게도 아버지가 없다(요일 2:23). "종"은 하나님을 무서워할 뿐이고, 하나님의 하는 일을 알지 못한다(요 15:15). 종은 하나님의 자녀도 아니고, 용서 받은 일도 없는 죄의 종으로써, 하나님의 무서운 심판을 기다려야 하는 것이다.

하나님의 자녀가 되어 하나님의 심판과 정죄로부터 자유함과 기쁨을 누리는 그리스도인들에 대해서 무슬림들은 신성 모독 죄를 적용한다. 그러나 성경에서는 하나님 아버지와 그 아들 예수 그리스도를 부인하는 영혼이 "적그리스도"라는 가장 비참한 영혼으로 묘사된다.[18]

성경은 **신명기 32:5-6**에서 하나님을 아버지라고 가르친다. 우리 창조된 인간과 하나님의 본래적인 관계는 "아버지"와 "자녀"라는 친밀한 인격적인 관계이다. 이사야 43:6-7에서도 하나님은 우리의 아버지이고, 하나님은 피조물인 우리를 "내 영광을 위해서 창조한" "내 아들들," "내 딸들"이라고 호칭한다(사 43:6f).

---

18 요일 2:22-23.

그 밖에도 **구약**은 인간을 딸 시온(사 1:8), 딸 애굽(렘 46:11), 딸 바벨론(렘 50:42), 딸 암몬(렘 49:1-4), 처녀 이스라엘(렘 18:13), 처녀 유다(애 1:15), 처녀 예루살렘(애 2:13), 처녀 에돔(애 4:21) 처녀 애굽(렘 46:11) 등과 같이 일컫기도 하고, 하나님의 백성을 아내(사 54:6)나 신부(사 62:4f)로 칭하기도 하고, 하나님을 남편(사 54:5; 렘 3:8, 14; 31:32), 아버지(사 64:8; 렘 3:19), 또는 어머니 같은 하나님(사 66:13)으로 보여주기도 한다.[19]

신약에도 마찬가지로 하나님과 타락한 피조물과의 사이를 아버지와 죽은 자녀의 관계(눅 15:24)로, 하나님과 새로운 피조물과의 사이를 아버지와 자녀의 관계(요 1:12; 요일 3:1)로 일컫기도 하고, 종이 아니라 자유한 아들(갈 4:28-31)로, 하나님의 양자(롬 8:15)로, 징계 받는 아들(히 12:5-9)로, 신랑을 기다리는 처녀(마 25:1)로, 아내(계 10:7)로 대우하고 있다.

이러한 관계 묘사는 인간의 신격화가 아니고, 물리적인 개념도 아니며, 오직 영적인 친밀성 개념이다. 아래 요한복음 1:12-13의 말씀과 같이, 우리 피조물이 하나님의 아들과 딸이라는 묘사와 같다.

> 영접하는 자 곧 그 이름을 믿는 자들에게는 하나님의 자녀가 되는 권세를 주셨으니 이는 혈통으로나 육정으로나 사람의 뜻으로 나지 아니하고 오직 하나님께로부터 난 자들이니라(요 1:12-13).

하나님과 회복된 피조물이 "하나님께로부터 난 자"(요 1:13) 또는 하나님의 자녀가 되는 것은 인간이 신적 본질을 얻게 되었다는 의미가 아니라, 요한복음 1:12의 말씀과 같이 사랑의 하나님이 모든 성도들에

---

19 사 43:6-7, "내가 북쪽에게 이르기를 내 놓으라 남쪽에게 이르기를 가두어 두지 말라 내 아들들을 먼 곳에서 이끌며 내 딸들을 땅 끝에서 오게 하며 내 이름으로 불려지는 모든 자 곧 내가 내 영광을 위하여 창조한 자를 오게 하라 그를 내가 지었고 그를 내가 만들었느니라."

게 사랑의 아버지가 되어 주시는 놀라운 **권세**이다(요 3:16). 즉 하나님이 새로운 피조물이 된 성도들을 하나님의 자녀들로 대해 주시는 것이며(히 12:7), 그것은 **피조물**인 인간을 하나님이 **양자**로 삼는 약속의 말씀에 근거한 것이다.

> 너희는 다시 무서워하는 종의 영을 받지 아니하고 양자의 영을 받았으므로 우리가 아빠 아버지라고 부르짖느니라(롬 8:15).

> 너희가 참음은 징계를 받기 위함이라 하나님이 아들과 같이 너희를 대우하시나니 어찌 아버지가 징계하지 않는 아들이 있으리요(히 12:7).

하나의 피조물이 하나님의 자녀가 되는 권세는 구약과 신약에 약속된 대로 오순절에 강림하신 성령의 증거로 알게 되는 것이다(욜 2:28-29; 행 2:38; 요 14:16f). 하나님 아버지에 대한 신앙과 아들에 대한 신앙도 오직 성령의 조명에 의해서만 가능하다.[20]

---

20 참조, E. Jüngel, *Gott als Geheimnis der Welt* (Tübingen 1982), 52f. 구약성경에서 하나님은 자신을 남편으로 부르고 있다. 바알 신을 숭배하던 백성이 돌아와 하나님을 섬기게 될 때 선지자 호세아를 통해서 아래와 같이 온전히 회복된 사랑의 부부관계로 묘사하고 있다. 하나님의 형상대로 창조된 인간에 대한 하나님의 사랑이 얼마나 크고 진실하신지는 헤아릴 수 없고 우리도 더욱더 배우고 알아가게 된다. "… 내가 그들의 남편이 되었어도 그들이 내 언약을 깨뜨렸음이니라 여호와의 말씀이니라"(렘 31:32), "여호와께서 이르시되 그 날에 네가 나를 내 남편이라 일컫고 다시는 내 바알이라 일컫지 아니하리라 … 내가 네게 장가들어 영원히 살되 공의와 정의와 은총과 긍휼히 여김으로 네게 장가들며 진실함으로 네게 장가들리니 네가 여호와를 알리라"(호 2:16-20). 하나님과 인간들 간에 이러한 관계가 실현되는 때는 바로 예수 그리스도의 재림 때이다(마 25:1-13). 계 19:7-8은 부활-승천하신 어린 양 예수 그리스도의 재림 시 이루어질 하나님과 성도들과의 연합에 대해서 기록하고 있다. "우리가 즐거워하고 크게 기뻐하며 그에게 영광을 돌리세 어린 양의 혼인 기약이 이르렀고 그의 아내가 자신을 준비하였음으로 그에게 빛나고 깨끗한 세마포 옷을 입도록 허락하셨으니 이 세마포 옷은 성도들의 옳은 행실이로다."

> **성령이 친히 우리의 영과 더불어 우리가 하나님의 자녀인 것을 증언하시나니**(롬 8:16).

죄를 용서받은 경험도 없고, 성령을 받은 일도 없는 무슬림들은 성경의 말씀들을 육적이고 물질적으로 읽으며 오해를 하고 있다. 또한 그들은 하나님과 화목한 피조물이 하나님의 사랑 받는 자녀가 되고 하나님과 가족 공동체가 됨을 알지 못하고 있는 것이다. 무슬림들은 성령의 사람이 아니라 육체의 사람이므로 이 모든 은총의 관계 개념을 육적이고 물질적인 것으로 오해한다.

우리가 무슬림들을 선교해야 되는 이유는 그들도 예수 그리스도의 십자가를 통해서 죄 사함을 받고, 영생을 얻으며, 심판에 이르지 않도록 하기 위함이다. 우리는 속히 그들에게 달려가서 이 하나님의 사랑을 전해야 한다.

제 2 장

예수는 그리스도인가?

꾸란과 무슬림들도 예수를 메시아(Sura 3:45) 또는 그리스도(Sura 4:171-172)로 호칭한다. 그러나 그리스도의 의미는 꾸란 어디에도 설명되어 있지 않다. 그는 하나님의 아들이 아니라 "마리아의 아들"이고, 현세와 내세에서 훌륭한 주인이며, 하나님 가까이 있는 자라고 묘사되고 있다. 그 각주에서 메시아의 의미를 설명하는데 "기름으로 세례를 받음" 또는 "성별식"용 기름으로 설명하고 있다.[1]

예수가 '그리스도'라는 진리는 유대인들이 예수를 죽이기로 결정하게 한 중대한 내용이고, 그리스도인들이 예수가 하나님의 아들이라고 시인하는 것이며, 이것을 고백함으로써 불신자가 구원을 받게 되는 엄청나게 중요하고 신비한 지식이다.

---

1 Sura 3:45의 각주 45-1.

1. 그리스도의 의미

성경의 메시아 또는 그리스도, 즉 **"기름 부음을 받은 자"**의 의미는 단순한 성별뿐만 아니라 '하나님 자신의 영의 강림'을 전제로 하는 것이다.[2]

> 여호와의 영이 내게 내리셨으니 이는 여호와께서 내게 기름을 부으사 가난한 자에게 아름다운 소식을 전하게 하려 하심이라. 나를 보내서 마음이 상한 자를 고치며 포로 된 자에게 자유를 갇힌 자에게 놓임을 선포하며(사 61:1).

성경에 계시된 창조주 하나님 자신의 영은 하나님의 사역자로 부르심을 받은 왕과 제사장과 선지자에게 반드시 강림하였다. 성령의 기름 부으심을 받은 예수 그리스도가 왕적 직분, 제사장적 직분, 선지자적 직분이 취하고 있음은 잘 알려져 있다.

메시아의 **왕적 직분**은 로마서 1:3의 "육신으로는 다윗의 혈통에서 나셨고"라는 증언과 같이, 다윗 왕의 뒤를 이은 영원한 왕으로 오신 예수 그리스도에 관해서 구약의 시편 2:1-12, 110:1, 이사야 9:6-7, 11:1-2, 다니엘 7:13-14 등에 미리 예언되었다. 우리는 크리스마스와 그 탄생에 관한 복음(마 1-2장; 눅 1-2장)이 그 구약 예언의 실현임을 잘 알고 있다. 메시아의 왕적 직무는 유대인들이 선호하는 직무이다. 그러나 유대인은 그를 시기하고 살해하였다(마 27장).

그리스도의 **제사장적 직분**은 이사야 53장에 묘사되어 있으나 유대인들이 싫어하고 배척하는 직무이다. 예수 그리스도의 제사장적 직무는 세

---

[2] 삼상 16:13.

레 요한이 "보라 세상 죄를 지고 가는 하나님의 어린 양이로다"라고 선포한 내용(요 1:29)처럼, 우리의 허물과 죄악을 짊어지고 자신을 속건제물(guilt offering)로 드려서 우리의 죄 값을 담당하시는 직분으로서, 선지자 이사야의 예언에 대한 완전한 성취이다.[3]

그리스도의 **선지자적 직분**은 신명기 18:15-18의 말씀을 중심 언약으로 삼는다. 하나님의 음성 듣기를 두려워하는 이스라엘 백성들에게 하나님이 다음과 같이 언약하신, 예언적 사역을 위한 직분이다.

> 네 하나님 여호와께서 너희 가운데 네 형제 중에서 너를 위하여 나와 같은 선지자 하나를 일으키시리니 너희는 그의 말을 들을지니라 … 내가 그들의 형제 중에서 너와 같은 선지자 하나를 그들을 위하여 일으키고 내 말을 그 입에 두리니 내가 그에게 명령하는 것을 그가 무리에게 다 말하리라(신 18:15-18).

위의 말씀을 인용하여 무슬림들은 **"너와 같은 선지자 하나"**가 **무함마드**라고 억지 주장을 한다.[4] 그러나 이 주장은 구약성경 문맥을 무시한 오해에서 비롯된 것이다. 신명기 18:15-18은 모세와 같은 선지자는 이스마엘

---

[3] 구약 시대의 속죄제물이었던 희생 짐승으로 드리는 예배는 온전하고 바른 예배가 되지 못하기에 하나님은 이를 폐하시고, 우리 죄를 위하여 예수 그리스도가 자기 몸을 영원한 제물로 드리심으로써 우리를 죄에서 자유하게 하신 것이다(히 10:1-18). 히브리서는 속죄의 원리는 가르치면서 "율법을 따라 거의 모든 물건이 피로써 정결하게 되나니 피흘림이 없은즉 사함이 없느니라"라고 확언하고 있다(히 9:22). 히 9:11은 예수 그리스도가 대제사장으로 오사 염소와 송아지 피로 아니 하고 오직 자기의 피로 영원한 속죄를 단번에 이루었다고 하며, 그리스도의 피는 흠이 없기 때문에 우리 양심을 죽은 행실에서 깨끗하게 하고 살아 계신 하나님을 섬기게 한다고 계시한다(히 9:12-14).

[4] 안드리아스 마우러, 『무슬림 전도학 개론』, 이승준·전병희 역 (서울: CLC, 2011), 220. 꾸란은 무함마드가 모세와 같은 선지자임을 직접적으로 지시하고 있지는 않지만 Sura 7:157에 "… 그들은 그들의 기록서인 구약과 신약에서 그를 발견하리라"라고 기록되어 있다.

의 형제 중에서 또는 이스마엘 후손에서 나오는 것이 아니라, 모세의 형제 중에서, 즉 이스라엘의 후손에서 나온다는 예언이다. 신약성경의 예수 그리스도의 행적에서 우리는 예수 그리스도의 무수한 선지자적 행위를 발견할 수 있다.

2. 예수는 약속된 그리스도인가?

성경의 하나님은 **약속의 하나님**이다. 선지자 아모스를 통하여 하나님은 그의 시행 방법을 알리셨다.

> 주 여호와께서는 자기의 비밀을 그 종 선지자들에게 보이지 아니하시고 는 결코 행하심이 없으시리라(호 3:7).

하나님은 우리의 구원을 위해서 구체적으로 계획을 세우시고, 반드시 **먼저 예언**하시고 **그 후에 성취**하시는 사역 특성이 있다.[5]

하나님은 자신의 백성들에게 선지자들을 통하여 구약에 수백 가지를 약속하셨으나 구약의 무수한 **언약**들 중에 가장 중요한 언약, 그리고 예언들 중의 가장 중요한 예언은 하나님이 자기 자신을 우리에게 주신다는 최대의 약속인데, 그것은 바로 우리를 구원하기 위해 **그리스도를 보내주신다**는 약속과 **하나님 자신의 영을 우리에게 보내주신다**는 약속, **이렇게 두 가지 약속**이다. 그것은 **초역사적**인 하나님의 제2위(성자)와 제3위(성령)가 인간의 **역사 속으로** 들어오시겠다는 예언이다.

---

[5] 고전 1:22; 겔 36:33-38; 37:21.

구약은 그리스도의 성육신적 탄생과[6] 그의 대속적인 죽음과 부활에 관해서 상세하게 예언하고 있으며 그리스도인들은 그것이 신약에서 다 이루어진 바를 익히 안다. 그리스도인들은 이와 같이 역사 속으로 찾아 들어오셔서 우리 죄를 대속하기 위해 십자가에서 죽기까지 사랑해 주신 하나님의 은혜를 넘치게 누리고 있다.[7]

하나님이 세우신 최대의 언약은 버려진 인간에게 주시는 최대의 선물이다. 그것은 하나님을 떠난 사람들에게 하나님이 친히 찾아오시는 것이고, 죄악과 마귀의 쇠사슬을 풀어주시기 위해서 하나님 자신이 희생의 제물로 내어 주셔서 범죄한 자의 죄의 대가를 지불해 주시는 것이다. 이 선물은 그리스도인들에게만이 아니라 무슬림들을 포함해서 모든 세상 사람들에게 제공되는 것이고, 누구든지 받기를 간절히 원하는 사람은 다 받을 수가 있는 선물이다.

3. 예수 그리스도는 하나님인가?

예수 그리스도가 **하나님의 아들**이라는 기독교의 신앙고백을 **무슬림들**은 하나님이 자식을 생산한다는 물질적인 의미로 받아들이고, 예수 그리스도가 하나님과 **동일한 본질**이라는 성경적인 진술을 철저히 부정한다. 그들에게 있어서 예수를 하나님의 아들로 고백하는 것은 신성 모독 죄에

---

[6] 시 110:1; 마 22:41-46; 사 9:6-7; 단 7:13-14.
[7] 구약과 신약은 그리스도의 탄생과 성취에 관해서 세밀하게 예언되어 있다. **동정녀** 탄생(사 7:14; 마 1:18-23), 그리스도의 탄생지(미 5:2; 눅 2:4-7), 그의 수난과 대속의 십자가 죽음(시 22편; 사 53장; 슥 12:10; 마 26:66-68; 요 18:22; 고후 5:21; 벧전 2:24), 그리스도의 부활(시 16:9-10; 복음서들의 마지막 장들과 행 2:31-32; 고전 15:3-7), 승천과 왕의 통치(시 2편; 110:1; 행 1:6-11) 등.

해당된다. 꾸란은 오히려 예수 그리스도가 아담 같은 하나님의 창조물이며 하나님의 아들이 아니라고 명백하게 말한다.

> 그들(유대인과 그리스도인)[8]은 하나님이 아들을 낳았으니 그분께 찬미를 드리라고 말하나 그렇지 않노라 …(Sura 2:116).

> 또한 하나님께서 자손을 두셨다 말하는 자들이 있으니 실로 너희들은 불결한 주장을 함이라. 그 때에 하늘이 떨어지려 하고 대지가 갈라지며 산들이 산산조각이 되려하였으니 이는 그들이 하나님께 자손이 있다고 불결한 말을 했기 때문이라. 하나님은 자손을 가질 필요가 없으시매 천지의 모든 것이 종으로서 하나님께로 오기 때문이다(Sura 19:88-93).[9]

예수께서 하나님의 아들이라는 신앙 고백[10]은 자연적인 지식으로는 할 수 없고, 인간이 아닌 **제삼자의 도움**이 있어야만 가능한 것이다. 이 제삼자가 바로 하나님 자신의 영인 '**성령**'이다. 성령은 예수가 그리스도이심을 증거하시는 영이다. 이 영으로 말미암아 사도 베드로도 예수 그리스도에 대한 고백을 할 수 있었다.

> 시몬 베드로가 대답하여 이르되 주는 그리스도시요 살아 계신 하나님의

8　Sura 2:116 각주 116-1.

9　Sura 5:75에서는 예수가 그의 어머니 마리아처럼 양식을 먹었기 때문에 하나님이 아니라고 주장한다.

10　예수께서 하나님의 아들이라는 신앙 고백은 무엇보다도 성령의 계시에 의존한 지식이다. 가장 먼저는 예수께서 세례 받으실 때에 나타난 하나님의 직접 계시이고(마 2:17; 눅 3:22), 다른 하나는 변화산상에서 하나님이 세 제자들에게 말씀하신 하나님의 직접 계시뿐이다(막 9:7; 벧후 1:17-18).

아들이시니이다. 예수께서 대답하여 이르시되 바요나 시몬아 네가 복이 있도다 이를 네게 알게 한 이는 혈육이 아니요 하늘에 계신 내 아버지시니라(마 16:16-17).

그러므로 내가 너희에게 알리노니 하나님의 영으로 말하는 자는 누구든지 예수를 저주할 자라 하지 아니하고 또 성령으로 아니하고는 누구든지 예수를 주시라 할 수 없느니라(고전 12:3).

하나님의 영은 예수 그리스도를 알게 하는 성령이다. 성령은 예수 그리스도의 영이고(갈 4:6) 하나님의 영이다(롬 8:9f). 또한 그는 진리의 영이고(요 16:13; 14:17), 그리스도를 믿게 하며(고전 12:3) 그리스도를 증거하고(행 1:8; 요 15:26), 그리스도께 영광을 돌리게 한다(요 16:14). 그러므로 성령을 받은 사람은 예수 그리스도와 영원히 동행하게 되고, 성령을 받은 것은 구원을 위한 인침과 보증이다(고후 5:5; 13:5; 엡 1:13).

죄인이 구원을 받게 되는 가장 중요한 신앙 고백은 예수를 하나님의 아들로, 그리스도로 그리고 주님으로 고백하는 것인데, 이것은 믿음에 의한 것이다.

이 고백은 현재 인류의 1/5에 해당되는 모든 무슬림들에게 최대의 신성 모독 죄로 간주된다. 그래서 무슬림들은 믿음으로 이 신앙 고백을 하는 무슬림은 배교자로 간주하여 극형에 처하고, 꾸란이 무수하게 가르치는 불지옥이 바로 이러한 고백을 하는 자들이 가는 곳이라고 가르침으로써 무슬림들이 죄 사함 받고 구원 받을 길을 완전히 차단해 버린다.[11]

---

11 Sura 4:89, "그들이 배반한다면 그들을 포획하고 그들을 발견하는 대로 살해할 것이며 친구나 후원자를 찾지 말라." Sura 8:17, "그들을 살해한 것은 너희가 아니라 하나님께서 그들을 멸망케 하였으며 그들에게 던진 것은 그대가 아니라 하나님께서 던지셨음이라."

4. 성육신인가? 동정녀 탄생인가?

꾸란은 예수를 하나님의 **창조물**이라고 주장한다(Sura 3:47). 예수가 아담과 같은 피조물이고 예수가 흙으로 지음 받았다고 설명한다.

> 하나님께서 아담에게 그랬듯이 예수에게도 다를 바가 없도다. 하나님이 흙으로 그를 빚어 그에게 말씀하셨다. 있어라, 그리하여 그가 있었느니라(Sura 3:59).

꾸란은 위와 같이 예수 그리스도의 성육신(요 1:14)을 부정하면서 예수는 단지 동정녀에게서 탄생한 하나의 피조물임을 주장한다.[12]

> 그녀가 말하길 주여 제가 어떻게 아이를 가질 수 있습니까 어떤 남자도 저를 스치지 아니 하였습니다. 그가 말하길 … 그분이 어떤 일을 하시고자 할 때 이렇게 말씀하시나니, 있어라, 그러면 있느니라(Sura 3:47; 19:20-21).

성경적인 그리스도의 **성육신**이란 무슬림들이 믿고 있는 바와 같은 "**동정녀**"에게서 탄생된 하나의 피조물에 관한 설명과는 크게 다르다.

---

[12] Sure 4:171에는 예수 그리스도의 **동정녀 탄생**에 관한 것과, 그가 말씀으로 잉태되심과, 성령으로 잉태되심과 비슷한 내용이 기록되어 있다. 그러나 꾸란에서 성령은 최고의 피조물인 가브리엘 천사를 의미한다. "**실로 예수 그리스도는 마리아의 아들이자 하나님의 선지자로서 마리아에게 말씀이 있었으니 이는 주님의 영혼**(a sprit[루흐, ruh])**이었노라**."
꾸란에는 "마리아의 아들 예수"의 동정녀 탄생에 관한 이야기도 있지만, 마리아의 어머니 "이므란의 여성"에 의한 마리아 탄생에 관한 이야기도 나온다. Sura 3:35 각주 35-1에는 **성모 마리아의 아버지가 모세와 아론과 미리얌의 아버지인 아므란**이고 또 성모 마리아의 어머니는 아므란의 부인이고 그 이름은 한나라고 한다. 즉 성모 마리아의 부모는 아므란과 한나였다는 것이다.

예수 그리스도의 성육신적 탄생과 그의 행적과 그의 죽음은 구약에서 무수히 반복적으로 예언된 사실이 그대로 실현된 것이고,[13] 당대 유대인들과 로마인들이 다 목격한 것이며, 공개된 역사적 사실로 입증되고 있다.[14] 요한복음 1:14은 **하나님의 말씀**이 **육신**이 되셨다고 설명하고 있다.

꾸란도 이 점을 동일하게 증거하고 있으나 예수 그리스도를 피조물이라고 주장하는 모순을 지니고 있다. 시편 110:1, 이사야 9:6-9, 마태복음 22:41-46, 요한복음 1:1-4의 증거와 같이 예수 그리스도는 동정녀에게서 나셨을 뿐만 아니라 이미 창세 전에 계셨던 하나님의 말씀이며 역사 속에 들어오신 하나님이시다.

5. 예수 그리스도의 죽음

Sura 4:157의 내용을 『성 꾸란 의미의 한국어 번역』은 다음과 같이 번역하였다.

> 마리아의 아들이며 하나님의 선지자의 예수 그리스도를 우리가 살해하였다라고 그들이 주장하더라. 그러나 그들은 그를 살해하지 아니하였고 십자가에 못 박지 아니했으며 그와 같은 형상을 만들었을 뿐이라. 이에 의견을 달리하는 자들은 의심이며, 그들이 알지 못하고 그렇게 추측을

---

[13] 사 7:14; 9:6-7; 11:1-5; 미 5:2.
[14] G. Nehls, *Christen antworten Moslems* (Hänsler-Verlag, Neuhausen-Stuttgart, 1982), 174-183. 로마의 역사가 플리니우스(Plinius)는 그리스도교의 빠른 확산 문제와 그리스도인들의 윤리적으로 정결한 생활과 우상 숭배와 황제 숭배를 거부하는 문제를 다루고 있다. 플리니우스와 동시대인 로마 최대의 역사가 코렐리우스 타키투스(Corelius Tacitus)는 네로 황제 때의 그리스도인 박해에 대해서 기록하고 '그리스도인'이라는 이름이 '그리스도'에게서 유래했다고 기록하고 있다.

할 뿐 그를 살해하지 아니했노라.

무슬림들은 철저하게 예수의 죽음을 부정하면서 위와 같이 "그와 같은 형상을 만들었을 뿐이라"라는 애매모호한 말을 다음과 같이 풀이하였다.

① 아무도 십자가에서 죽지 않았으나 유대인들에게는 그렇게 보였다.
② 예수를 십자가에 못박기는 했지만 그는 죽지 않고 무덤에서 회복되어 도망갔다.
③ 다른 인물이 예수님을 대신해서 죽었고 예수는 산 채로 승천했다.[15]

무슬림들은 그를 대신해서 죽은 자를 흔히 가룟 유다로 여긴다.[16] 그러나 예수를 팔고 은 30을 받은 가룟 유다는 그리스도 예수 대신에 십자가 달려 죽은 것이 아니라, 예수께서 정죄된 것을 보고 은 30을 성소에 던지고, 달려 나가 자살한 사람이다. 구약성경에는 예언된 바처럼, 실제로 당시 제사장들은 가룟 유다가 던진 은전 30으로 토기장이의 밭을 사서 나그네의 묘지로 삼았다.[17]

꾸란에는 예수 그리스도의 죽음을 부정하는 이러한 구절과 모순되는 또 다른 구절이 있다. Sura 19:33에는 갓 태어난 예수가 요람에서 자기가 죽을 때와 부활할 때에 관해서 예언하는 내용이 있다.

제가 탄생한 날과 제가 임종하는 날과 제가 살아서 부활하는 날에 저에게 평화가 있도록 하셨습니다.

---

15 안드리아스 마우러, 『무슬림 전도학 개론』, 이승준·전병희 역 (서울: CLC, 2011), 188.
16 압 둘 미시흐, 『무슬림과의 대화』, 이동주 역 (서울: CLC, 2001), 129.
17 슥 11:12-13; 마 27:3-10.

그러나 Sura 3:54-55은 아래의 **번역과 같이** 십자가에서의 죽음을 부정한다.

> (54) 그들이 음모를 하나, 하나님은 이에 대한 방책을 세우셨으니 하나님은 가장 훌륭한 계획자시라.[18] (55) 하나님이 말씀하사 예수야 내가 너를 불러 내게로 승천케 한 너를 다시 임종케 할 것이라. 불신자들로부터 세제하며 너를 따르는 자 부활의 그 날까지 불신자들 위에 있게 하리라 (Sura 3:54-55).

이 구절은 번역자 최영길의 부정확한 번역으로 독자들이 잘 알 수 없게 되어 있다. 이 꾸란 구절은 아주 잘못 번역된 구절 중에 하나이다. 한글 꾸란 54절 각주는 알라가 "예수를 살해하려 했던 음모자들로부터" 예수를 구하여 "하늘로 승천시키고 대신 유대인을 예수와 흡사하게 하여 십자가를 지게 하였다"라고 해설한다. 그러나 위와 모순되게도 곧 바로 이어서 Sura 3:55에는 "내가 너를 나에게로 오르게 했다"(warafiuka)라는 단어 앞에는 "내가 너를 죽게 했다"(mutawaffika)[19]라는 단어가 써 있다. 이 단어에는 어간 'tawaffa'가 들어있음으로, 본래는 "너를 죽게 했고, 너를

---

[18] 그런데 54절에 "그들이 음모하다"(makaru)라는 단어와, 55절에 "알라가 방책을 세우다"(makarallahu)라는 단어와, "알라는 가장 훌륭한 계획자"(makirina makirina[능동 분사, 복수, 속격 = 최상급])라는 단어들 속에는 'makara'(3인칭, 단수, 능동, 완료 동사)라는 "속이다," "기만하다," "간교하다," "교활하다"라는 동일한 뜻이 있다. 같은 구절을 영어 꾸란은 "And they plotted (to kill Isa), and Allah plotted too. And Allah is the Best of those who plot"라고 더 정확하게 표현하였다. 그러므로 54절에서 "알라가 방책을 세웠다"라는 한글 번역보다는 "알라가 가장 잘 음모를 꾸몄다"라고 번역하고, 알라는 "가장 훌륭한 계획자"라는 번역 대신 "가장 간교한 자," "가장 기만한 자" 또는 "가장 교활한 자"라고 번역하는 것이 더 정확하다. 꾸란은 예수를 죽이고자 한 유대인들보다 오히려 예수를 죽지 않게 함으로써 인류가 구원을 받지 못하게 한 알라가 훨씬 더 간교하다는 것을 나타낸 것이다.

[19] 어떤 학자는 "잠들게 하다"로 번역하기도 한다.

내게로 올리웠다"로 번역되야 한다. 이 꾸란 본문은 예수가 죽지 않고 그냥 위로 올리웠다는 꾸란의 증거를 스스로 부정하는 것이다.[20]

위와 같이 꾸란은 예수 그리스도의 강림 목적과 존재 이유와 죽음 이유와 기독교의 핵심 메시지인 십자가의 대속적 죽음을 철저하게 부인하고 있다.

이슬람이 무함마드를 "선지자"로 "계시"하고 그를 한 종교의 교조로 삼았으면서 왜 남의 종교 핵심 메시지를 철두철미하게 부정하는 것일까?

이는 바로 기독교 신앙과 인류 구원의 길을 막아 구원을 받지 못하게 하려는 최대의 적그리스도적인 행동이 아닌가?

왜 이슬람은 예수 그리스도의 십자가 형벌과 죽음 그리고 그가 부자 아리마대 요셉의 묘지에 사흘 동안 묻혔던 사실이 이미 예수 그리스도가 탄생하기 수백 년 전부터 예언되었다는 것(사 53장)과, 부활하여 오늘까지 그의 무덤이 비어있다는 역사적 사실을 아무 역사적 근거도 없이 부정할까?

2세기에 율리우스 아프리카누스(Julius Afrikanus)에 의해서 인용된, A.D. 약 52년에 탈루스(Thallus)가 쓴 글에는 예수께서 운명할 때 그 땅을 뒤덮었던 흑암이 있었으며, 이 소문이 로마에까지 퍼졌다고 하였다.

A.D. 70년 이후 유대인 지도자 요세푸스(Josephus)가 93년에 기록한 『유대 고대사』(Antiquitates Judaicae, Bd. 18, III, 3)에 실려 있는 『유대 전쟁사』(De Bello Judaico, A.D. 75-79)에는 예수 동시대의 많은 성경 인물들이

---

20 압 둘 미시흐, 108-113. 성경에서 가장 간교한 자는 아담과 하와를 꾀이던 뱀이며(창 3:1), 온 천하를 꾀는 옛 뱀이다(계 12:8). 그는 "이 세상 신"으로 "믿지 아니하는 자들의 마음을 혼미케 하여 그리스도의 영광의 복음의 광채가 비취지 못하게 하고"(고후 4:4), 십자가를 통한 구원의 길을 가로막아서 용서받지 못한 죄인들 위에 하나님의 진노가 그대로 머물러 있게 한다. 바로 이 점이 알라와의 공통성이고 가장 간교한 것이다.

언급되었다. 그는 예수 그리스도에게 빌라도가 십자가형의 사형을 언도한 것과, 예수가 죽은 지 사흘 후에 부활하여 나타나심과, 예수가 기적을 많이 행하심을 기록하며 오늘까지 이것들이 풀어지지 않는다고 쓰고 있다.[21]

성경적 복음은 일점 일획도 변함없이 다 이루어질 하나님의 말씀을 미리 선지자들을 통해 알리시고 행하시는 분에 의해 그대로 이루어졌고 현재도 이루어지고 있다. 구약에는 예수 그리스도의 성육신으로부터 그의 삶과 죽음과 부활과 그 의미까지도 모두 미리 예언되었고, 신약은 그 예언들이 다 그대로 성취되고(고전 15:4-8; 눅 24:36-43, 빈 무덤 사건 등) 성도들에게 목격되었으며 체험되었음을 역사적으로 입증하고 있다.

위와 같은 이슬람의 반(反)복음적인 진술에 대해 성경은 다음과 같은 두려운 말씀을 증거하고 있다.

> 하물며 하나님의 아들을 짓밟고 자기를 거룩하게 한 언약의 피를 부정한 것으로 여기고 은혜의 성령을 욕되게 하는 자가 당연히 받을 형벌은 얼마나 더 무섭겠느냐…(히 10:29).

> 두려워하는 자들과 믿지 아니하는 자들과 흉악한 자들과 살인자들과 음행하는 자들과 점술가들과 우상 숭배자들과 거짓말하는 모든 자들은 불과 유황으로 타는 못에 던져지리니 이것이 둘째 사망이라(계 21:8).

이 두려운 하나님의 계획과 섭리에 관해 알지 못하고 반복음적, 적그리

---

21 G. Nehls, *Christen antworten Moslems* (Hänsler-Verlag, Neuhausen-Stuttgart, 1982), 174-183.

스도적인 행각과 행동에 익숙해져 있는 무슬림들에게 우리가 구원자 예수 그리스도와 하나님의 무한하신 사랑을 전달하기 위해서는 많은 기도와 인내와 소명과 무슬림 영혼을 위한 진실한 사랑이 준비되어야 한다.

6. 예수 그리스도의 부활

예수 그리스도는 장사한 지 사흘 만에 죽음을 정복하시고 부활하여 하늘과 땅의 모든 권세를 받으시고 제자들에게 나타나셔서 40일 동안 함께 계시다가 승천하셨다. 그의 부활과 함께 예수 그리스도는 이 땅의 통치자와 심판자가 되셨다(마 28:18-20; 빌 2:5-11).[22]

우리는 예수 그리스도의 **몸의 부활**을 믿는다. 예수는 몸을 필요로 하지 않은 하나님이시지만 우리에게 다가오시기 위해서 역사 속으로 들어오셔서 인간의 몸을 입으셨다. 놀라운 것은 이 성육신 사건으로 그리스도께서는 인간의 몸을 일시적으로 입으신 것이 아니라 그의 부활로 말미암아 영원히 입고 계신다는 것이다. 예수 그리스도의 이 영원한 양성(兩性, 신성과 인성)으로 말미암아 하나님의 형상대로 하나님이 만드셨던 인간의 가치가 얼마나 놀라운 것이었는가를 더욱 깨닫게 된다.

부활이란 영혼불멸을 뜻하는 것이 아니라 죽은 자의 몸의 부활을 말한다. 영혼불멸 신앙은 애니미즘, 샤머니즘, 윤회론, 활불론 등에서 발견되며, 인간의 육체가 다시 사는 것을 믿지 않는다. 몸의 부활이란 그

22　그러나 무함마드는 죽어서 무덤에 있고, 무슬림은 그를 위해서 "주여 무함마드와 그리고 그분의 가족에게 축복을 내려 주옵시고 평안함을 주옵소서"라고 기도해 주어야한다(Sura 33:56 각주 56-1).

리스도에게서 처음으로 일어난 사건이고(고전 15:20), 죄 값인 사망을 완전히 정복한 역사적인 빈 무덤 사건이며, 이 무덤은 미리 선지자를 통해 예언된 대로 부자 아리마대 요셉이 새로 판 무덤이었다(사 53:9; 마 27:57-58).

때로는 신학자들 간에 "영혼 부활"이라는 단어를 "육체 부활"과 함께 운운하기도 하지만, 필자는 이를 잘못된 신학 테마(thema)로 본다. 영혼은 거듭난다고 하지 부활한다고 하지 않는다. 부활은 죽는 몸에 해당되는 단어이기 때문이다.

아담을 통해 인간은 영혼만이 아니라 전인간적으로 하나님을 배신하였기 때문에, 구원도 역시 영혼과 육체, 즉 전인간적으로 받게 된다. 죽은 자의 몸의 부활은 나사로처럼 죽었던 자가 잠시 더 살아남거나 또는 그대로 죽지 않는다는 의미가 아니다. 부활의 몸은 예수 그리스도의 부활의 몸처럼 인간에 의하지 않고 창조주 하나님에 의해 새롭게 만들어진 영원한 몸을 말한다.

이 놀라운 전인적인 구원은 이미 성령을 받은 자에게만 일어나는 것이다(고후 5:1-5). 악한 일을 행한 자가 심판을 받기 위해 부활된 몸(요 5:29)과는 질적으로 다른 지극히 영화로운 몸이다. 이 몸은 그리스도처럼 영화로운 몸이다(고전 15:22-23, 49).[23]

하나님의 사랑은 인간이 헤아릴 수 없이 심오하다. 사도 바울이 살기가 등등하여 그리스도인들을 박해하던 그 때에 부활하여 살아 계신 예수 그리스도는 다음과 같이 말씀하셨다.

사울아 사울아 네가 어찌하여 나를 박해하느냐?(행 9:1-5).

---

[23] 참조, 고전 15:38-40; 살전 4:16-17.

이렇게 말씀하신 부활하신 예수 그리스도는 지금도 살아 계셔서 성도들의 고난에 동참하시고 성도들을 위로하시며 함께 고난을 받으시는 것이다.[24] 그리고 예수 그리스도는 영원한 하나님이며 영원한 인간이므로 인간과 하나님은 영원한 사랑의 공동체를 이루며 하나님의 형상대로 창조하신 인간 창조의 목적을 완성하게 되는 것이다. 부활 신앙의 고백은 전인적 구원의 필수 조건이다.

> 만일 네가 네 입으로 예수를 주로 시인하며 또 하나님께서 그를 죽은 자 가운데서 살리신 것을 네 마음에 믿으면 구원을 얻으리라. 사람이 마음으로 믿어 의에 이르고 입으로 시인하여 구원에 이르느니라(롬 10:9-10).

예수 그리스도의 부활의 사실성은 그의 약속대로 그가 부활하신 후에 보내주신 성령 강림의 사실성에 의해 확인된다. 예수께서 부활하지 않으셨다면 아버지께로 올라가지 못하셨고 약속하신 성령도 보내주지 못하셨을 것이다.

> 그러나 내가 너희에게 실상을 말하노니 내가 떠나가는 것이 너희에게 유익이라 내가 떠나가지 아니하면 보혜사가 너희에게로 오시지 아니할 것이요 가면 내가 그를 너희에게로 보내리니(요 16:7).

> 오직 성령이 너희에게 임하시면 너희가 권능을 받고 예루살렘과 온 유대와 사마리아와 땅 끝까지 이르러 내 증인이 되리라 하시니라(행 1:8).

---

[24] 참조, 행 7:55-60.

7. 예수 그리스도의 재림

꾸란은 Sura 4:157에서 예수 그리스도의 죽음을 부인하지만, Sura 43:61에서 **예수 그리스도의 재림**은 시인하고 있다.

> 실로 예수의 재림은 심판이 다가옴을 예시하는 것이라 일러 가로되 그 시각에 대하여 의심치 말고 나를 따르라 이것이 옳은 길이라.

또한 부카리 하디스에도 "너희 가운데 마리아의 아들 예수가 재림하나니"(Sura 43:61 각주 61-1)라는 기록이 있다. 그러나 위의 그리스도 재림에 관한 설명은 예수께서 심판주로 재림하시는 것이 아니라 그 본문과 각주 61-1이 설명하는 바와 같이 "심판이 있기 전에 하늘로부터 예수를 내려 보낸다"라는 것이다. 무슬림 전통에 의하면 예수가 재림해서 반기독교인들과 모든 돼지를 이 땅에서 죽이고[25] 모든 십자가를 부수고 나서 결혼하고 자녀를 낳는다고 한다.

그 후 예수는 모든 인간을 알라에게 돌이키고 이 사명을 다 이루면 그도 역시 죽어 메디나에 있는 무함마드의 묘 곁에 묻힐 것이라고 한다. 이

---

[25] 그러면 무슬림들의 재림 예수가 최후의 심판 전에 내려와서 하는 일 중에 모든 돼지를 죽인다고 하는데, 꾸란에서 돼지와 원숭이는 일부의 유대인들을 의미한다. "… 하나님의 저주와 분노를 초래하는 그들(하나님의 심판 대상인 원숭이와 돼지는 꾸란의 본문 맥락에서는 "성서의 백성"[참조, Sura 5:59]을 뜻하고, 꾸란 전체 맥락에서 원숭이는 안식일을 위반한 유대인을 뜻한다[Sura 2:65; 참조, 7:166〈금기된 것을 넘어선 사람〉])과 그들 가운데 일부가 원숭이나 돼지로 형상화된 그들과 우상을 숭배하는 그들이니라 …"(Sura 5:60). "너희 가운데 안식일을 위반한 자들이 있음을 너희가 알고 하나님이 그들에게 이르기 그대들은 원숭이가 되어 저주를 받을 것이라"(Sura 2:65). 무슬림들은 유대인들과 똑같이 토요일을 '안식일'이라고 칭하고 있으면서도 안식일(al Shabti)을 지키지 않고 금요일을 지킨다. 그렇지만 꾸란은 안식일을 지키지 않는 무슬림들을 원숭이가 된다고 하지 않는다.

순간에 알라가 세계를 심판하려고 예수와 무함마드를 부활시켜 보좌에 앉히고 무함마드는 모든 무슬림들을 심판하고 예수는 이슬람을 받아들이지 아니한 모든 유대인들과 그리스도인들을 심판한다고 한다.[26]

이와 같이 무슬림들은 아주 잘못된 종말관을 가지고 있다. 예수 그리스도의 재림하는 목적은 십자가를 꺾고, 돼지를 죽이고, 결혼해서 이 땅에서 살아보려는, 이러한 우스꽝스러운 일을 하려는 것이 아니다. 예수 그리스도는 이미 다니엘 7:13-14에 예언된 바와 같이, 권세와 영광과 함께 만왕의 왕이며 심판자로서 재림하는 것이다.

성부 하나님이 예수께 이러한 권세를 주신 이유는 그가 인자가 되시고, 많은 죄인들을 의롭게 하시며 구원하셨기 때문이다(사 53:4-12; 요 5:22, 27). 예수께서 큰 영광으로 모든 천사와 함께 하늘로부터 재림하실 때 그에게 속한 자들이 부활하게 되는 것이다(고전 15:23; 살전 4:16-17).

예수께서 재림하실 때 주께 속한 자들이 하나님이 주셔서 새로 입게 되는 부활의 몸은 예수 그리스도의 몸과 질적으로 같은 것이다. 이 새 몸은 육의 몸이 아니라 영의 몸이고(고전 15:44), 썩지 않고, 죽지 않고(고전 15:42-53), 사망이나 곡하는 것이나 아픈 것이 다시 있지 않은 영화로운 새 피조물이다(계 21:4).

---

26 압 둘 미시흐, 『무슬림과의 대화』, 이동주 역 (서울: CLC, 2001), 65-66.

제3장

성령은 누구인가?

성령은 하나님이 인간에게 주실 수 있는 최대의 선물이다. 무함마드가 출생하기 1,400년 전에 하나님이 선지자 요엘을 통해 약속하신 말씀(욜 2:28-29)은 회개하고 예수 그리스도의 이름으로 세례를 받은 사람에게 주어지는 하나님 자신의 영에 대한 말씀이다(행 2:38). 그리고 이 약속은 무하마드가 출생하기 1,000년 전에 하나님이 에스겔 선지자를 통해서도 주어졌다(겔 36:26-27).

이 약속대로 강림하신 성령은 그리스도께서 십자가를 지시기 전날 밤에 근심하는 제자들에게 다시 한 번 확인해 주셨던 가장 중대한 사건이고(요 14-16장), 부활하신 그리스도께서 승천하시기 직전에 또 다시 약속하셨던(행 1:4-8) 임마누엘을 체험하게 하는 가장 중대한 선물이다.

이 성령이 성도들 안에 거하심으로써 모든 성도들은 영원히 하나님의 자녀가 되고 영생을 얻은 것이다(요 3:5; 롬 8:11). 이 약속된 성령은 현재도 모든 회개하는 자들에게 강림하신다. 무슬림 구도자들도 회개하고 죄 사함 받기를 원한다면 얼마든지 이 엄청난 하나님의 사랑과 선물을 받을 수 있다(행 2:38).

  2,000년 전 오순절에서부터 오늘에 이르기까지 모든 그리스도인들은 성령을 받는다. 그래서 그리스도인들을 성령의 전, 즉 성전(聖殿)이라고 부른다. 왜냐하면 성령께서 실제로 강림하셔서 그리스도인들 안에 계시고 함께 계시기 때문이다(요 14:16-17). 이와 같이 구약의 약속과 예언의 성취인, 구원자 예수 그리스도와 성령의 강림으로 인해서 신약의 백성들에게 **삼위일체**의 지식이 생겼다.

1. 성령에 대한 오해

  이슬람의 경전 번역 꾸란에도 "성령"이라는 단어가 나온다. 꾸란에는 "알라로부터 온 영"이라는 **'거룩함의 영'**에 관한 진술은 있다. 하나님 자신의 영을 의미하는 "성령"이라는 단어는 꾸란에 없다. 알라 자신의 영에 관해서는 꾸란이 알고 있지 않다.

  만일 알라 자신에게 자신의 영이 있다면 그것은 아랍어로 '알-루흐 알-꾸두스'(al-ruḥ al-qudus),[1] 또는 '알-루흐 알-일라히'(al-ruḥ al-ilahiy, the divine spirit)[2]라고 써야 한다. 그러나 꾸란은 영(루흐)이라는 명사 앞에 정관사 '알'이 빠져 있음으로 '루훌 꾸두스'(거룩함의 영)라는 영이 있을 뿐이다. 이 영이라는 단어는 '성령'으로 번역되기도 하고,[3] 최고의 피조물이라는 지브리일(가브리엘) 천사와 동일시하거나 **알라의 영혼**[4] 등으로 번역되

---

[1] Muhammad Ali Alkhuli, *A Dictionary of Islamic Terms* (Swaileh-Jordan, 1989), 48.
[2] Amatullah Armstrong, *Sufi Terminology* (Karachi, 1995), 199.
[3] 『성 꾸란 의미의 한국어 번역』, 최영길 역 (파하드 국장 성 꾸란 출판청, 1999), 2:87.
[4] Sura 66:12, "순결을 지킨 이므란의 딸 마리아가 있었노라. 그래서 하나님은 그녀의 몸에 그분

고 있다.『성 꾸란 의미의 한국어 번역』은 예수 그리스도도 역시 **주님의 영혼**(a sprit[루흐, ruh])이라고 번역하였다.[5]

알라 자신은 영이 없기 때문에 꾸란에는 **하나님 자신의 영**을 **의미하는 성령**의 조명이나 체험을 말하지 않는다. 꾸란을 보면, "성령"을 뜻하는 가브리엘 천사와 대화했다는 무함마드조차도 하나님 자신의 영에 관해서는 알지 못한다고 말한다. 이는 하나님 자신의 영인 성령을 받은 체험이 없기 때문이다.

그들이 성령이 관해서 그대에게 물으리라 일러 가로되 성령은 주님 외에는 알지 못하는 것이며 너희가 아는 것은 미량에 불과하니라(Sura 17:85).

무함마드의 "계시"와 관련된 영은 메카에서 12년 동안 한 번도 자신의 정체를 언급한 적이 없다. 다만 주석가들이 이름 없는 그 영을 각주에 가브리엘이라고 주석하였을 뿐이다. 가브리엘이라는 이름은 모두 메디나에서 받은 "계시" 중 제2장과 제66장, 두 장에만 나타난다(Sura 2:97-98; 66:4). 메카에서 12년 동안 무함마드에게 계시한 영은 이름 없는 "그 영"(Sura 97:4) 또는 "우리의 영"(Sura 19:16-22)이었다.[6]

의 **영혼**을 불어넣었더니 그녀는 말씀과 계시의 진리를 증언하고 순종하는 자 중에 있었노라." 알라가 "성령"을 불어넣은 대상이 이므란의 딸, 즉 모세와 아론의 누이인 미리얌의 어머니인 아므람이라는 것이다. 꾸란은 성모 마리아와 아론의 누이 미리얌을 동일 인물로 알고 있다.

5 Sura 4:171, "실로 예수 그리스도는 마리아의 아들이자 하나님의 선지자로서 마리아에게 말씀이 있었으니 이는 주님의 영혼이었노라."
6 Sura 97:4 원문은『성 꾸란 의미의 한국어 번역』의 번역과 같이, 그 밤에 무함마드에게 "가브리엘"이 내려온 것이 아니라, "천사들과 그 영"(al-malaikatu wa-al-ruhu)이 주님의 모든 명령을 받아 가지고 내려왔다고 기록하고 있다.

그러나 초기 계시에 속하는 Sura 97:4의 "al-ruːḥ"(그 영)를 『성 꾸란 의미의 한국어 번역』은 "가브리엘 천사"로 잘못 번역하였다. **성경**에서 가브리엘 천사는 예수 그리스도를 **"하나님의 아들"**이라고 **계시**한 반면(눅 1:35), **꾸란**에서는 예수를 **하나님의 아들이 아니라고 "계시"**한 것이다(Sura 4:171; 5:75; 19:88-93).

꾸란은 한편으로 성령을 가브리엘 천사로 대체하여 하나님의 영을 하나의 피조물로 만들었고, 다른 한편으로 보혜사 성령을 무함마드로 대체하였다.

그러므로 꾸란은 온 인류의 1/5이나 되는 무슬림들을 속임으로써 하나님의 최대의 선물인 성령을 받지 못하게 하고 구원에 이르지 못하게 하였다. 사실 성령과 보혜사가 같은 영이며 하나님 자신의 영인 줄을 알지 못하는 무슬림은 그 크신 하나님의 사랑과 하나님의 영을 받지 못하고 하나님께 다가갈 수 있는 문이 완전히 폐쇄된 채로 1,400년이라는 역사가 흘러갔다.

그러므로 무슬림들도 역사적으로 체험할 수 있는 구체적인 하나님의 사랑도 알지 못하고, 은혜도 알지 못하고, 하나님과의 화해도 없고, 새 사람도 되지 못하고, 거룩함도 없다. 무함마드는 하나님 자신의 영인 성령을 알지 못했고, 그로인해 성경에 등장하는 많은 더러운 영, 악한 영, 거짓 영, 거짓 예언자 등에 관한 개념도 분별력도 없다.

이와 대조적으로 하나님은 성도들에게 **최대의 선물**인 **하나님 자신의 영**을 주신다. 하나님이 신약과 구약에 약속하신 바와 같이 성령은 예수 그리스도의 대속을 통해 용서를 받은 사람들이 받을 수 있는 하나님의 선물이다(행 2:38).

2. 아들을 증거하는 영

> 내가 아버지께로부터 너희에게 보낼 보혜사 곧 아버지께로부터 나오시는 진리의 성령이 오실 때에 그가 나를 증언하실 것이요(요 15:26).

성령은 예수 그리스도를 증거하는 영이므로 성령을 받아야 그의 증거로 인하여 비로소 예수께서 하나님의 아들임을 알 수 있게 된다(고전 12:3; 요 15:26; 행 1:8). 그러므로 성령을 받지 못한 무슬림들이 성령을 알지 못하고, 성령의 증거를 받지 못하여 예수의 의미를 알지 못하면서 '그리스도'라고 호칭하며 우리에게 '아버지'가 되어주시는 하나님을 부정하는 것이다.[7]

---

[7] 성령을 받는 방법은 행 2:38에 기록된 바와 같고 다른 길은 없다. 성령의 증거는 인간의 이성을 뛰어 넘는 하나님 자신의 영의 증거이므로 인간은 그 믿게 된 바를 자신의 생각으로 잘 서술하지 못한다. 그러므로 니케아 신조(Nicaeno-Constantinopolitanum)는 삼위일체 하나님의 본질을 '우시아'(οὐσία)라는 개념으로 표현하고 삼위를 구별하기 위해서 '휘포스타시스'(ὑπόστασις)라는 개념을 채택했다. '휘포스타시스'는 "본질"이라고 번역하지 않고 "인격"이라고 번역하게 된다. '미아 우시아 트레이스 휘포스타세이스'(μία οὐσία, τρείς ὑποστάσεις)로 표시된 삼위일체 하나님은 "파괴할 수 없는 일체"와 동시에 "파괴할 수 없는 구별"이며 그 전자가 후자를 지양하지 않고, 그 후자가 전자를 지양하지도 않는다. 그리고 아버지와 아들과 성령의 위는 서로 바꿀 수 없는 하나의 본질이시며 세 인격이시다. 삼위일체적인 하나님의 "자기 구별"(Selbstunterscheidung)은 "자기 분리"를 의미하지 않는다. 하나님이 삼위일체이기 때문에 사랑의 하나님이실 수 있으며(요일 4:16), 인간에게 오시며 우리와 관계하신 하나님, 즉 "우리를 위한 하나님"(Gott für uns)로 체험될 수 있는 것이다. E. Jüngel, *Entsprechung: Gott—Wahrheit—Mensch* (München, 1980), 270-275; *Gottes Sein ist im Werden* (Tübingen, 1976), 105-122.
니케아(325)와 콘스탄티노플(381)에서 열린 공의회는 그들이 채택한 신론에 대하여 "하나님의 비밀이나 하나님의 본질을 규정하려고 한 것이 아니라, 오히려 예수 그리스도 안에서 참으로 하나님을 만나며 성령 안에서 하나님이 교회에 현재하시는 것"을 말하고자 한다고 설명했다. 하나님의 삼위일체적인 계시는 로제(Lohse)가 말한 것처럼, 하나님의 본질에 대한 계시가 아니라, 하나님의 구원에 대한 계시이며(B. Lohse, *Epochen der Dogmengeschichte* [Stuttgart, 1974], 72), 하나님이 먼저 그의 보내신 아들에 의하여, 그 다음에는 이어서 보내신 성령에 의하여 자기를 계시하신 것이다(요 16:7-14).

'성령'이라고 하는 이슬람의 '가브리엘'은 예수를 결코 하나님의 아들이 아니라고 주장한다. 왜냐하면 이슬람에는 진짜 성령이 없기 때문이다. 우리가 예수 그리스도를 '하나님의 아들'이라고 하면 그들은 우리를 신성 모독 죄인 아니면 다신론자로 여긴다. 그러나 우리가 성령을 받으면 먼저 예수를 **하나님의 아들**이라고 고백하게 된다. 왜냐하면 성령이 예수를 '하나님의 아들'로 증거하며 그리스도로 믿게 하기 때문이다. 그리스도인의 믿음은 성령의 증거에 의해서만 발생한다(고전 12:3; 요 14-16장).[8]

그러므로 3년 동안 따라 다니던 예수 그리스도의 제자 시몬 베드로가 비로소 예수를 "주는 그리스도시요 살아 계신 하나님의 아들"이라고 고백하였을 때, 예수께서는 "바요나 시몬아 네가 복이 있도다 이를 네게 알게 한 이는 혈육이 아니요 하늘에 계신 내 아버지시니라"라고 칭찬하셨다. 이것은 베드로가 인간의 지혜나 지식으로 예수를 그리스도요 하나님의 아들이라고 고백할 수가 없고 오직 하나님이 알게 해 주셔야만 알게 된다는 것을 예수께서 친히 설명하신 것이다(마 16:16-17).

3. 또 다른 보혜사

Sura 61:6은 다음과 같이 예수가 자신의 입으로 자기의 뒤를 이어 올 무함마드에 대해서 "예언"하고 있다.

> 마리아의 아들 예수가, 이스라엘 자손들이여 실로 나는 너희에게 보내어 진 선지자로서 내 앞에 온 구약과 내 후에 올 아흐맏이란 이름을 가진 한

---

[8] 마찬가지로 베드로의 신앙 고백도 인간의 혈과 육에 의한 고백이 아니었다(마 16:16-17).

선지자의 복음을 확증하노라(Sura 61:6).

Sura 3:81의 각주 81-1에는 신구약성경에 무함마드가 올 것을 예언해 놓았다고 하고, 그 근거를 신명기 18:18과 요한복음 14-16장에 두었다. 무슬림들은 요한복음의 보혜사 성령, 즉 '파라클레토스'(παρακλήτος)가 본래는 '페리클뤼토스'(περικλύτος, 찬양 받을 자), 즉 "아흐마드"인데 그리스도인들이 성경을 왜곡하여 무함마드에 관한 예언을 성경에서 삭제했다고 주장하며, 그들은 아흐마드, 즉 "찬양 받을자"(Der Gepriesene)를 무함마드로 해석한다. 즉 예수의 후계자로 보혜사 성령이 오신다는 예언이 아니라 예수의 후계자로 찬양받을 자인 무함마드가 온다는 예언이라는 주장이다.

그러나 꾸란은 **요한일서 2:1**의 '보혜사' 또는 '대언자'(파라클레토스, παρακλήτος), 즉 "아버지 앞에 있는 우리를 위한 대언자"가 예수 그리스도를 가리키고 있다는 것과 요한복음 14:16에 "또 다른 보혜사"가 있음을 알지 못하고 있다. "또 다른 보혜사"란 보혜사가 적어도 두 분 이상임을 의미하고, 그 한 분은 요한일서 2:1의 부활·승천하신 예수 그리스도이고, 다른 한 분은 예수께서 아버지께 올라가시면 보내주시기로 약속한 보혜사 성령이다.

> … 만일 누가 죄를 범하여도 아버지 앞에서 우리에게 대언(παρακλήτος)가 있으니 곧 의로우신 예수 그리스도시라(요일 2:1).

> 내가 아버지께 구하겠으니 그가 또 다른 보혜사를 너희에게 주사 영원토록 너희와 함께 있게 하리니 그는 진리의 영이라 세상은 능히 그를 받지 못하나니 이는 그를 보지도 못하고 알지도 못함이라 그러나 너희는

> 그를 아나니 그는 너희와 함께 거하심이요 또 너희 속에 계시겠음이라
> (요 14:16-17).

'파라클레토스'의 의미는 대언자, 변호사, 중보자, 조력자이다.[9] 예수 그리스도는 부활·승천 하신 후에 심판자이신 하나님 앞에서 우리를 위한 대언자 내지 변호사의 역할을 한다. 모음이 있는 그리스어로 A.D. 약 100년에 기록된 요한복음보다 600년 후에 모음 없이 기록된 아랍어 꾸란이 Sura 61:6의 "Ahmad"를 정당화하기 위해서 요한복음의 '파라클레토스'(παρακλήτος)가 원래는 '페리클뤼토스'(περικλύτος)였다고 무지막지한 주장을 한다.

어떤 그리스도인들이 그 많은 헬라어 성경들을 다 모아다가 무함마드의 도래에 대한 예언을 지우려고 이 단어의 모음들을 살짝 바꾸었단 말인가?

4. 부어 주시는 성령(롬 5:5)

무함마드도 한 영을 받은 체험을 진술하였다. 이 영은 메카에서 갑자기 나타나 무함마드를 몹시 두렵게 했다. 무함마드는 40세가 되던 610년의 라마단 기간에 메카에서 3마일 떨어진 광야에 있는 히라산 동굴에 들어가 명상을 하였다. 알 부카리와 사히흐 무슬림은 무함마드의 애처 아이샤로부터 전승된 무함마드의 그 신비 체험을 다음과 같이 그들의 하디스에 전하고 있다.

---

9 Advokat, Fürsprecher, Anwalt, Mittler, Helfer. W. Bauer, *Wörterbuch zum Neuen Testament* (Berlin, 1971), 1226f.

무함마드는 히라(Hira) 동굴에서 여러 날 동안 알라를 경배하였다. 무함마드는 그때의 경험을 첫째 부인 카디자에게 설명하기를, 그가 한 "천사"(the angel)를 보게 되었다고 하였다. 그 천사는 무함마드에게 다가와서 "읽어라"라고 명하였다. 그래서 무함마드는 "나는 읽을 줄을 모릅니다"라고 대답하였더니, 그 천사는 그를 강제로 잡고(caught me forcefully) 눌러서 그를 더 이상 견디지 못하게 하였다.[10]

그런 다음 그 천사는 그를 떼어놓고 재차 읽으라고 하였다. 이런 사태가 똑같이 세 번 반복된 다음에 그 "천사"는 다음과 같이 말하였다.

"읽어라! 너의 주의 이름으로! 그는 응혈(clot)로 사람을 창조하였느니라."[11]

이 "계시" 내용이 Sura 96장에 기록되었다. 무함마드는 마음에 큰 타격을 입고 그의 첫 부인 카디자에게 돌아와 다음과 같이 말했다.

"나를 덮어주시오! 나를 덮어주시오! 나에게 일어날 일이 무섭소!"[12]

그래서 사람들은 무함마드에게서 그 공포가 다 지나기까지 그를 덮어주었다.[13]

---

10 사히흐 무슬림은 그의 하디스에서 "He took hold of me and pressed me, till I was hard pressed"라고 기록하고 있다. Imam Muslim, *Sahih Muslim*, trans. Abdul Hamid Siddiqi (Riyadh), 97.
11 *The Translation of the Meanings of Sahih al-Bukhari*, vol. 1. (Lahore, 1979), 3. "The angel cought me (forcefully) and pressed me so hard that I could not bear it any more. He then released me and again asked me to read … Thereupon he caught me for the third time and pressed me, and then released me said, 'Read in the name of your lord, who has created man from a clot: And your lord is the most generous.'"
12 *The Translation of the Meanings of Sahih al-Bukhari*, vol. 1., 3. "Cover me! Cover me! I fear that something may happen to me."
13 *The Translation of the Meanings of Sahih al-Bukhari*, vol. 1., 3-4. 알 부카리는 아이샤가 전한 또 다른 "계시"의 장면을 다음과 같이 설명하였다. "Sometimes it is (revealed) like the ringing of a bell, this form of inspiration is hardest of all and then this state passes off after I have grasped what is inspired. Sometimes the angel comes in the form of a man and tolk to me and I grasp whatever he says"(*The Translation of the Meanings of Sahih al-Bukhari*, 2).

한국이슬람교중앙연합회에서 발행한 『하디스』 선집에서는 무함마드의 영적 경험에 관하여 다음과 같이 묘사하고 있다.

> 인기척 없는 적막한 사막의 동굴로 예고 없이 나타났다가 돌연히 사라져 버린 이 방문자는 악령의 통념적인 관념과 혼합이 되어 그를 경악시켰고, 그런가 하면 여러 가지 형상으로 변모해서 사생활을 해롭게 간섭하는 정신상태에 사로잡히게 했다.[14]

위의 서술과 같이 무함마드 자신도 처음에는 이 방문자를 악령(Jinn)으로 생각하였다. 무슬림 하디스는 또 자비르(Jabir ibn Abd Allah)의 구전을 전하며 "It was terror-stricken till I fell on the ground"라고 하며 그 영을 만났던 무함마드의 고통을 서술하고 있다.[15]

---

14 『하디스』, 하지 사브리 서정길 편저 (한국이슬람교 중앙연합회, 1978) 60.
15 Imam Muslim, *Sahih Muslim*, 99. 그러나 카디자는 무함마드의 이 신비 체험에 관해서 말하기를, "나의 고귀한 분, 염려 마시고 기뻐하십시오. 이 일은 신께서 당신을 포기하시고 욕을 보게 하자는 것이 아닙니다. 당신은 좋은 분이고 친절하고 정직한 분이시니까요. 당신은 지나가는 낯선 사람에게 후하고 가난한 사람과 천한 사람을 도우시고 의로운 행동을 지지하는 분이시니까요."(Imam Muslim, *Sahih Muslim*, 99. 부카리 하디스[p. 3-4]와 무슬림 하디스[p. 97]에도 같은 내용이 실려 있다)라고 하며 무함마드에게 소명 의식(Sendungsbewußtsein)을 심어 주었다(K. Hoppenworth, *Islam contra Christentum gestern und heute* [Bad-Liebenzell, 1976]. 17f). 그러나 카디자는 "계시" 체험자도 아니고, 그 계시자를 이전에 본 일도 없고 들은 일도 없었다. 그는 예언자도 아니었고 성령 받은 자도 아니었다. 물론 성경도 읽어본 일도 없었다. 왜냐하면 그때 아랍어로 번역된 성경이 없었기 때문이다. 무함마드 스스로가 자기가 만난 영을 "진"이라고 느끼고 있을 때, 카디자는 그것을 판단할 아무런 척도도 가지고 있지 않았음에도 불구하고 무함마드가 만난 영을 참 하나님이라고 판단해 주었던 것이다. 그러나 원래 문맹인 무함마드는 영 분별에 관한 어떤 지식도 없이 아내의 말을 그대로 진리로 받아들였던 것이다. 더욱이 당시 무분별한 그리스도인이었던 카디자의 외사촌 와라까(Waraqa)는 무함마드에게 나타났던 그 영이 "하나님이 모세(Musa)에게 내려보냈던 천사"라고까지 말했던 것이다. Imam Muslim, *Sahih Muslim*, 98. "It is namus(angel) that God sent down to Musa." Ibn Hischam, *Das Leben Mohammeds*, Bd. 1 (Villach Österreich, 1992), 62. "Der größte Namus, der Mose erschienen ist, ist auch zu dir gekommen."

인간은 인간 외부에 존재하는 영을 받을 수 있는 구조로 창조되었다. 무속 문화권에서는 선무당이 아니라 진짜 무당은 귀신을 받는다는 것을 체험적으로 알고 있다. 그러나 회개하고 예수 그리스도를 영접한 사람은 하나님이 약속하신 예수 그리스도의 영, 즉 성령을 받는다(행 2:38).

인생의 수고와 고통과 소외감에서 해방된 사람은 하나님을 만난 사람이며, 하나님을 만난 사람은 바로 성령을 받은 사람이다. 성령을 받은 사람만이 날마다 행복을 고백할 수 있고, 날마다 하나님과 함께함을 고백할 수 있다.

> **나를 믿는 자는 성경에 이름과 같이 그 배에서 생수의 강이 흘러나오리라 하시니 이는 그를 믿는 자들이 받을 성령을 가리켜 말씀하신 것이라** (예수께서 아직 영광을 받지 않으셨으므로 성령이 아직 그들에게 계시지 아니하시더라) (요 7:38-39).

> **사도와 함께 모이사 그들에게 분부하여 이르시되 예루살렘을 떠나지 말고 내게서 들은바 아버지의 약속하신 것을 기다리라 요한은 물로 세례를 베풀었으나 너희는 몇 날이 못 되어 성령으로 세례를 받으리라 하셨느니라**(행 1:4-5).[16]

인간이 접하는 영들에게서 우리는 큰 현상학적 차이를 발견할 수 있다. 창조주 하나님 자신의 영을 받은 사람은 하나님의 임재와 **"성령 안에서 의와 평강과 희락"**을 체험하고 그 영의 다스림을 받아 성품과 언행이 거룩해진다. 그런데 무함마드가 체험한 이 무명의 영은 사로잡고 짓밟

---

[16] 참조, 눅 24:49.

고 두렵게 하고 무서운 고통을 주었다. 무함마드의 성품도 거룩하게 변하지 않았다. 현상학적으로 보면 이 영은 무함마드나 꾸란의 주장과 같이 성경에서 약속한 하나님 자신의 영인 성령이 아니다.

성령을 받은 사람은 무함마드가 경험한 무서운 고통 같은 것을 체험하지 않는다. 성령을 받은 사람은 말할 수 없는 하나님의 사랑(요 3:16; 요일 4:10)과 평강과 희락을 체험하고(롬 14:17), 하나님의 거룩한 새 사람으로 변화를 받아 성령의 열매인 사랑과 희락과 화평과 오래 참음과 자비와 양선과 충성과 온유와 절제의 열매를 맺는다(갈 5:22).

영적인 역사가 어디로부터인지, 즉 귀신의 역사인지 성령의 역사인지를 구별하지 못하는 체험주의자들의 위험성은 대단히 큰 것이다.

예수님이 하나님의 아들이 아니라고 주장하는 무함마드가 만난 영은 반(反)성경적인 "계시"를 준(Sura 3:54-55; 4:157, 171; 5:75, 116-117) 반(反)그리스도적이고 적그리스도적인 영이다.

그러나 무슬림들도 이제 회개하고 예수 그리스도를 주와 구주로 영접하여 죄 사함을 받으면, 그리스도인들과 똑같이 성령을 받고 변화되고 하나님의 놀라운 사랑을 받고 행복해진다.

5. 하나님의 자녀를 증거하는 영

성령은 예수 그리스도의 영이고(갈 4:6) 하나님의 영이다(롬 8:9f). 그는 진리의 영이며(요 16:13; 14:17), 예수 그리스도를 증거하고(행 1:8; 요 15:26), 그리스도께 영광을 돌리게 하며(요 16:14) 그리스도를 믿게 한다(고전 12:3). 그는 우리가 '**하나님의 자녀**'임을 증거하는 영이다. 그리고 우리가 하나님이 보내신 그 영을 받았기 때문에 그의 증거를 받는다.

이와 같이 피조물이 하나님의 자녀가 되는 관계는 하나님의 사랑에 근거한 것이다(요 3:16). 하나님이 인간 역사 속에 들어오신 목적은 인간과 하나님이 화목하고 임마누엘의 친밀성을 실현하기 위해서이다(롬 5:10-11; 2:2; 고후 5:16-19). 이 친밀성은 오순절에 강림하신 성령이 그리스도인 안에 머물러 있기 때문이지(행 2:38; 요 14:16f) 피조물이 하나님의 신성을 가지게 되었기 때문이 아니다.

성령 강림으로 인하여 죄의 종 또는 진노의 자녀(엡 2:3) 또는 마귀의 자녀(요일 3:10)로서의 관계가 변하여 "하나님의 자녀" 관계가 이루어진다. 하나님의 자녀라는 호칭은 혈통 개념이 아니고, 약속에 의한 것이며(갈 4:28; 롬 9:8) 입양의 의미이다. 하나님이 사랑으로 말미암아 타락한 피조물을 정결케 하여 양자로 삼은 것이다. 그러므로 하나님의 자녀가 된 것은 오직 새로워진 하나님과의 관계 개념이며(요 1:12-13) 하나님이 주신 권세이다(롬 8:21; 9:8).[17]

하나의 피조물이 하나님의 자녀가 된다는 것은 피조물이 신적 본질을 얻게 되었다는 의미가 아니라, 하나님의 사랑에 의해 성립된 새로운 관계를 말한다(요 3:16). 이는 오순절에 그리스도인들에게 강림하신 성령으

---

17 롬 8:14-16, "무릇 하나님의 영으로 인도함을 받는 그들은 곧 하나님의 아들이라. 너희는 다시 무서워하는 종의 영을 받지 아니하였고 양자의 영을 받았음으로 아바 아버지라 부르짖느니라. 성령이 친히 우리 영으로 더불어 우리가 하나님의 자녀인 것을 증거하시나니" 갈 4:6-7, "너희가 아들인고로 하나님이 그 아들의 영을 우리 마음 가운데 보내사 아바 아버지라 부르게 하셨느니라. 그러므로 네가 이후로는 종이 아니요 아들이니 아들이면 하나님으로 말미암아 유업을 이을 자니라." 성령은 우리를 거듭나게 하시고(요 3:5ff) 회복시키시고(사 61:1-2; 눅 4:18-19), 아름다운 은사들(고전 12-14장)과 권능을 주시고(행 1:8; 막 16:17-18) 복음을 전하게 하신다(마 10:17-20; 행 1:4-8; 15:8; 요 15:26; 고전 3:9). 그래서 하나님은 십자가의 은혜와 사랑으로 구속받고 성령으로 인침 받은 성도를 어린 양의 '신부'라고도 칭하고(마 25:1-13; 계 21:9) 예수님의 '친구'라고도 칭한다(요 15:15). "이제부터는 너희를 종이라 하지 아니하리니 종은 주인의 하는 것을 알지 못함이라. 너희를 친구라 하였노니 내가 내 아버지께 들은 것을 다 너희에게 알게 하였음이라."

로 말미암아 이루어진 것이다(행 2:38; 요 14:16f).

빌립보 가이사랴에서 고백한 베드로의 기독론이 하나님에 의한 것이며, 고린도전서 12:3의 기독론적 고백도 성령에 의한 것이다. 이와 같이 아버지에 대한 신앙과 아들에 대한 신앙도 오직 성령의 조명에 의해서만 가능하다.[18]

성령의 조명이 없기 때문에 이슬람에는 하나님과의 관계에서 모든 피조물은 오직 "종"일 뿐이라고 고백한다. 종은 하나님과 체험적인 사랑의 교제나 사랑의 은사 또는 대화가 전혀 없다. 가브리엘 천사와 대화했다는 무함마드조차도 하나님 자신의 영인 성령의 감동을 받은 적이 한 번도 없다.

6. 영혼을 새롭게 하는 영

무슬림들은 매일 17번씩 동일한 기도 형식을 따라 알라를 경배하기 때문에 일반적으로 알라와 개인의 심중에 있는 깊은 대화를 하지 못한다. 또 하나님으로부터 죄를 용서받은 체험이나 사유함을 받은 감격적인 찬송이 없다. 그러므로 하나님에게서 철저한 소외감을 느끼며 살아가야 하는 것이다. 어떤 무슬림도 예배생활이나 성지 순례 등의 행위로 그들의 마음을 새롭게 할 수 없다. 즉 새 사람이 되지 않는다.

하나님 자신으로부터 나오시는 보혜사 성령(요 15:26)은 우리의 심령을 새롭게 하시며, 우리를 새 피조물이 되게 하고(고후 5:17; 롬 12:1-2), 새 마음을 주시고(겔 36:25-26), 새 사랑을 주신다(고전 13장). 또한 새로운

---

[18] 참조, E. Jüngel, *Gott als Geheimnis der Welt* (Tübingen, 1982), 52f.

평안을 주시고(요 14:27), 하나님의 의로 의롭게 하시고(롬 3:24) 거룩하게 하신다(고전 6:11; 살전 3:13; 히 10:10). 기독교의 하나님의 영은 진리의 영이며(요 14:17), 의와 희락과 평안의 영이다(롬 14:17). 그리고 하나님의 영이 계신 곳에는 영적인 자유함이 있다(고후 3:15).[19]

성 **어거스틴**은 그의 책 『어거스틴의 고백』(The Confessions of Saint Augustine)에서 다음과 같이 고백하고 있다.

> 우리 마음은 주님 안에서 안식하기 까지 쉼을 얻을 수가 없습니다.[20]

기독교의 하나님은 하나님을 간절히 찾는 사람을 만나주시는 분이고(신 4:29; 렘 29:13), 죄를 저지른 인간이 돌이켜 하나님께 돌아와서 간절히 기도하면 응답하시는 분이다. 하나님은 인간과 대화하기를 원하신다(렘 29:12; 33:3; 마 7:7-11).

> 여호와께서 말씀하시되 오라 우리가 서로 변론하자 너희의 죄가 주홍같을지라도 눈과 같이 희어질 것이요 진홍 같이 붉을지라도 양털 같이 희게 되리라(사 1:18).

> 우리 하나님 여호와께서 우리가 그에게 기도할 때마다 우리에게 가까이 하심과 같이 그 신이 가까이함을 얻은 큰 나라가 어디 있느냐?(신 4:7).

---

19 롬 8:14-16; 갈 4:6-7; 요 3:5ff; 15:26; 사 61:1-2; 눅 4:18-19; 고전 12-14장; 막 16:17-18; 10:17-20; 행 1:4-8; 15:8.

20 St. Augustine, The Confessions of Saint Augustine, trans. John K. Rhan (New York-Doubleday, 1960), 43.

하나님은 자신의 피조물이 사는 목적을 하나님을 찬송하는 것에 두신다.

> 이 백성은 내가 나를 위하여 지었나니 나를 찬송하게 하려 함이니라 (사 43:21).

모든 거듭난 그리스도인들은 하나님이 부어 주시는 성령의 은사 중에 최대의 은사인 '사랑'을 받고 있다. 이 사랑은 타락 이후 인간에게는 없던 사랑이다. 이것은 하나님이 새로 부어 주시는 하나님의 사랑인 **'아가페'**(ἀγάπη)이다(롬 5:5). 이 사랑은 인간이 경험하는 형제간의 사랑, 부모의 사랑 또는 애정과 같은 인간적 사랑과는 질적으로 다른 하나님의 사랑이다.[21] 하나님의 사랑은 하나님이 약속하고 예언하셨던 대로 부어 주신, 하나님 자신의 영인 성령이 강림함으로써 부어 주신 것이다.

하나님이 그리스도인들에게 그 사랑을 부어 주신 이유는 이들이 예수 그리스도의 대속적인 죽음을 믿고 받아들이며, 회개하고 돌이켜 하나님과 끊어졌던 관계가 다시 회복되었기 때문이다.

하나님 자신의 영(성령)을 받은 사람이란 하나님의 독생자 예수 그리스도의 영이 그 마음속에 내주하시는 사람이다. **성경은** 성령을 받지 못한 사람은 버리운 자라는 것을 가르쳐 주고 있다(고후 13:5).

---

[21] 그리스어로는 하나님의 사랑을 '필리아'(φιλία, 우정)나 '에로스'(ἔρως, 애정)인 인간적인 사랑과 구별하여 묘사한다.

제 4 장

구원은 어떻게 받는가?

꾸란에는 아담과 하와가 "이 나무의 열매"[1]를 따먹은 후에도 인간의 본성이 타락하지 않고 창조되었던 그대로 유지되고 있다(Sura 30:30). 하나님은 아담을 즉시 용서하셨고 하므로(Sura 2:37), 인간의 원죄를 부인하는 것이다. 또 꾸란은 인간의 죄악은 **하나님께가 아니라, 자기 자신에게 욕되게** 했을 뿐이라고 한다(Sura 7:23).

이와 대조적으로 성경은 창조 시에 심히 좋았던 인간의 타락한 본성에 관해서 알게 하고(창 1:31) 죄와 죽음에서 자유한 사람이 없다는 것을 가르치고 있다(롬 3:9-18). 성경은 "만물보다 거짓되고 심히 부패한 것은 마음"이라고 가르친다(렘 17:9). 성경은 어떤 불의와 죄악도 하나님 앞에 설 수 없다는 것과, 행위로 구원을 얻을 수 있는 인간은 하나도 없다는 것을 확실하게 가르치고 있다. 예수 그리스도는 오히려 간음과 살인과 속임

---

[1] 꾸란에는 아담과 하와가 '선악과'를 따먹은 것이 아니라 "이 나무"의 열매를 따먹은 것으로 기록되었다(Sura 7:19, 20, 22).

수 등의 행위만이 아니라, **마음**에 악한 **생각**만으로도 지옥 불에 들어간다는 것을 가르치신다(마 5:21-44; 고전 6:9-10). 또한 그는 겉으로는 드러나지 않은 속마음의 죄악을 근거로 남·녀 양심에 가책을 유발하셨고, 남을 정죄하는 자들의 위선을 막아서셨다(요 8:4-9).

구원은 무엇보다 먼저 **마음이 변화**되고 **새 사람**이 되지 않고는 바라볼 수 없는 것이다. 그러므로 사랑의 하나님이 인간의 부패한 **마음**을 회복시키고 하나님께로 돌이키기 위해서 오래 전부터 계획하시고 이 일을 수행해 내신 것이다. 즉 하나님은 먼저 아브라함 및 그의 후손과 언약을 맺으시고, 시내 산에서 하나님의 백성과 언약을 맺으시며, 역사 속에서 그것을 수행하고 계시는 것이다.

> 나는 너희 중에 행하여 너희의 하나님이 되고 너희는 내 백성이 될 것임이니라(레 26:12).[2]

윤리적인 업적을 평생 쌓아도 도달할 수 없는 모든 인간 죄악의 문제를 해결하는 종교는 기독교 외에 어디에도 없다. 그것은 오직 사랑의 본성을 가지고 계신 우리의 하나님만이 해결해 줄 수 있다. 하나님만이 우리를 변화 시킬 수 있고 우리는 다시 하나님의 백성으로 회복될 수 있다.

하나님과 이러한 언약을 맺은 백성은 하나님이 세우신 계명을 지켜야 한다. 그러나 부패한 인간은 이 일을 해내지 못했다. **사랑**의 하나님은 동시에 **공의**의 하나님이기도 하다. 그러므로 하나님이 사랑하시는 타락한 죄인을 위해 해 줄 수 있는 방법은 바로 대속할 속죄양을 통해서 인간의 죄악을 도말하는 것이다. 왜냐하면 이 방법만이 본성이 사랑이시며 동

---

2 출 6:7; 겔 11:20; 37:28; 슥 8:8.

시에 공의로우신 하나님의 두 성품의 요구를 다 충족할 수 있는 길이기 때문이다. 바로 이 점이 이슬람과 꾸란이 기독교와 정면으로 대립하는 부분이다.

1. 꾸란의 구원관

구약 율법서에 기록된 "생명은 생명으로, 눈은 눈으로, 이는 이로, 손은 손으로, 발은 발로, 덴 것은 덴 것으로, 상하게 한 것은 상함으로, 때린 것은 때림으로 갚을 지니라"라고 한 말씀을 꾸란은 아래와 같이 비슷하게 인용해 갔다.[3]

> 하나님은 그들에게 명령하여 생명은 생명으로 눈은 눈으로 코는 코로 귀는 귀로 이는 이로 상처는 상처로 대하라 했으니 …(Sura 5:45).

> 믿는 자들이여 살인의 경우 자유인 대 자유인 종복 대 종복 여성 대 여성으로 동등한 처벌규정이 기록되어 있노라 …(Sura 2:178).[4]

알라는 인간의 선행과 인간의 악행을 계산하여 선행과 악행에 갑절 또는 10갑절로 갚는다(Sura 4:40; 6:60). 그러므로 인간이 알라에게 구원을 받으려면 많은 선행을 지불해야 한다. 꾸란은 **선행을 많이 쌓을수록 악행이 제거된다고** 가르친다(Sura 11:114-5).[5] 선행에 대한 보상으로 악행을 용서

---

3   출 21:23-25; 참조, 레 24:20; 신 19:21.
4   참조, 용서의 명령(마 6:14-15; 막 11:25), 일곱 번을 일흔 번까지 용서!(마 18:22).
5   Sura 11:115, "Die guten Werke vertreiben die Bösen."

해준다는 논리이다.

> … 하나님이 너희의 잘못을 용서하여 선을 행하는 이들에게 보상을 더하리라(Sura 7:161).

무함마드의 생업이 상업이었던 것에 연관되어, 위와 같이 이슬람의 윤리도 지불과 보상이라는 상업적 원리에 따라 설명된다. 하디스 학자로 가장 유명한 알 부카리(al-Bukhari, A.D. 810-870)와 무슬림(Muslim, d. 875)은 공동체 기도(금요예배)가 개인 기도보다 27배나 더 좋다고 주장하고 무슬림들이 행하는 기본 실천 사항(5주[柱, 기둥])도 선행으로 계산한다.[6] 결혼한 사람이 두 번(기도 의식의 통일체) 절하는 것이 독신이 70번 절하는 것이나 오랜 금식보다 알라의 마음에 더 든다고 한다.[7]

꾸란에도 알라는 믿고 선을 행하며 예배하며 이슬람 세를 바치는 사람에게 보상해 준다고 기록하고 있다(Sura 2:277). Sura 35:29에는 알게 모르게 자선을 베푼 자들은 불멸의 이익을 얻는다고 기록되었는데, 이 "이익"은 무역, 거래, 상업과 같은 뜻이다. 무슬림의 선행은 알라와의 상업 행위이다.[8] 알라는 심판의 날에 겨자씨만한 선행들과 악행들의 무게까지도 다 저울에 달아서 계산한다.

---

[6] 5주: ① 신앙 고백("알라는 한 분뿐이고 무함마드는 알라의 사도이다"라고 고백한다). ② 1일 5회 예배(매일 5회의 예배를 통해 동일한 의식이 매일 17회 반복되는 동안 34번 꿇어 엎드려 절한다) ③ 구빈세(쟈카트): 연 순이익의 2.5%를 바친다. ④ 단식: 히즈라 제9월을 단식월로 지킨다. ⑤ 성지 순례: 일생에 한번 메카로 성지 순례를 한다. A. Th. Khoury, *Gebet des Islams* (Mainz-Grünewald, 1981), 18.

[7] A. Th. Khoury, 67.

[8] *Der Heilige Qur'an*, Hr. v. Hazrat Mirza Tahir Ahmed (Deutschland, 1989), Sura 35:30.

> 하나님은 심판의 날 공정한 저울을 준비하시나니 어느 누구도 불공평한 대우를 받지 않도록 함이라. 비록 겨자씨만한 무게일지라도 그분은 그것을 계산하리니 계산은 하나님만으로 충분하니라(Sura 21:47).

꾸란에 의하면 무슬림들은 모든 생애 동안 선과 악이 계속 축적되고, 심판의 날에 모두 합산하여 선행이 더 많으면 천국에 들어간다. 이것은 타락한 인간의 본성이 변화되거나 새 사람이 되는 경우와는 아주 거리가 멀다. 무슬림들은 하나님이 우리의 역사 속에 들어오셔서 대속의 형벌을 받으심을 통해 제공되는 죄 사함을 거부하고, 또 죄 사함 받은 자들에게 주시는 성령도 받지 못하기 때문에(행 2:38) 인간의 본성에 어떤 변화(겔 36:26-27)도 없이 자신들의 선행만을 계산하고 있는 것이다.

Sura 21:47이 가르치는 바와 같이 무슬림들은 자신들의 죄들을 위해서 선행을 지불하여 구원을 받아야 하기 때문에 항상 근심과 불안정에 시달리며 점점 더 알라의 노예가 되어간다. 대부분의 무슬림들은 자신들의 죄악을 인정하며 자신들이 알라가 요구하는 만큼의 수준에 도달하지 못한다는 것을 알고 있다.

꾸란은 **불지옥에 들어갈 부류**를 두 종류로 분류하고 있다. 그중에 큰 부류는 비무슬림들 내지 불신자들이며 그들은 지옥의 주인이 될 것이라고 한다. 다른 부류는 선행이 악행보다 가벼운 죄인들이다.

> 그의 저울이 가벼운 자들은 그들의 영혼을 잃고 지옥에서 영원히 사노라 불이 그들의 얼굴을 태우니 그 안에서 고통을 맛보더라(Sura 23:103-104).

> 믿는 신앙인들이여 너희들 가운데 너희들의 재산을 부정하게 삼키지 말라 서로가 합의한 교역에 의해야 되니라 또 너희 자신들을 살해치 말 것

이니 하나님은 너희에게 자비로 충만하시니라 만일 증오와 부정으로 그런 행위를 하는 자가 있다면 그를 불지옥으로 이르게 하리니 하나님께서는 그런 일이 쉬움이라(Sura 4:29-30).

2. 꾸란의 "속죄"관

이슬람은 꾸란의 가르침에 대해 아래와 같이, 하나님이 제시하신 속죄를 통한 구원의 가능성을 폐쇄시키고 있다.

… 누구나 그가 얻은 것은 그에게로 돌아오거늘 누구든 타인의 짐을 그가 질 수 없노라(Sura 6:164).

위 구절에 대한 **각주**는 자기 행위의 결과는 자기가 져야 하기 때문에 **자기 죄악을 타인에게 전가할 수 없고 누구도 타인의 죄악을 대신할 수 없으므로** 예수도 인간의 죄를 대신할 수 없다고 주장하고 있다(Sura 6:164 각주 164-1). 이와 같이 무슬림들은 속죄 받을 길을 그들의 경전에 의해 완전히 차단된다. 왜냐하면 꾸란은 우리의 구원자 예수 그리스도를 철저하게 창조물로 보기 때문이다. 그러므로 이슬람은 인간이 스스로 윤리적 업적을 쌓아서 하나님의 심판을 통과해야 하는 것이다.

그런데 위와 같이 하나님의 대속 행위를 철저히 부정한 꾸란에도 "속죄"하는 단어가 있다. 꾸란은 하나님의 아들 그리스도를 통한 속죄 대신에 자기 자신을 통한 속죄를 말하고 있다. 꾸란은 죄를 범한 인간이 10명의 불쌍한 사람에게 음식을 대접하거나, 그들에게 입을 옷을 주거나, 노예를 해방시켜 주거나, 사흘간의 단식을 하면 알라가 **속죄**해 줄 것을 언약하였다(Sura 5:89).

　Sura 2:196에는 만약 인간이 알라의 속죄를 받으려면 자신의 가정의 짐승으로 카바 제단에 헌신해야 한다. 만일 메카나 거룩한 땅까지 순례할 수 없는 사람이 있다면, 그가 어떻게 속죄를 받을 수 있는지도 설명하고 있다. 그들은 삼일간 금식을 하던지 60명에게 음식을 먹이던지 소나 양을 잡아 희생하면 알라의 속죄를 받는다고 한다.[9]

　최영길은 Sura 2:271을 번역하면서 남몰래 가난한 사람들에게 자선을 베풀면 그들의 죄가 **속죄 받는**다고 하였다. 같은 구절의 영어번역은 "속죄"에 대하여 "It will remove from you some of your evil"로, 독일어 번역으로는 "Er wird eurer Sünden von euch hinwegnehmen"[10]으로 번역되었다.

　이슬람의 **속죄**는 꾸란적인 **보상 원리**를 따르는 것이다. 그런데 실수를 제하고는 무슬림이 무슬림을 살해할 수 없게 되어 있다. 만약 실수로 무슬림을 살해했다면 그 피 값으로 노예 한 명을 해방시켜 주고 그 피해 가족에게 보상해야 한다(Sura 4:92).

> 그의 속죄로서 열 명의 불쌍한 자에게 음식을 대접하라 이는 너희 가족들이 먹는 음식이라 또한 그들에게 입을 옷을 주고 노예를 해방시켜주는 것도 되나니 만일 그렇지 못할 경우에는 삼 일 간 단식을 하라 그것이 내가 언약한 속죄이니라 그러나 너희 언약은 지켜야 하느니 이것이 너희에게 계시한 하나님의 말씀이니 너희는 감사하라(Sura 5:89).

　이와 같이 꾸란은 영원한 불지옥에 들어가야 할 인간의 무거운 죄악을 사흘 금식이나 10명에게 음식 대접으로 "속죄"될 수 있다고 한다. 이

9　Sura 2:196 각주 196-3.
10　*Der Heilige Qur'an*, 2:272.

슬람에서 **최대의 보상**은 모든 죄를 용서받는 것이다. 그것은 바로 성전에 참여하여 "**순교**"하는 길이다. 꾸란은 무슬림이 전사하면 천국(Paradise)으로 직행하고 알라의 심판을 받지 않게 된다고 가르친다.

> 나의 길에서 순교한 자, 성전 하였거나 살해당한 그들을 속죄하여 줄 것이며 강이 흐르는 천국으로 들어가리니 이것이 하나님으로부터 받을 보상이라(Sura 3:195).[11]

> 하나님의 길에서 순교한자가 죽었다고 생각지 말라. 그들은 하나님의 양식을 먹으며 하나님 곁에 있노라(Sura 3:169).

위와 같이 꾸란의 '속죄'는 죄인인 인간 자신이 하는 것이다.

3. 성경의 속죄와 속죄양

이슬람에도 어린 양을 희생제물이라고 하는 부분이 있다. 이 희생제물은 아브라함이 그의 아들 '이스마엘'[12]을 바칠 때 알라가 '이스마엘' 대신

---

11 성전(聖戰)에 관한 꾸란의 구절들: "금지된 달(이슬람력으로 1월, 7월, 11월, 12월)이 지나면 너희가 발견하는 불신자들마다 살해하고 그들을 포로로 잡거나 그들을 포위할 것이며 그들에 대비하여 복병하라. 그러나 그들이 회개하고 예배를 드리며 이슬람 세를 낼 때는 그들을 위하여 길을 열어 주리니 하나님은 관용과 자비로 충만하심이라"(Sura 9:5). "그대의 주님께서 천사들에게 말씀으로 영감하여 나는 너희와 함께 있으니 신앙인들에게 확신을 줄 것이며 내가 불신자들의 마음을 두렵게 하리니 그들의 목을 때리고 또한 그들 각 손가락을 때리라"(Sura 8:12). "너희가 전쟁에서 불신자들을 만났을 때 그들의 목들을 때리라. 너희가 완전히 그들을 제압했을 때 그들을 포로로 취하고 그 후 은혜로써 석방을 하던지, 아니면 전쟁이 종식될 때까지 그들을 보상금으로 속죄하여 주라"(Sura 47:4).

12 이슬람에서는 아브라함의 희생제물이 이삭이 아니고 이스마엘이다.

에 준비한 양을 기념하는 것이다. 매년 '이둘 아드하'라는 축제날에 그 양을 잡아서 가족과 친척·친지들과 나누며 기념한다. 그러나 이 양은 성경과 같은 속죄 내지 대속적 의미가 전혀 없다.

성경은 인간의 생명은 피에 있다는 것(창 9:4; 레 17:11)과, 피 흘림이 없으면 사함이 없다는 것을 가르치고(히 9:22), 속죄를 위해서는 속죄제물이 있어야 함도 알게 한다. '속죄제물'이란 구약에서 '화목제물'과 동일시되며 '힐라스테리온'(ἰλαοττήριον, 레 16:2)이라고 한다. 하나님과의 화해(카탈라개, καταλλαγή)를 위한 속죄제물 또는 화목제물은 타락한 죄인의 몸 값(루트론, λύτρον)[13]을 지불하는 것이다.[14] **하나님의 어린 양**(요 1:29, 36; 계 7:10)이 우리를 위한 '루트론'(λύτρον)이다(고전 6:20; 7:28; 갈 3:13; 4:5).

죄 값을 지불하지 않고는 누구도 하나님의 심판을 피할 수 없다. 하나님은 **사랑의 하나님이시지만 공의가 결핍된 하나님이 아니기 때문**이다(요일 4:16).

성경적 **속죄론**은 꾸란의 속죄론과 완전히 다르다. 꾸란의 속죄는 자기가 하는 반면, 성경의 '속죄'는 오직 하나님이 하시는 일이다. 인간의 공로는 전혀 쓸모없다. 인간은 성경적으로 볼 때, 죄로 말미암아 죽은 자이다.[15] 죄 값은 사망이고(롬 6:23), 모든 인간이 사망하며, 죄와 사망의 문제를 해결할 수 있는 자는 인간 중에서는 없다. 그러므로 인간은 자기 죄를 자기가 속죄할 수 없다.

죄인은 하나님과 원수이고 분리된 관계에 놓여 있다(사 59:1-2)는 것은 삶을 통해서 잘 경험하고 있다(골 1:21; 롬 5:10; 8:7). 인간을 하나님과 화목시킬 수 있는 중보자가 없다면 인간은 영원히 멸망할 수밖에 없는 상태에 놓여 있다.

---

13   ransom money, Lösegeld.
14   출 21:30; 30:12.
15   꾸란의 아담은 범죄 후 알라에게 용서를 빌었고 알라는 그를 용서해 주었다(Sura 2:37).

중보자는 이 멸망 상태에 처해 있는 인간을 위해서 속죄를 해 주어야 하나님과 화목이 된다. 성경적인 속죄란 우리가 우리 죄의 대가로 받을 형벌을 그리스도께서 대신 받으심으로써 우리의 죄가 용서되는 것이다. 그러므로 죄인이 회개하면 하나님의 자녀가 되는 성령을 받게 되고, 하나님과 분리 되었던 관계가 사랑의 관계로 회복되는 것이다.

하나님은 타락한 인류의 구원을 위해서 메시아를 보내실 것과, 메시아의 희생과 대속을 통해서 죄 사함을 받은 사람들에게 하나님 자신의 영을 보내실 것을 미리 약속하시고 역사 속에서 실행하시는 것이다.[16]

구약은 죄인이 형벌을 면하는 방법을 제시하였다. 그것은 동물 희생제를 통한 속죄(출 29:36; 레 4:20; 16:9-10)이다. 동물이 죄인 대신에 하나님의 진노를 받는 것이다. 이미 구약을 통해 무수히 예언된 말씀이 실현된 것이다. 이사야 53장은 이러한 대속물(롬 5:8)로 자신을 희생하실 메시아에 대한 예언이었고, 그 예언의 성취로서 희생제물이 되실 예수 그리스도에 대하여 세례 요한이 **"세상 죄를 지고 가는 하나님의 어린 양"**[17]으로 묘사한다. 예수 그리스도 자신도 이러한 속죄를 위한 희생적 사랑에 관해서 제자들에게 미리 말씀하였다.

> 인자가 온 것은 섬김을 받으려 함이 아니라 도리어 섬기려 하고 자기 목숨을 많은 사람의 대속물로 주려 함이니라(막 10:45).[18]

---

16 하나님의 구원 계획은 계속 진행되어 예수 믿는 자들을 성령으로 인치시고, 예수께서 마지막 날 그의 백성을 데리러 오실 때, 그들에게 부활의 몸을 주심으로써 그들이 예수와 같은 모습으로 변화되게 하시고, 그가 구속하신 백성들과 항상 함께 거하시는 것이다.
17 요 1:29, 36; 계 5:6, 12; 7:10.
18 화목시킴과 비슷한 단어: '힐라스모스'(ἱλασμός, 요일 2:2), '힐라스코마이'(ἱλάσκομαι, 요일 4:10), '힐라스테리온'(ἱλαστήριον, 롬 3:25). 대속의 죽음과 희생제물 또는 화목제물을 설명하는 다른 구절들(벧전 2:24; 히 9:28; 10:12; 롬 3:5; 5:10; 엡 2:13).

신약의 희생제물은 예수 그리스도이다. 구약적 동물인 속죄양은 신약적 속죄의 원인인 "세상 죄를 지고 가는 하나님의 어린 양," 즉 예수 그리스도의 '**그림자**'였음을 알리고 있다(히 8:5; 10:1).

4. 구원의 역사적 사실성

무슬림들은 무죄한 자를 죄인 대신에 벌하는 것을 불의라고 한다.[19] 의인이 형벌을 받는 일은 불의한 일이기 때문에 어떤 대속도 있을 수 없다고 한다. 그러므로 **이슬람**에는 아무것도 없다. 역사적으로 체험할 수 있는 구체적인 알라의 사랑도 없고, 은혜도 없고, 화해도 없고, 새 사람 됨도 없고, 거룩함도 없다.

구원의 역사적 사실성은 다른 종교에는 없는 기독교의 독특성이고 유일성이다. 다른 종교에는 나름대로 구원론이 있지만 말과 상징과 신화뿐이고 구원에 신빙성을 줄만한 **역사적 근거**가 없다. 신구약 본문은 기도 응답의 사건들로 가득하고, 마찬가지로 개개인 성도들도 하나님의 구체적인 도우심과 기도 응답의 체험으로 살아간다.

역사를 주관하시는 하나님이 역사 속으로 들어오신 사건(요 1:14)은 귀신이 홀연히 나타났다가 사라지는 것과 같은 갑작스러운 현상이 아니라,[20] 하나님이 자기의 비밀을 미리 그의 종 선지자들에게 보이지 아니하

---

19 G. Nehls, *Christen antworten Moslems* (Hänsler-Verlag, Neuhausen-Stuttgart, 1982), 129.

20 *Hadith*, trans. Haji Sabri Suh Jung-Gil (The Korea Muslim Federation, 1978), 60을 보면, 미리 거듭 예고된 성경의 하나님의 계시와는 대조적으로 무함마드가 받은 소위 계시는 갑작스럽게 방문한 한 영에 의한 것으로서 그를 공포에 몰아 넣었다고 설명하며, 그 영은 "여러 가지 형상으로 변모해서 사생활을 해롭게 간섭하는 정신 상태에 사로잡히게 했다"라고 설명한다. 무함마드 자신도 이 방문자를 악령(Jinn)으로 생각하였다.

시고는 결코 행하심이 없으시다는 아모스 3:7의 말씀과 같이, 하나님이 반드시 먼저 예언하시고 후에 성취하시는 특성을 갖고 있다.

그리고 신구약 성경은 **우리의 구원을 위해서** 하나님이 구체적으로 계획을 세우시고, 그것을 우리에게 미리 알리시고 **성취**하시는 하나님을 증거하고 있다. 이러한 하나님의 역사적 통치로 인해 그것을 경험한 구약의 백성들은(신 4:7, 4), 그 사실성으로 진리를 입증하고자 했다(고전 1:22; 겔 36:33-38; 37:21).

자유주의자들이나 비그리스도인들이 기독교적 구원의 역사적 사실성을 거스려 기독교의 구원의 사실과 구원자까지 신화화 내지 상징화하려고 여러 차례 시도하였으나, 그리스도인들은 성령 체험과 은혜 체험의 사실로 말미암아 그것들에 동의할 수가 없다. 왜냐하면 하나님 자신의 영인 성령의 강림이 역사적 사실이고 체험적이고, 성도들이 옛 사람이 변하여 새 사람이 되며, 하나님과 화목한 성도들이 누리는 하나님과의 교제와 기쁨도 현재적이기 때문이다.

하나님이 역사를 통치하시며 역사 속에 강림하심은 인간의 공로와는 상관없는 하나님의 일방적인 사랑의 표현이다. 십자가의 대속으로 죄를 사하시고 성령을 주신 것과 하나님과의 현재적인 화해와 부활의 약속은 하나님의 엄청난 사랑의 선물이다.

하나님이 인간에게 찾아오신 사건은 화해와 만남의 놀라운 은총의 사건이다. 이로 인해 이 땅에 강림하신 하나님의 아들 예수 그리스도는 영원한 양성(兩性, 신성과 인성)을 가지게 되었다.[21]

---

21 예수는 인간의 몸이 필요하신 분이 아니지만 인간의 친구(요 15:13-15)가 되기 위해서 인간의 몸을 입으셨고 또 영화롭게 변화된 인간의 몸을 입으신 채 부활하신 분이다. 그것은 영원히 인간의 형체로 그리고 인간의 형제로 계시겠다는 의미이다. 그리고 그가 강림하실 때 구원 받은 인간들에게도 그와 같은 영광스러운 부활의 몸을 주실 것을 약속하셨다. 이

그리스도의 성육신과 십자가에는 중요한 이유가 있다. 왜냐하면 모든 죄인은 반드시 죽어야 하고(창 2:17), 하나님의 심판을 받아야 하기 때문이다. 하나님은 십자가의 희생에서 하나님의 **사랑**의 속성(요일 4:8, 16)과 하나님의 **공의**로운 속성,[22] 둘 다 만족시킴으로써 멸망하게 된 인간을 구원하시는 대속의 길을 열어 놓으셨다. 이를 위한 속죄제물이 바로 예수 그리스도 자신이다. 죄인들이 받을 진노를 자신에게로 돌리신 것이다.[23]

이 사실을 받아들이는 사람은 무슬림을 포함하여 누구든지 구원을 받는다(요 3:16). 성경은 예수의 희생의 보혈을 부정하고 짓밟는 자는 어떤 속함도 받을 수가 없다고 증거한다. 이 엄청난 하나님의 사랑을 거부하고 속죄양 그리스도의 피를 부정한 것으로 여긴 사람은 중한 형벌을 받게 된다(히 10:29).

5. 예수 그리스도의 새 계명

무함마드를 포함해서 모든 인간은 하나님의 법을 지키지 않으면 안 되는 준법자의 위치에 있다. 꾸란은 오히려 무함마드가 준법자의 위치에 있을 뿐만 아니라 범법자임을 보여주고 있다(Sura 47:19; 48:2). 그러나 예수 그리스도는 준법자가 아니라 입법자의 위치에 계신다. "… 나는 너희에게 이르노니"라고 말씀하며 법을 세우는 입법자는 창조주 하나님 외

것이 하나님이 인간과 영원한 친구로 함께 계시는 놀라운 은혜와 사랑이다.
[22] 히 9:22, "율법을 좇아 그의 모든 물건이 피로써 정결케 되나니 피 흘림이 없은즉 사함이 없느니라."
[23] 대속: 사 53장; 롬 3:23-25; 벧전 2:24; 3:18; 히 9:22; 요 6:53-58.
언약의 피: 마 26:28; 막 14:24; 눅 22:20.

에 다른 분일 수 없다. 예수 그리스도는 두 가지의 계명을 강화하셨다.

하나는 드러나지 않은 인간 **내면의 법**을 조명하신 것이고,

다른 하나는 **사랑의 법**이다.

인간 내면의 법과 사랑의 법은 아래와 같다. 살인, 간음, 맹세, 보복 등에 관한 법이 더욱 구체적으로 주어졌으며 무슬림들을 포함한 모든 사람들에게 놀라운 용서와 사랑을 가르친다.

> **옛 사람에게 말한 바 살인하지 말라 누구든지 살인하면 심판을 받게 되리라 하였다는 것을 너희가 들었으나, 나는 너희에게 이르노니 형제에게 노하는 자마다 심판을 받게 되고 형제를 대하여 라가라 하는 자는 공회에 잡혀가게 되고 미련한 놈이라 하는 자는 지옥 불에 들어가게 되리라**(마 5:21-22).[24]

> **또 간음하지 말라 하는 것을 너희가 들었으나 나는 너희에게 이르노니 음욕을 품고 여자를 보는 자마다 이미 간음하였느니라**(마 5:28).[25]

---

[24] 이에 반해 꾸란은 불신자들을 모두 살해할 것을 명령한다. "금지된 달이 지나면 너희가 발견하는 불신자들마다 살해하고 그들을 포로로 잡거나 그들을 포위할 것이며 그들에 대비하여 복병하라"(Sura 9:5). "그들이 배반한다면 그들을 포획하고 그들을 발견하는 대로 살해할 것이며 친구나 후원자를 찾지 말라"(Sura 4:89). "박해가 사라지고 종교가 온전히 하나님만의 것이 될 때까지 성전하라"(Sura 8:39, 온 세상을 이슬람화해야 할 목표. 성전하라 = 까아탈라 = 죽여라!).

[25] 이와 대조적으로 꾸란은 다음과 같이 지시한다. "쾌락을 얻은 여자에게 소정의 보수를 줘라. 이때 소정의 보수액 이상의 것은 당사자 간에 자유로이 정해도 무방하다. 알라께서는 전지하시고 총명하신 분이다"(김용선 번역 한글 꾸란 4:24). "… 현세의 이익을 얻으려 하녀들에게 간음 행위를 강요하지 말라. 그들은 순결을 지키고자 하니라. 만일 그들에게 강요하는 자가 있어 강요되었을 때 하나님은 그녀에게 관용과 자비를 베푸시느니라"(Sura 24:33). "예언자여, 실로 하나님이 그대에게 허용하였나니, 그대가 이미 지참금을 지불한 부인들, 하나님께서 전쟁의 포로로서 그대에게 부여한 자들, 즉 그대의 오른손이 소유하고 있는 이들과, 삼촌의 딸들과, 고모의 딸들과, 외삼촌의 딸들과, 이주하여 온 외숙모의 딸

또 일렀으되 누구든지 아내를 버리려거든 이혼 증서를 줄 것이라 하였으나 나는 너희에게 이르노니 누구든지 음행한 이유 없이 아내를 버리면 이는 그로 간음하게 함이요 또 누구든지 버림받은 여자에게 장가드는 자도 간음함이니라(마 5:31-32).[26]

또 옛 사람에게 말한바 헛맹세를 하지 말고 네 맹세한 것을 주께 지키라 하였다는 것을 너희가 들었으나 나는 너희에게 이르노니 도무지 맹세하지 말지니 하늘로도 하지 말라 이는 하나님의 보좌임이요 …(마 5:33-36).[27]

또 눈은 눈으로 이는 이로 갚으라 하였다는 것을 너희가 들었으나 나는 너희에게 이르노니 악한 자를 대적하지 말라 누구든지 네 오른편 뺨을 치거든 왼편도 돌려대며 …(마 5:39).

또 네 이웃을 사랑하고 네 원수를 미워하라 하였다는 것을 너희가 들었으나 나는 너희에게 이르노니 너희 원수를 사랑하며 너희를 박해하는 자

들과, 예언자에게 스스로를 의탁하고자 하는 믿음을 가진 여성들과, 예언자가 결혼하고자 원할 경우, 그대에게는 허용되나, 다른 믿는 사람들에게는 허용되지 아니함이라 …"(Sura 33:50). "선지자 무함마드가 '자이나브'와 결혼을 했을 때 사람들은 말하길 '무함마드는 그의 아들의 부인과 결혼했다'고 하면서 험담하자 이 절이 계시된 것으로 티르미지는 전하고 있다"(Sura 33:40 각주 40-1). 전 세계 이슬람 국가에서 명예 살인으로 살해당한 여성들이 한 해 동안에 5,000여 명이나 된다(「조선일보」 2000.4.13.; 9.22.).

[26] 구약과 꾸란의 일부다처제의 차이점은 구약의 일부다처는 하나님의 명령이 아니고 당시 일반적인 중동 문화 현상이 기록된 것이고 신구약 성경은 1부 4처가 아니라 1부 1처를 명한다(창 2:24; 마 19:5-6; 막 10:8; 엡 5:31). 이슬람은 경전이 1부 4처를 명한다(Sura 33:50[무함마드의 부인들], 4:3[1부 4처]). 성경은 부활하여 천국에 들어간 성도들은 천사 같아서 결혼하지 않으나(눅 20:35), 꾸란은 천국에서도 눈이 크고 순결한 동갑내기로 구성된 일부다처제가 진행되고 있다고 한다(Sura 38:52; 44:54; 56:37).

[27] "너희의 맹세 속에 비도의적인 것에 대해서는 책망하시지 아니하시나 너희 심중에 있는 의도적 맹세는 책망하시니라 …"(Sura 2:225).

를 위하여 기도하라(마 5:44-45).²⁸

우리는 예수께서 "새 계명을 너희에게 주노니 서로 사랑하라 내가 너희를 사랑한 것 같이 너희도 서로 사랑하라. 너희가 서로 사랑하면 이로써 모든 사람이 너희가 내 제자인 줄 알리라"(요 13:34-35)라고 하신 말씀과, "너희 원수를 사랑하며 너희를 핍박하는 자를 위하여 기도하라 이같이 한즉 하늘에 계신 너희 아버지의 아들이 되리니"(마 5:44-45)라고 하신 말씀을 준행해야 한다.

우리가 이러한 사랑을 행할 수 있는 원천은 우리 자신에게 있는 것이 아니라, 우리에게 주신 성령으로 말미암아 하나님의 사랑이 우리 마음에 부은 바 됨(롬 5:5)에 있는 것이다. 우리는 이 사랑을 품고, 하나님이 창조하신 한 사람 한 사람의 생명이 온 천하보다 귀하다는 말씀을 명심하며 무슬림 영혼들의 구원을 위해서 함께 힘써 간구하고 이 사랑의 복음을 전해야 한다.

6. 구원으로의 초청

어떤 중동 그리스도인들은 유대인들이 특별한 선택에 의해 구원을 받은 자인 이삭의 후손이고, 이스마엘의 후손들은 선택받지 못한 자의 후손이라고 생각하며 고민하기도 한다. 그러나 그것은 잘못된 착상이다.

28　롬 12:9, "내 사랑하는 자들아 너희가 친히 원수를 갚지 말고 하나님의 진노하심에 맡기라 기록되었으되 원수 갚는 것이 내게 있으니 내가 갚으리라 …," 벧전 3:9, "악을 악으로 욕을 욕으로 갚지 말고 도리어 복을 빌라 이를 위하여 너희가 부르심을 받았으니 복을 이어받게 하심이라."

이스라엘은 특별한 구원의 소유자가 아니라 인류 구원을 위해 특별한 사명을 받은 자일 뿐이다. 그 사명이란 하나님의 인류 구원을 위한 계획에 필요한 제사장으로 사용 받는 일이다.

> 세계가 다 내게 속하였나니 너희가 내 말을 잘 듣고 내 언약을 지키면 너희는 모든 민족 중에서 내 소유가 되겠고 너희가 내게 제사장 나라가 되며 거룩한 백성이 되리라 …(출 19:5-6).

위의 신명기 말씀과 같이 이스라엘은 세계를 구원하실 하나님의 제사장 나라로 택함 받았을 뿐이다. 신약성경은 그리스도인들도 똑같이 열방 구원을 위한 사역자의 위치에 있음을 고백하게 된다.

> 그러나 너희는 택하신 족속이요 왕 같은 제사장들이요 거룩한 나라요 그의 소유가 된 백성이니 이는 너희를 어두운데서 불러내어 그의 기이한 빛에 들어가게 하신 이의 아름다운 덕을 선포하게 하려 하심이라(벧전 2:9).

이스라엘인이나 한국인이나 중동인이나 모두는 차별 없이 주시는 '하나님의 어린 양'을 통한 속죄에 의해서 구원 받게 된다. 예외는 없다. 우리는 본래 하나님의 사랑을 받고 창조된 사람들인 무슬림의 영혼들을 긍휼히 여기고, 예수 그리스도의 십자가의 사랑을 통해서 그들도 죄 사함을 받아 영생을 얻고 심판에 이르지 아니하도록 더욱 진실한 사랑으로 섬기며, 그들에게 이 복된 소식을 속히 전해야 할 것이다.

그러므로 우리는 무슬림들을 사랑하고 감싸 안아야 한다. 무슬림들의 영혼을 구원하려는 우리 사역자의 모습은 정복이 아니라 사랑과 헌신의 모습이어야 한다. 우리는 사랑 없이도 사역할 수 있고 사랑 없이도 능력을 행할 수 있다(마 7:22-23).²⁹ 그러나 이러한 사역은 타락의 위험이 있다(고전 13:1-3). 우리는 끊임없이 말씀과 기도를 통하여 주께 가까이 가며, 무슬림들에게 구원의 복음을 전달하기 위하여 항상 "우리에게 주신 성령으로 말미암아 하나님의 사랑이 우리 마음에 부은 바" 되도록 해야 할 것이다.

선교를 가능하게 하는 것은 사랑이다. 그것은 자연인적인 사랑이 아니라 인간이 가지고 있지 않았던 하나님의 사랑, 즉 '아가페'(ἀγάπη)이다. 예수께서 베드로에게 받고 싶어 하던 것이 바로 이 사랑이었고(요 21:15ff) 마침내 그 사랑을 하나님과 이웃에게 베풀 수 있도록 베드로와 우리에게 부어 주신 이는 예수 그리스도의 영이시다(롬 5:5).

성령은 하나님으로부터 이 세상으로 파송된 선교사이며 또 선교의 주체이기 때문에 그분과 동역만 잘 이루어지면(고전 3:9) 우리가 할 수 없는 사랑을 할 수 있게 되고, 우리가 할 수 없는 일을 그분이 실행하시고 완성하신다. 우리 선교의 실패는 진실한 아가페의 부재와 하나님과의 친밀성 상실에서 일어난다.

우리는 한편으로 우리나라와 우리 교회를 이슬람의 지배로부터 스스로 지켜야 하며, 다른 한편으로는 순교적인 사랑으로 무슬림들의 영혼을 사랑하고 그들에게 생명과 용서와 사랑의 복음을 전해 주어야 한다. 우리에게는 기도를 들어주시는 하나님이 계시다. 한국은 세계 선교를 위한 우리 주 예수 그리스도의 주권국으로 마지막까지 살아남아서 예수 그리스도의 그 크신 사랑과 진리와 자유를 무슬림 영혼들에게 빨리 전파해야 한다. 교회의 영혼 사랑에 대한 열정과 중보 기도가 우리에게 더욱 시급히 요청된다.

무슬림들은 인간을 자신의 형상대로 창조하신 하나님이 "사랑"이시며

---

29 사랑 없이 능력을 행하는 대표적인 예로는 마귀를 들 수 있다(마 24:24; 살후 2:9).

(요일 4:8) 인간이 얼마나 하나님의 사랑을 극진하게 받고 있는지에 대해서, 그리고 하나님을 떠난 죄인들에게 친히 다가오시는 사랑의 하나님에 대해서 전혀 알지 못하고 있다. 오히려 그들은 자신들이 하나님의 자녀임을 부인하기 때문에 당연히 아버지도 없게 된 것이다(요일 2:23).[30]

그러므로 무슬림들은 두려워하는 종의 영에 사로잡혀서 하나님과 교제하는 것을 상상조차 하지 못한다. 이렇게 그들은 하나님과 친밀성이 성립되지 못하여 하나님을 아버지로 호칭하는 것을, 하나님을 "인격화"하는 것이라고 느껴, 이를 큰 신성 모독 죄로 여긴다.

모든 무슬림들은 창조자인 알라와 인간과의 관계를 주인과 노예의 관계로만 알고 있다. 왜냐하면 꾸란이 알라를 제외한 모든 존재를 피조물이며 **알라의 종**으로 설명하기 때문이다.[31] 그들은 죄 사함의 기쁨이나 화해의 기쁨이 없고, 마음속에 평화도 누리지 못하며, 새 사람이 될 방법도 없다.

성령을 받지 못한 무슬림들은 성령의 사람이 아니라 육체의 사람이므로, 복음의 모든 개념을 육적이고 물질적인 개념으로 오해하고 있는 것이다. 알라는 인간에게 사랑과 용서의 법이 아니라, 보복의 법을 주었다.

> 하나님은 그들에게 명령하여 생명은 생명으로 눈은 눈으로 코는 코로 귀는 귀로 이는 이로 상처는 상처로 대하라 했으니 …(Sura 5:45).

---

30 아들을 부인하는 자에게는 또한 아버지가 없으되 아들을 시인하는 자에게는 아버지도 있느니라.
31 Sura 19:88-93, 알라 외에는 천지의 모든 것이 종이다.

꾸란은 알라가 심판 날에 인간의 모든 행위를 저울에 달아 계산한다고 말한다.[32] 그런데 대부분의 무슬림들은 자신들의 죄악을 인정하고 자신들이 알라가 요구하는 만큼의 선행에 도달하지 못한다는 것을 알고 있다. 그러므로 불지옥을 두려워하는 무슬림들은 항상 근심과 불안에 시달리고 알라의 무서운 심판을 기다리는 것이다.

그러므로 모든 무슬림 영혼을 사랑하는 성도들은 무슬림들도 다른 사람들과 똑같은 자격으로 구원을 받을 수 있다는 기쁜 소식을 무슬림들에게 전달해 주어야 한다. 하나님께 범죄함으로 말미암아 하나님과의 관계가 비참하게 끊어져 버렸으므로 불지옥으로 던져져 멸망할 수밖에 없는 인간에게, 하나님은 부모와 같은 사랑으로 선교사들을 통해 구약과 신약에 약속하신 최대의 선물을 무슬림들을 포함한 모든 세상 사람들에

---

[32] 이슬람의 구원과 기독교의 구원은 전혀 다르다. 『성 꾸란 의미의 한국어 번역』, 최영길 역 (파하드 국장 성 꾸란 출판청, 1999), 21:47에 "하나님은 심판의 날 공정한 저울을 준비하나니 어느 누구도 불공평한 대우를 받지 않도록 함이라. 비록 겨자씨만한 무게일지라도 그분은 그것을 계산하리니 계산은 하나님만으로 충분하니라." 이슬람의 윤리도 지불과 보상이라는 상업적 원리를 따른다. 선행에 갑절(Sura 4:40) 또는 10배의 배상으로, 악에도 그와 같은 비율로 보상된다(Sura 6:60). 그러므로 알라의 구원을 받으려면 알라에게 선행을 지불해야 한다. 알라는 선을 행하면 악행을 제거 해 준다고 한다(Sura 11:114-5). 즉 선행에 대한 보상으로서 그의 잘못을 용서해 준다고 하는 것이다(Sura 7:161). 심판 날에 알라는 인간의 행위를 저울에 달아본다. Sura 101:6-9, "그날 그의 선행이 무거운 자는 안락한 삶을 영위 할 것이나 그의 선행이 가벼운 자는 불지옥의 함정에 있게 되리라."
알 부카리(al-Bukhari, d. 870)와 무슬림(Muslim, d. 875)의 하디스는 이슬람에서 공동체 기도(금요예배)는 개인 기도보다 27배나 더 좋으며(A. Th. Khoury, *Gebet des Islams*, [Mainz-Grünewald, 1981], 18), 그리고 결혼한 사람이 두 번 (기도의식의 통일체) 절하는 것이 독신이 70번 절하는 것과 오랜 금식보다 알라의 마음에 더 든다(A. Th. Khoury, 67)고 가르친다. 그런데 무슬림들 중에 한 사람도 알라가 그들의 모든 행위를 저울에 달아볼 때까지 자신이 구원을 받았는지 못 받았는지 모른다.
꾸란은 오직 성전(불신자와의 전쟁)하는 도중에 순교(전사를 의미)하면 천국으로 직행한다고 확실하게 가르친다. 이슬람에서 "순교"는 가장 큰 보상이며 알라의 심판을 받지 않고 인간이 지은 모든 죄를 다 용서 받는다고 한다(Sura 3:169, 195). 그들은 강물이 흐르는 아름다운 천국에 들어간다(Sura 61:11f).

게 제공하신다. 이 사실을 알려야 한다.

참 사랑의 하나님은 누구든지 받기를 간절히 원하는 사람은 다 받을 수 있는 선물을 주신다. 그 선물은 하나님을 떠난 사람들에게 하나님이 친히 찾아오시는 것이며, 모든 원하는 사람들에게 친히 다가 오셔서 죄악과 마귀의 쇠사슬에서 풀어주시는 것이다. 이는 예수 그리스도께서 몸소 십자가에서 그 죄의 대가를 담당하셨기 때문이다(막 10:45). 그러므로 죄인 당사자가 더 이상 지불해야 되는 죄 값이 남아 있지 않는데, 이는 그가 죄악과 마귀의 종에서 풀려나 영원히 자유한 하나님의 자녀가 되었기 때문이다.

그러므로 누구든지 주님의 은혜를 받기 원하는 자들에게 하나님은 자신의 영인 성령을 보내 주시고, 무한하신 하나님의 사랑과 은혜로 영원히 함께하심도 베푸시는 것이다. 이 하나님의 사랑의 실재와 역사적 사실성을 무슬림 구도자들이 속히 알고 사랑의 하나님의 품에 돌아와 안길 수 있기를 간절히 소원하는 바이다.

제2부

이슬람 대처

제1장 무슬림 인구 확장
제2장 꾸란과 샤리아적인 세계 선교
제3장 지하드 선교: 성전과 테러
제4장 이슬람의 한국 고지 점령 전략
제5장 이희수 교수의 "교과서 바로잡기" 논문 내용의 진실성 문제
제6장 일부다처제와 다산에 의한 이슬람 확장
제7장 이슬람 대처 방안
부　록 한 개종자의 간증

필자는 중동을 여러 차례 방문하면서 여성들이 누리지 못하는 인권 문제를 보았고, 방문자인 필자조차도 조심하지 않으면 그러한 피해자가 될 수 있겠다는 생각을 하게 되었다.

필자는 현실적으로 한국인의 인구 감소와 무슬림들의 대거 유입, 그들의 높은 출산율을 통한 자연적인 숫적 증가, 무슬림 남성들의 국내 장기 체류를 위한 타끼야(위장, 거짓말) 전략적 결혼과 그 피해 사례들, 타끼야 전략에 입각한 이슬람 미화 선전을 그대로 믿어 안일하고 느긋하게 외래 종교의 급류 현상을 바라만 보고 있는 한국 교회의 모습을 볼 때마다 크게 걱정한다.

이제 IS는 한국인 테러 대상 20명을 지목하면서 공개적으로 '테러'와 '성전'의 시작을 암시했다. 이로써 한국 이슬람화의 초기 단계인 '평화 선전 전략'을 벗어나려는 국내 무슬림들의 동작들이 나타나고 있다. 그리고 관찰하면 바로 알 수 있는 한국의 정치, 사회, 경제, 문화, 교육 등의 각 처소의 고지를 이슬람이 점령해 올라오는 이미 드러난 사례들이 있다. 이러한 상황들로 인해 우리는 긴장하고 있다.

이미 기독교 윤리관과 기독교 문화에 젖은 우리는 이슬람 문화도 그러한 공통적인 세계관을 가진 것으로 전제하고 무슬림들을 대한다. 그러나 우리는 현재 전 세계에 걸쳐 일어나는 이슬람 테러가 무엇을 의미하는지를 간파하지 않으면 안 된다. 모든 무슬림들의 사명감은 알라가 명한대로 전쟁 무기로 전 세계를 이슬람화하는 것이다.

박해가 사라지고 종교가 온전히 하나님만의(알라만의) 것이 될 때까지 성전하라(Sura 8:39).

이 구절의 각주에는 "피트나(fitnah, 반란, 투쟁)란 하나님을 부정하는 것(쉬르크)으로서 지구상에 한 사람의 불신자도 존재하지 아니할 때까지 성전(聖戰, 지하드)해야 한다"라고 해설되어 있다.[1] 무슬림들의 테러는 이슬람의 경전과 국법(샤리아)의 의미로 볼 때, 일종의 약한 "성전"(聖戰)이다.

테러리스트들이 비무슬림들을 습격하고, 강탈하고, 강간하고, 살해해도 이슬람 국가 중 어디에도 테러리스트들을 검거하거나 처단하는 경우를 볼 수 없다. 우리는 종교 경전과 법률(샤리아)이 칼로 비무슬림들을 살해하고, 인질로 잡고, 고문하고, 탈취할 것을 명한다는 사실을 이해하기 어렵겠지만, 이러한 행위는 이슬람에서 합법일 뿐만 아니라, 경전이 말하는 알라의 뜻이다.

"성전"은 무슬림들에게 세계 선교 방법 중에 가장 경전적이고 핵심적인 방법이다. 무슬림들은 테러도 성전으로 간주한다. 또 이슬람의 세계 선교 방법은 타끼야 전략, 일부다처와 다산에 의한 무슬림 인구 증가, 성전의 첫 단계로 평화적 접근 선교인 '다와'(dawa), 이민 선교, 교육 선교, 교도소 선교, 석유 선교, 문화 선교, 인터넷 선교, 미디어 선교, 금전 선교 등으로 매우 다양하다.

이슬람의 선교 목적은 '세계의 이슬람화'라기보다는 '세계의 샤리아 지배'라고 정의하는 것이 더 정확하다. 세계 이슬람화는 샤리아의 세계 지배를 통해 이루어진다. 이슬람 '샤리아'는 세계 이슬람화의 도구이다. 그러므로 우리가 이슬람의 샤리아와 샤리아의 근간인 꾸란의 내용을 알지 못하고는 이슬람에 대처하기 어렵다.

세계 이슬람화는 1972년 사우디아라비아 젯다(Jeddah)에 모인 30개국의 '이슬람 외무부 장관 회의'(Islamische Außenmisisterkonferenz)로부터 개

---

1 인용 꾸란: 『성 꾸란 의미의 한국어 번역』, 최영길 역 (파하드 국장 성 꾸란 출판청, 1999).

시된다. 이 '이슬람 외무부 장관 회의'는 세계 무슬림의 정치와 종교를 한 덩어리로 묶고 단결시켜 스스로를 헌장국들(Charta-Staaten)로 표명했다. 이곳에서 결성된 '이슬람 회의'(Islamische Konferenz = Motamar Islami)에서 수니파와 시아파가 연합하였고, 이 세계 이슬람은 '이슬람 국왕 회의 및 장관 회의,' '외무부 장관 회의,' '항구적인 이슬람 총무'를 세우기로 결정하였고, 반기독교적 전략을 함께 의논하였다. 이 이슬람 회의의 초대 총무는 전 말레지아의 국무총리 퉁쿠 압둘 라만(Tunku Abdul Rahman)이었다.[2] 이 '이슬람 회의'에는 '세계 이슬람 조직'(Weltmoslemlinga = Rabita

---

2 K. Hoppenworth, *Islam contra Christentum gestern und heute* (Bad Liebenzell, 1976), 93-97. 메카에 자리 잡은 이 기구의 목적은 세계를 이슬람화하고 꾸란을 모든 나라에 전하는 것이다. 그 한 성공적인 나라로서 **리비아**를 들 수 있다. 한 독실한 무슬림인 가다피(Muammar Al-Qadafi) 대통령은 꾸란을 리비아 헌법의 유일한 기초로 삼고, 꾸란 아랍어가 그들의 생활 언어를 지배하게 했다(K. Hoppenworth, 99-101).
1972년 **리비아의 이슬람 선교성**이 발표한 총칙은 다음과 같이 시작된다. 그리고 이러한 선교 정책은 바로 우리 한국에서도 막힘없이 시행되고 있다.
  1. 이슬람 선교성 제1차 회의에서 채택한 결의사항을 집행한다.
  2. 모든 방법을 동원하여 성 꾸란의 원어인 아랍어 보급에 힘쓰고, 아랍어를 이슬람 국가의 공용어로 채택할 것을 요청하고, 아랍어를 각급 교육에서 필수 과목으로 가르친다.
  3. 꾸란 번역 전문가, 학자와 과학 문화 각 분야별 학자들과의 합작으로 꾸란을 간단하고 쉽게 각국어로 번역 보급한다. 또한 신앙, 도덕, 선교에 도움이 될 하디스를 발초 번역 출판한다.
  4. 이슬람적 입법은 어느 일개 파에만 국한되어서는 안 되는 확고한 조항임을 공포한다. 이 작업은 저명한 법학자와 현행법 학자를 총망라한 위원회에서 수행하여, 샤리아의 적용과 이슬람 제국의 법전 통일의 예비 조치로 한다.
  5. 이슬람의 신앙, 도덕, 경신, 거래, 처벌 기타 이슬람법에 해당되는 모든 분야에 걸쳐서 그 원천과 지류를 포함하여, 이슬람을 총체적으로 제기함으로써, 모든 와전과 모순, 이슬람의 기본과 이질적인 사상들을 배제하고, 동시에 동양학자, 선교사, 불신자들에 의한 모든 회의와 공격을 거부한다.
  6. 이슬람 백과사전을 간행하여 우주적 지식의 참고와 이슬람의 가르침과 이슬람 정신의 광명에 대한 일반 교육에 기여케 한다.
  7. 간소화한 백과사전과 간소화한 청소년용 주기적 간행물을 발행하여, 청소년들에게 이슬람의 교리 교훈 및 예언자의 전기, 교우의 이야기, 무슬림 영웅전, 이슬람 역사를 심어주도록 하고, 이것을 각국어로 번역 출판한다.
  8. 이슬람 국가 및 해외 무슬림 학생 간의 주기적 회합을 조직한다.

Al-Alam Al-Islami)이라는 중요한 조직이 속해 있다. 1974년 제2대 총무인 전 이집트 대통령의 자문 싸이드 하산 무함마드(Sayyid Hassan Muhammad Al Tuhamy)는 세계 무슬림 공동체를 강화하여 연대감을 가지고 서로 도울 것과, 다음 세 가지 목표를 제시했다.

1. 모든 나라에 이슬람 지부를 설치하고,
2. 디아스포라 무슬림신학대학을 세우고,
3. 전 아프리카를 이슬람 대륙화한다.[3]

오늘날 위와 같이 전 세계를 이슬람화하자는 계획하에 아시아를 이슬람화하기 위한 구체적인 계획으로는 우선적으로 **한국**을 이슬람화하

---

9. 세계 각국 또는 무슬림 공동 사회가 있는 나라의 교육 수준이 높은 선교 요원 훈련을 조직하여, 이슬람 선교와 이슬람적 품행을 전파케 한다.
10. 무슬림 정부 간의 접촉을 긴밀히 함으로써 법률, 법규, 교육, 사회 정책 면에서, 이슬람 교리에 순응할 것과, 전도에 참여토록 한다. 그리하여 무슬림 정부는 주로 다음사항만을 고려해 넣어 그 정책과 처리 면에서 이슬람에 입각하도록 한다.
    a) 국가 시책 면에서 종교적 방향을 명확히 제시하고, 종교 교육, 가족 단위와 모든 교육 면에서의 이슬람 사상과 종교 이론 교육에 지대한 관심을 쏟아야 하며, 고차원의 조사 연구를 강조할 것과,
    b) 진리 탐구의 표현의 자유를 보장할 것과,
    c) 선교를 보위하여 선교 주변의 일탈의 안개를 걷히게 하고,
    d) 모든 국가 공무원은, 국내 해외를 막론하고, 자기 종교의 교리 면에서 모범이 되는 언행에 힘써야 하며,
    e) 종교와 모순되는 것은 여하한 간행물이고 간에, 서적, 인쇄물, 시청각 자료 제작을 금지하며,
    f) 종교 교육과 과학 교육을 겸비한 인재와 중요한 선교의 수준급 자질을 갖춘 인재 중에서 고등 교육과 고차원적 신앙의 선교 요원을 양성 및 조직하여, 그들의 임무를 결정하고, 그들 자신과 가족에게 필요한 모든 지원을 보장함으로써, 그들의 사명을 완수케 한다(무함맏 압둘 아렘 시디키, 『이슬람 교리문답』, 하지 사브리 서정길 역 [이슬람 선교성, 트리폴리, 주한 리비아 국민사무소, 1984], 1).

3 K. Hoppenworth, 93-97.

는 것이다. 무슬림들은 한국을 이슬람화하기 위해서 효과적으로 시행해야 할 방법을 간파하였다. 그것은 이슬람 **교육 선교**이다. 한국의 교육적 열망을 알아챈 그들은 70년대부터 치밀한 교육 정책을 개발하고, 한국외국어대학교, 명지대학교, 그 밖의 지방 대학교에 아랍어과, 이란어과, 터키어과 등을 설치하여, 아랍어를 보급하며, 학과목으로 이슬람 문화사, 꾸란 연구, 중동 정치학 등을 개설하였다. 이들의 교육은 이슬람 사원에서도 실시된다.

우리는 차세대의 주인공이 될 어린이들과 청소년들이 모스크들과 이슬람 학교에서 어떤 교육을 받고 있는지를 알 필요가 있다. 우리가 조금만 관심을 가지면, 이슬람의 차세대 교육에 무관심하고 방치해 둔 서구와 미국에서 이민 제2세들이 받은 교육이 사회에 어떤 영향을 미치는지를 알 수 있게 된다.

이제 우리는 이슬람 노무자들뿐만 아니라, 이슬람 난민들을 맞이해야 하는 윤리 도덕적인 입장에 대답해야 하고, 그들 중에 잠입해 들어오는 극단적 이슬람주의자들에 대해서 어떻게 대처해야 할지를 대답해야 할 때라는 것을 알고 있다.

필자는 꾸란과 샤리아의 영향권하에 있는 비무슬림들과 여성들의 인권에 관심을 가지고 "이슬람 대처"에 관해 연구하면서 꾸란과 이슬람 샤리아가 어떻게 이슬람 국가를 이루어 가는지를, 그리고 온 세계를 샤리아가 다스리는 세상이 되게 하려고 끊임없이 돌진해 온 1,400년의 이슬람화 역사를 살펴보게 되었다.

필자는 독일어로 번역된 시아파 이란의 샤리아에 접하게 되었고, 중동에 왕래하면서 품었던 이슬람의 정체에 관한 질문에 대한 답을 찾아내기 시작하였고, 노니 다르위시(Nonie Darwish)[4]의 저서 『이슬람의 인권과 여성 – 숨겨왔던 샤리아의 진실』(4HIM, 2013)에서 서술된 이집트의 샤피이(Shafii) 학파적 샤리아 치하의 비무슬림의 삶에 관한 진술을 통해 샤리아의 지배하에 처한 비무슬림들과 그리스도인들의 입장에 관해서 더욱 많은 것들을 파악하게 되었다.[5]

이슬람과 샤리아의 도전에 대해 무관심한 교회의 현재와, 샤리아의 지

---

4 1949년생 노니 다르위시는 이집트 출신 미국인 언론인이며 저술가이다. 그의 부친은 이집트 정보기관 수장이었으며 테러 단체 '페다인'의 창설자였으며, 그는 이스라엘 소포 폭탄에 의해 사망하였고, 순교자(샤히드)로 인정되었다. 노니 다르위시는 이집트에 있는 아메리칸 대학교를 졸업하고 6년간 기자 생활을 하다가 1997년 미국으로 이주하여 그리스도인으로 개종하였다. 현재는 저술 활동 외에 중동 여성의 인권을 주제로 주로 강연한다.

5 Abd al-Masih, *Wie ist das islamische Recht entstanden?*, *Die Gesetzgebung im Quran*(*Die Scharia des Qu'ran*) (Medienabeilung des EUSEBIA gGmbH, 2001), 7. 오늘날 모두 정통이고 올바른 신앙이라고 인정되는 이슬람의 5개의 정통 법학파는 아래와 같다.

1. **아부 하니파**(Abu Hanifa, 700-767) 학파: 아부 하니파는 전통을 끌어들이지 않고 스스로 분석하면서 꾸란의 법률 문제를 깊이 연구한 사람이다. 터키, 중앙아시아, 파키스탄, 인도에 퍼져 있다.
2. **아나스 말리크**(Malik b. Anas, 715-795) 학파: 아나스 말리크는 메디나에서 살았고, 최초로 포괄적인 이슬람 법전(al Muwatta)을 썼다. 그는 율법의 모든 의심스러운 점을 무함마드의 도시 무슬림들의 전통 양식을 통하여 설명하였다. 말리크 학파는 오늘날 아프리카 북부, 서부, 중부 무슬림들의 법률을 특징지운다.
3. **알 샤피이**(Al Shafii, 767-820) 학파: 알 샤피이는 가자(Gaza)에서 태어나 메카와 메디나에서 살았다. 그는 말리크 아나스의 제자가 되었고 알 무와따(말리크의 법전)를 다 외었다. 그는 바그다드로 옮겨가 하니파 학파의 법을 모방하여 자기 의견으로 중재하고자 하였다. 마지막에 그는 카이로에 살았고 체계적인 이슬람법의 창시자가 되었다. 샤피이 학파는 이집트, 동아프리카, 인도, 인도네시아 무슬림들의 법으로 특징지운다.
4. **이븐 한발**(Ahmad Ibn Hanbal, 780-855) 학파: 이븐 한발은 근원지에서 무슬림들의 경건성을 연구하고자 이라크, 시리아, 헤자스, 예멘을 여행하였다. 그는 샤피이의 제자였으나 꾸란의 합리적인 해석을 거부하였다. 그는 29,000개의 무함마드의 전통을 『Musnad b. Hanbal』이라는 백과사전에 모아 놓았다. 한발 학파는 이슬람 중심지에서 산발적으로 받아들여졌고, 18세기에 와하비즘(Wahabites)에 의해 발전되어 오늘까지 지속된다.
5. **쟈파 b. 무함마드**(Djafar b. Mahammad, ~756) 학파: 쟈파 무함마드는 시아파의 여섯째 이맘이고, 무함마드의 전통을 전문적으로 아는 사람이었다. 이슬람법에 관한 그의 후기 작품은 그 자신에게서 유래한 것이 아니고 그를 존경해서 그에게 돌린 것이다. 이로 인해 시아파는 이란과 이라크에서 고유한 이슬람법을 소유하게 된 것이다.

배를 받고 사는 장래의 인류와, 그들의 구원을 염려하는 필자로서는 노니 다르위시의 저서가 이슬람 대처를 위해 큰 경각심을 불러일으키는 훌륭한 저서라고 여겨진다.

필자의 연구는 무슬림들의 세계 이슬람화와 샤리아의 세계 지배 전략에 관한 관심이다. 이와 관련해서 다룰 내용은 아래와 같다.

1. 무슬림 인구 확장
2. 꾸란과 샤리아적인 세계 선교
3. 지하드 선교: 성전과 테러
4. 이슬람 선교 초기에 '평화의 종교'로 선전하는 이슬람의 타끼야 선교 전략
5. 이희수 교수의 "교과서 바로잡기" 논문 내용의 진실성 고찰
6. 일부다처제와 다산에 의한 이슬람 확장

이슬람의 한국 진입의 뜻이 무엇인지를 밝힘으로써 세계 무슬림들의 한국 이슬람화 정책을 간파하고, 한국 교회가 이슬람의 도전에 대한 방관 상태에서 깨어나서 기도케 하고, 한국인 모두에게 이슬람의 실체가 무엇인지를 알리고, 이슬람이 한국에 더 견고하게 뿌리 내리지 못하도록 대처할 수 있기를 바란다. 이 책의 제2부는 이를 위한 경고 차원에 머문다.

우리는 한 믿음을 가지고 함께 기도하는 것이, 불가능을 가능케 하는 하나님이 주신 굉장한 특권이라는 것을 잘 알고 있다. 그리하여 이슬람이 우리의 후손을 지배하는 것이 아니라 오직 한 분, 우리의 삼위일체 하나님이 우리와 우리 후손들을 영원토록 통치하시기를 소원한다.

우리의 씨름은 혈과 육을 상대하는 것이 아니요 통치자들과 권세들과 이 어둠의 세상 주관자들과 하늘에 있는 악의 영들을 상대함이라 그러므로 하나님의 전신 갑주를 취하라 이는 악한 날에 너희가 능히 대적하고 모든 일을 행한 후에 서기 위함이라 그런즉 서서 진리로 너희 허리 띠를 띠고 의의 호심경을 붙이고 평안의 복음이 준비한 것으로 신을 신고 모든 것 위에 믿음의 방패를 가지고 이로써 능히 악한 자의 모든 불화살을 소멸하고 구원의 투구와 성령의 검 곧 하나님의 말씀을 가지라 모든 기도와 간구를 하되 항상 성령 안에서 기도하고 이를 위하여 깨어 구하기를 항상 힘쓰며 여러 성도를 위하여 구하라(엡 6:12-18).

제1장

무슬림 인구 확장

1999년 11월 12일자 조선일보의 제10면에는 세계 무슬림 인구가 2025년에 인류의 1/3이 된다고 하였다. "이슬람 바로 알기 대한예수교 장로회총회 세계 선교부 이슬람 대책위"에서 제작한 동영상 "국내 이슬람 확산 방지 대책을 위한 안내, 이슬람에 대한 바른 이해 교회 선교"에 의하면 한국, 북미, 유럽의 인구 증가율은 아래와 같다.[1]

현재 유럽 무슬림 인구는 2천 2백만 명인데, 앞으로 14년 후엔 유럽 어린이의 1/3이 무슬림 가정에서 태어난다. 20년 후 무슬림 인구는 지금의 2배가 되어 무슬림 유럽 인구는 1억 400만 명이 된다. 현 유럽의 무슬림 인구는 가톨릭 신도수를 능가했다고 한다.

유럽을 포함하여 무슬림 인구의 수적 증가로 이슬람은 세계 지배 종교가 된다. 리비아 국가 원수였던 무함마드 카다피가 "현재 유럽에는 5천만의 무슬림이 있다. 칼이나 총, 혹은 어떤 정복 전쟁 없이도 알라의 도

---

[1] http://blog.naver.com/banks/220560646874

움으로 이슬람은 유럽에서 승리할 것이다. 5천만 유럽 무슬림들은 수십 년 안에 유럽을 무슬림 대륙으로 바꿀 것이다"라고 역설한 바를 우리는 심각하게 듣지 않을 수 없다.

국내 이슬람 확산 방지대책위에서 주장하는 바에 의해면 두 가정이 각각 1자녀씩 낳으면 자녀 세대 인구수는 1/2가 되고, 손자 세대 인구수는 1/4이 된다. 1개의 문화를 위한 최소 출산율은 2.11명이어야 하는데, 역사상 1.9명 이하의 출산율은 역전시킨 적이 없다고 한다. 출산 자녀수가 1.3명이면 회복이 불가하고, 만일 회복하려고 한다면 80-100년이 걸린다는 것이다.

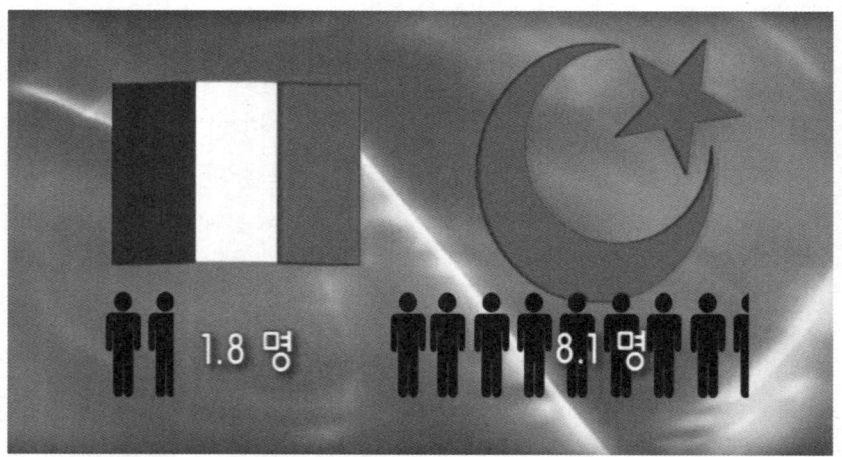

▲ 이슬람 바로 알기 대한예수교장로회총회 세계 선교부 이슬람 대책위, "이슬람에 대한 바른 이해"(https://youtu.be/X13iLpOqpw8), 동영상 캡처 화면.

'이슬람 바로 알기 대한예수교장로회총회 세계 선교부 이슬람 대책위'는 무슬림 출산 인구 통계는 약 8명으로 제시되고, 「헤럴드경제」는 '인구보건 협회'의 '2016 세계 인구 현황'을 인용하여 "전 세계 여성 1인당 평균 출산율은 2.5명이었으며 출산율이 가장 높은 국가로는 출산율이 7.5

명인 니제르"였다고 보고하고 있다.²

또한 "2012년 세계 인구현황 보고서에 따르면 이슬람 협력 기구에 속해 있는 57개국의 평균 출산율은 3.67명이다." 필자는 이 통계가 일부다처제 가정의 무슬림 여자 한 명당 출산 숫자로 이해된다. 그러나 "2025년에는 무슬림 인구가 전 세계 인구의 30%에 달할 전망"은 사실일 것으로 보인다.³

2007년 유럽 연합 31개국 출산율은 1.38명으로, 프랑스는 1.8명, 영국은 1.6명, 그리스과 독일은 1.3명, 이탈리아는 1.2명, 스페인은 1.1명이다. 반면, 유럽 연합의 무슬림들 이민자들의 출산율은 8.1명이나 된다. 현재 프랑스 남부에는 모스크가 교회보다 많고, 프랑스 20세 미만 인구의 1/3은 무슬림이다. 니스, 마르세이유, 파리의 무슬림 인구 비율은 45%이다. 지금부터 34년 후(2050년)에는 프랑스가 이슬람 국가가 된다고 한다. 영국의 무슬림이 250만 명이고, 모스크는 1,000개 이상이다. 그중에 상당수가 교회였다고 한다. 네덜란드는 15년 내에 인구의 1/2이 무슬림이 된다고 한다. 러시아의 무슬림은 2,300만 명으로 총인구의 25%이며, 현재 신생아의 1/2이 무슬림이다. 독일의 급격한 인구 감소는 돌이킬 수 없고, 2050년에는 이슬람 국가가 된다고 발표되었다.

미국의 출산율은 1.6명이다. 1970년에 무슬림 인구는 10만 명이었으나 현재 무슬림 인구는 900만 명으로 약 100배가 증가하였다. "시카고 이슬람 전략 회의"에서는 30년 후에 미국의 무슬림 인구는 5천만 명이 될 것이라고 하였다. 캐나다의 출산율 역시 미국과 동일하게 1.6명이

---

2 http://news.heraldcorp.com/view.php?ud=20161020000125

3 http://weekly.chosun.com/client/news/viw.asp?nNewsNumb=002421100010&ctcd=C05. 이외에도 「조선일보」는 1999년 11월 12일 제10면에 세계 무슬림 인구가 2025년에 인류의 1/3이 된다고 보도했다.

고, 인구 증가율은 2001-2006년 동안 1,600만 명 증가하였는데, 그중에 1,200만 명은 이민자이다.

한국의 출산률은 여성 1인당 평균 출산율은 1.3명으로 세계 평균인 2.5명의 절반 수준에 머무는 것으로 나타났다. 이런 출산율은 전 세계 국가 중 끝에서 4번째에 해당한다고「헤럴드경제」(2016.10.20.)가 보도하였다.[4] 위의 통계에 의하면 한국은 확실하게 인구 회복 불가의 범주에 속해 있다.

무슬림의 수적 증가로 이슬람은 세계 지배 종교가 된다는 것을 누가 부정하겠는가?

---

[4] http://news.heraldcorp.com/view.php?ud=20161020000125

제 2 장

꾸란과 샤리아적인 세계 선교

IS와 같은 **신생 이슬람 국가들이 발생**하고 있다는 정보를 알린 노니 다르위시의 묘사에 필자는 놀라지 않을 수 없다. 그것은 미국으로 이민 온 무슬림들이 미국 정복을 주장하면서, 미시간 주를 가칭 **미시가니스탄**(Michiganistan)이라고 부르며 이슬람 국가로 분리 독립을 요구했다.

무슬림들이 비무슬림 국가 내부에서 분리주의 운동을 일으킨 결과, 최근에 실존하는 것이 소위 "이슬람 국가"이다. 이 독립은 10년간 1만 5천 명의 생명이 희생된 잔혹한 분리주의 전쟁을 치룬 후에 이루어졌다. 프랑스 이슬람 당의 수반인 타리크 아흐메드(Tarik Ahmed)와 영국의 **런더니스탄**(Londonistan) 주와 사우디아라비아는 이 신생 국가를 신속하게 승인했다.

그러나 미국 정부는 그 독립 선언을 불법으로 보고, 중국, 한국, 일본, 이스라엘 등의 미국 동맹국들과 함께 그 선언을 부정하고 있다. 이 "신생 정부"는 자기 영토에서 기독교 상징들을 제거하였다. 미국 정부는 예전에 미시간 주였던 곳에서 기독교 소수 집단을 보호해 줄 것을 요구하며 긴급 선언문을 발표하였다. 미시가니스탄에서 십자가와 기독교 상징물들은 규탄의 대상이 되었고, 그리스도인들의 운명은 불확실하게 되었다. 미시간 경찰들은 폭력 사태에 아무도 처벌하지 않는다.[1]

이슬람의 궁극적인 목적은 온 세상을 이슬람으로 개종시키는 것이 아니라, 전 세계를 샤리아로 통치하는 데에 있다. 사이드 아불 알라 마우두디는 "무슬림 사회가 샤리아 법 없이는 이슬람화될 수 없다"라고 단언하였다. 이슬람의 샤리아는 전체주의 권력을 수립하고 가장 잔혹한 노예 법에 인류를 복종시키는 것이며, 세상의 문화와 법률과 정치를 아랍화하는 것을 의미한다. 무슬림의 가치는 샤리아에 복종하는 데 있으며, 샤리아에 복종 서약은 인권을 절대로 주장하지 못하게 한다.[2]

노니 다르위시는 이집트 정보기관 수장의 딸로 자라면서 수년간 신문기자 생활을 통해 얻은 이슬람에 대한 상식을 갖고 있고, 미국으로 건너가서 기독교로 개종하며 체험한 사람으로서 세계 이슬람화가 어떻게 진행되는지를 잘 간파하고 있다. 세계 무슬림들의 구체적인 세계 이슬람화 전략은 이미 **피터 하몬드**가 진술한 것과 상당히 유사하고, 이제 한국에서 시작되는 한국 이슬람화 1단계에서의 사건과도 연결된다. 우리는 이러한 선례들에 대해 무관심해서는 안 될 것이다.

피터 하몬드의 "무슬림 인구에 다른 단계별 이슬람화 전략"에 의하면,

이슬람화 1단계는 한 국가의 무슬림 인구가 1% 내외일 때인데, 평화를 사랑하는 소수 집단으로 잠복한다.

이슬람화 2단계는 무슬림 인구가 2-3%가 될 때인데, 미국의 경우 "감옥에 이슬람이 전파되기 시작하고, 사회에 불만을 품고 있는 재소자들을

---

[1] 노니 다르위시, 『이슬람의 인권과 여성 – 숨겨왔던 샤리아의 진실』, 장성일 역 (4HIM, 2013), XIIIf. "서방 세계에 대한 경고."
[2] 노니 다르위시, xxiiif.

이슬람으로 개종"시킨다. 1단계의 이슬람화에 처한 한국의 경우에 무슬림들은 감옥 선교보다 교육 선교를 택하였고, 모든 준비가 완료되었다.

이슬람화 3단계는 무슬림 인구가 5%를 넘어설 때인데, 이슬람 샤리아를 통해서 무슬림들이 자치적으로 통치할 수 있도록 정부에 압력을 넣는다.

이슬람화 4단계는 무슬림 인구가 20%를 넘어서는 때인데, 이때부터 폭동과 소요 사태가 일어난다.

무슬림 인구가 40%, 60%, 80% 그리고 100%에 이르러 이슬람화 5, 6, 7, 8단계에 이르게 되면 인종청소와 대학살이 시작되고 끊임없는 테러와 전쟁, 폭동으로 인해 사회는 혼란, 공포, 불안 상태에 빠지기 된다.[3]

노니 다르위시 역시 "무슬림들의 수가 적을 때는 모스크를 건축하면서 평화롭게 포교 활동을 진행해 나간다"라고 말한다. 모스크가 세워진 땅은 무슬림들의 땅이며, 그 땅은 영원히 모스크로 남아 있어야 한다. 모스크는 지하드 전사들의 활동지이다.

무슬림 인구가 증가하면 무슬림들은 정부를 상대로 자신들의 종교적 권리를 주장하면서 샤리아 법에 의해 살게 해달라고 요구하기 시작한다. 그리고 질문하거나 비판을 하거나 자신들의 계획을 폭로하는 비무슬림들을 협박하고 위협한다. 심지어 암살하기까지 한다. 무슬림 수가 1-2%에 불과할 때도 공립 학교나 회사, 공항에서 기도하기 전에 발을 씻을 수 있도록 발 높이 수도꼭지를 설치해 달라는 요구를 한다.[4]

한국의 경우는 이제 무슬림 인구가 1%도 안 되는데 무슬림들이 예배할 수 있는 장소를 구하고 있다. 그 방법은 다음의 설명과 같이 노련하고 계획적이다.

---

[3] Peter Hammond, *Slavery, Terrorism & Islam — the historical roots and contemporary threat* (Christian Liberty Books, 2005); 참조, 한기총, "이슬람이 오고 있다," DVD (2009년)
[4] 노니 다르위시, 25-30.

모대학교 강의실에 여러 명씩 학생들이 들어왔다. 강의 도중에 이들이 갑자기 일어나 땅에 엎드려 큰 소리로 기도를 시작하였다. 시끄러워서 강의는 불가하게 되었다. 그래서 교수가 '여러분의 종교는 존중한다. 지금은 강의 시간이니까 잠깐 밖에 나가서 기도를 하고 다시 들어오라'라고 점잖게 말했다.

그 때 그들이 자기 나라 말로 큰소리로 소리쳐서 강의를 계속하지 못하였다. 그 후 1시간 후에 홈피, 핸드폰, 실험실로 항의 전화가 왔다. 귀가하니 집으로 다시 전화가 왔다. 전화 내용의 대략 다음과 같다.

'알라를 경배하는 것을 네가 방해했기 때문에 너를 처형하겠다. 그냥두지 않겠다. 너의 둘째 딸이 어느 유치원에 다니는지 알아냈다.'

그 다음 날 출근하니 총장실에서 전화가 왔다. '그 학생들을 유학 보낸 나라(A국)의 대사관에서 총장실로 공식 항의를 보냈다'는 것이다.

'우리 학생들을 귀교에 유학을 시켰을 때는 안전하게 유학을 할 수 있도록 모든 환경이 보장돼야 하는데 … 알라를 경배하는 것은 가장 중요한데, 그것이 보장이 안 됐다. 알라를 경외할 수 있는 모든 권한을 보장하라! 이것이 학습권보다 더 중요하다. 우선 기도 처소를 만들고, 알라를 경배하는 것을 방해한 이 교수를 처벌하고, 학생들 종교생활을 지도할 수 있는 이맘을 파견하게 하고, 학생 10명당 한 명씩 지도하게 하라!'[5]

이 단계에서 영국의 이슬람 학교는 학생들에게 비무슬림들을 "쓰레기"라고 가르치고 비무슬림을 증오하도록 교육한다. 2006년 4월 20일 「런던 타임즈」(*The Times*)는 "무슬림 학생들이 학교에서 비무슬림들을 '쓰

---

[5] 이혜훈 의원, "이슬람 바로 알기"(https://youtu.be/MFSKL3mpZwI), 2015.6.27.

레기'라고 배우고 있다"라고 보도했다.⁶

이러한 교육은 꾸란에 근거하고 있다. 즉 무슬림들은 Sura 9:28, "믿는 자들이여 실로 불신자들은 불결하나니 그들로 하여금 그해 이후 하람 사원에 접근하지 않도록 하라"와 Sura 9:95, "… 그들은 불결하나니 그들의 거주지는 지옥이며 그들이 얻은 것에 대한 보상이라"라는 꾸란의 가르침을 그대로 믿고 때문이다. 그러므로 불신자들은 무슬림들의 영토인 메카와 메디나를 밟을 수 없다는 것이다.

이교도들에 대한 형법 역시 위의 차별 사상을 전제로 제정되었다. 이교도(유대교, 기독교도, 정령 숭배자들)에 대한 형법은 두 명의 무슬림의 증인으로 이교도 증인 총수를 무효화한다. 한 무슬림이 이교도들을 죽였을 경우에는 사형이 언도되지 않는다. 왜냐하면 알라가 전쟁 시에 이교도들을 죽이라고 명했기 때문이다.⁷

무슬림들은 다른 한편으로 이슬람은 평화의 종교라고 주장하고, 선교지의 사회와 정부가 이슬람을 오해하고 있다고 비난하면서 편협한 이슬람 포비아 환자로 매도한다. 그러면서 무슬림들은 그 국가의 적대 세력들과 동맹을 맺는다. 미국에서는 반미 극좌파 세력과 미국 공산주의자들과 손을 잡는다. 그리고 대학 교육을 통해서 학생들을 쇠뇌 시킨다.

또한 무슬림 지도자들은 사회의 정치적, 법적 구조를 바꾸기 위하여 엄청난 노력을 기울인다. 무슬림 젊은이들이 미국 정치 구조와 그 시스템을 배울 수 있도록 워싱턴 DC에서 일하게 한다. 더 나아가 무슬림들은 서방 세계에 '신성 모독법'을 만드려고 시도한다.

---

6 노니 다르위시, 298f.
7 Abd al-Masih, *Die harten Strafen des Islams, Die Gesetzgebung im Qur'an* (*Die Qur'anische Scharia*) (Medienabteilung der EUSEBIA gGmbH, 2001), 22.

'신성 모독 죄'란 샤리아에 근거한 것으로서, 이슬람, 알라, 무함마드, 꾸란을 비방하거나 빈정대는 죄이고 예외 없이 사형에 해당하는 죄이다. 자경단의 사형집행권의 위험성은 한 무슬림이 의심과 미움으로 인해 살해를 했더라도 죽은 상대방을 배교자나 신성 모독자로 죄명을 씌울 수도 있다는 점이다.[8]

신성 모독 죄는 이슬람에 대한 비판을 잠재우기 위해, 무함마드나 이슬람을 모독하는 사람은 누구든지 범죄자로 취급하여 법적인 처벌을 받게 되는 것이다. 그것은 살해 위협과 함께 진행된다.[9] 신성 모독 죄에 대한 꾸란적 형벌은 다음의 구절과 같다.

> 실로 하나님과 선지자에 대항하여 지상에 부패가 도래하도록 하려하는 그들은 사형이나 십자가에 못 박히거나 그들의 손발이 서로 다르게 잘리우거나 또는 추방을 당하리니 이는 현세에서의 치욕이며 내세에서는 무서운 징벌이 그들에게 있을 것이라(Sura 5:33).

파키스탄에서는 꾸란 모독 죄로 26세의 청년 아므런 마씨(Amran Masih)는 훼이살 아바드(Feisal Abad) 법정에서 종신형을 선고받았다.[10] 또 파키스탄 펀잡 주 카슈르(Kashur) 지역 법원에서 모니르 마씨(Monir Masih)와 라기에 비비(Raqieh Bibi) 부부가 25년 형을 언도 받았는데 그 이유는 세정 의식(손 씻는 의식)을 거치지 않고 꾸란을 만졌다는 혐의 때문이다.

한국에도 신성 모독 죄명이 언급되고 있다. 이희수 교수는 『오류와 편

---

8 노니 다르위시, 206f.
9 노니 다르위시, 206f.
10 http://www.fcnn.com/index.php?option=com_content&view=article&id=1212:1389-02-05-02-21-08&catid=105:church&Itemid=501

견으로 가득한 세계사 교과서 바로잡기』를 통하여 샤리아의 최고형에 해당하는 '신성 모독 죄'를 언급하며, 신이나 예언자의 형상을 그림이나 조각으로 만들어 신성시하는 것은 우상 숭배로 여겨진다고 하며 "무함마드의 얼굴을 그리는 것은 심각한 신성 모독이다"라고 주장하였다.[11]

샤피이파 샤리아 치하에서의 삶을 경험했던 노니 다르위쉬는 다음과 같이 진술하였다. 무슬림 숫자가 증가할수록 비무슬림들에 대한 혹독한 배척과 저항은 단연코 증가할 것이다. 반대파를 두렵게 하는 수단으로 비평가를 암살하고, 폭력 반대자, 유대인들, 그리스도인들, 그들의 예배 장소는 폭력적 살인과 파괴의 목표가 될 것이다. 지하드는 국가의 부를 창출하는 경제의 핵심 요소를 파괴하는 것을 목표로 삼고, 여권(女權)주의자, 타 종교 지도자들은 위협, 협박을 당하고 살해될 것이다.

더 나아가 무슬림 공동체가 있는 모든 곳에 '샤리아 가족법 세우기'를 선동한다. 무슬림들이 더 많은 정치적 힘을 얻으면, 샤리아는 결혼과 유산에 관한 법에 국한되지 않는다. 반사회적인 범죄, 알라에 대한 종교적 죄에 샤리아가 명령하는 신체적 형벌과 사형으로 다스리려고 할 것이다. 만일 그러한 권한이 주어지지 않으면 '자경단'이 나서서 거리에서 폭력을 휘둘러서, 공포 때문에 표면적으로 샤리아를 준수하게 만든다. 샤리아를 반대하는 정치 지도자들은 암살의 표적이 된다.

이때 비무슬림들 가운데 주목을 받지 않으려는 사람은 이슬람 복장을 하고 무슬림들과 섞이려고 한다. 이러한 사례는 대다수가 그리스도인이었던 레바논에서 볼 수 있다. 마침내 한 나라의 사람들이 대부분 무슬림이 되면 샤리아가 무슬림들과 비무슬림들을 다스리는 국가법이 되고,

---

11 이희수, "적대적 고정관념으로 왜곡된 서아시아—이슬람권," 『오류와 편견으로 가득한 세계사 교과서 바로잡기』 (서울: 삼인, 2007). 192.

타 종교를 박멸하기 위해 조직적으로 움직일 것이다. 이렇게 되면, 이슬람으로 개종하거나 고국을 떠나지 않고는 삶 자체가 불가능해진다.[12]

이슬람 샤리아는 자경단을 인정하기에, 샤피이 학파의 샤리아는 범죄 처벌을 일반 대중에게 맡긴다. 시민이 사형을 집행할 수 있는 권리가 있다. 자경단의 사형집행권은 이슬람의 경전에 근거를 두고 시행된다.

> 그들이 배반한다면 그들을 포획하고 그들을 발견하는 대로 살해할 것이며 친구나 후원자를 찾지 말라(Sura 4:89).

> … 너희가 어디서 그들을 발견하든지 그들을 포획하여 살해하라 이는 하나님이(알라가) 너희를 위해 그 권한을 부여하였노라(Sura 4:91).

> 그들에 투쟁하라 하나님은 너희 손으로 그들을 벌하사 그들을 수치스럽게 하여 너희에게 승리를 안겨다 주시며 …(Sura 9:14).

위와 같이 불신자와 배교자에 대한 사형집행권은 살해는 모든 무슬림들에게 위임된 것이며, 일반 시민 목격자가 즉석에서 집행할 수 있다. 평범한 무슬림도 알라의 적을 살해하는 것이 자신의 임무라고 생각한다. 서양에서는 신이 사람을 죽이라고 명했다고 주장하면 정신 이상자로 여기지만, 이슬람권에서는 이러한 살해자들이나 테러리스트들을 영웅으로 대접한다.[13]

놀라운 것은 자경단의 사형집행권은 이슬람 국가의 국경을 넘어 비이

---

12 노니 다르위시, xxv-xxxiii, 196.
13 노니 다르위시, 196-201.

슬람권에서까지도 시행될 수 있다. 1989년 2월 14일 이란의 정치 지도자 아야툴라 호메이니는 영국의 작가 살만 루시디[14]에게 이슬람 모독 죄를 적용하여 그를 살해하라는 '파트와'(이슬람 율법의 판례에 해당하는 포고령)를 내렸다. 이 포고령은 꾸란에 근거하고 있다.

> … 너희는 어디서 그들을 발견하던 그들을 포획하여 살해하라. 이는 하나님이 너희를 위해 그 권한을 부여하였노라(Sura 4:91).

이슬람 샤리아는 이슬람을 버리는 것은 이슬람 공동체와 국가에 대한 반역죄로 간주한다. 4개의 법학파 모두 주장하기를, 이슬람을 버린 배교자가 판사 앞에서 최종적으로 이슬람을 부인할 경우나, 또는 두 명의 신뢰할 만한 (남자) 증인(또는 네 명의 여자 증인)이 이 사실을 증언할 경우에 형벌을 선고를 받을 수 있다. 이슬람을 버리는 것은 이슬람 공동체(Umma)와 이슬람 국가에 반(역)하는 고도의 반역죄로 간주된다.

법학파의 거의 모든 구성원들은 사형 선고를 받은 자에게 그가 회심하고 이슬람으로 돌아오도록 3일을 준다. 오늘날에 그러한 자는 이슬람의 기본에 관해 재교육을 받는다. 개종자가 후회하고 다시 이슬람 신앙 고백을 하면 즉시로 석방되어진다.

---

14 http://100.daum.net/encyclopedia/view/150XXXXXXX099; http://book.daum.net/media/detail.do?seq=1177293. 살만 루시디(1947~)는 영국 국적의 세계적인 시나리오 작가이다. 그가 쓴 소설 『악마의 시』(*The Satanic Verses*, 1988)로 인해 이란의 최고 종교 지도자 호메이니는 루시디에게 이슬람 모독 죄를 적용하고 이슬람교도들에게 루시디를 처형하라고 명령하였다. 그의 목에 300만불의 현상금이 걸렸다. 이후 루시디뿐 아니라 관련 출판사, 신문사, 번역자들에게 수많은 테러가 일어났다. 소설은 서구와 회교국 간의 정치, 종교적 갈등을 불러일으키기도 했지만 현 세대가 영어권에서 내놓은 20세기 최고의 소설이 되었다.

그러나 그의 입장이 여전히 확고하다면 국가에 의해 참수형을 받게 된다(enthauptet werden). 그가 정신 이상자로 진단되면 사형 선고를 받지 않는다. 대부분의 개방적 이슬람 정부들은 이 샤리아 법 수행을 거절하기 때문에 개종자를 비밀스럽게 처형한다. 개종자의 자녀들은 개종자 사형 선고 이후 무슬림 가족에게 주어진다. 그의 모든 소유는 상속인들이나 국가에 빼앗기게 되고 그는 상속 받을 권리도 잃게 된다. 그러므로 뒤에 남은 개종자 자녀들이 살아남기가 매우 힘들게 된다.[15]

배교자 무슬림 여성과 무슬림 소녀에 대한 유죄 판결은 말리크파, 샤피이파는 참수를 당하게 하고 상속권을 박탈한다. 그러나 한발파는 이슬람을 거절하는 무슬림 여인은 자유인이든 노예이든 간에 죽이지 않는다. 왜냐하면 무함마드가 여성과 아이들을 죽이는 것을 금했기 때문이다. 그 대신 그녀를 감금하고, 이슬람으로 되돌아오도록 39대의 채찍질을 하거나, 음식과 물을 빼앗고 죽을 때까지 채찍질을 하여 그녀가 부서지거나 강제로 이슬람으로 돌아오게 한다.

그러나 개방적 이슬람 국가에서 배교자 무슬림 여성은 남편에게 이혼을 당하고 모든 지원을 상실하고 버려질 것이다. 그녀의 아이들은 남편에게 속하게 된다. 일반적으로 그녀의 가족도 그녀를 더 이상 보호하지 않는다. 광신주의적 남형제들은 그녀를 죽이기도 한다.[16]

---

15 Abd al-Masih, *Die harten Strafen des Islams*, *Die Gesetzgebung im Qur'an* (*Die Qur'anische Scharia*) (Medienabteilung der EUSEBIA gGmbH, 2001), 34.
16 Abd al-Masih, *Die harten Strafen des Islams*, 35.

제 3 장

지하드 선교: 성전과 테러

무슬림들의 대부분은 무기로 싸우는 성전을 하는 사람들이 아니다. 선량한 시민으로 살아가는 무슬림 남녀들도 상당히 많다. 우리는 지하드를 행하는 원리주의 무슬림들을 약 15% 정도로 계산하고 있다. 이들 모두의 공통점은 종교적이고 꾸란과 알라의 뜻이라는 샤리아에 순종한다는 것이다.

이슬람의 **지하드**는 **타끼야**(위장, 거짓말) **전략**,[1] 약탈, 집단 학살, 고문[2], 노

---

[1] 압 둘 미시흐, 『무슬림과의 대화』, 이동주 역 (서울: CLC, 2001), 155. 무슬림들은 전쟁 때 타끼야 전략적 거짓말을 할 수 있다. **법적으로 허락되는 속임은 성전하는 동안**, 두 무슬림 사이의 화해를 위해서, 남편이 부인들에게, 부인이 남편이게 허락된다.

[2] Abd al-Masih, *Der heiliger Krieg im Islam - Traum oder Wirklichkeit?, Die Gesetzgebung im Qur'an(Die Schari'a des Quran)* (EUSEBIA gGmbH, 2000), 25. 고문 또는 괴롭힘이란 아랍 단어는 '아드합'(adhab)이며 극한 고통을 의미한다. 이 단어는 꾸란에서 320회가 넘게 나타난다! 이것은 무시무시한 괴롭힘으로서 무하마드 종교의 기본적인 요소 중 하나이다. 이것은 반전주의자(전쟁기피자), 개종자, 스파이로 의심되는 사람, 포로 또는 알라의 전쟁에 각성을 주는 여성에게 행해져 왔고, 또 여전히 행해지고 있는 굴욕적이며 고통스러운 형벌로서 상상을 초월한 것이다. 물론 다른 종교에서도 끔직한 괴롭힘이 있다. 그러나 차이점은 알라는 꾸란에서 그들에게 명령했고, 이슬람법으로써 합법적으로 형벌을 주도록 하고 있다

획물, 여성 노예 생포,[3] 강간[4] 등으로 이루어진 극도로 잔인한 전략에 의해 상대국은 급속하게 이슬람화가 된다. 강대국이며 기독교 국가였던 이집트가 현재 강력한 이슬람 국가로 변한 사실은 우리로 경성하지 않을 수 없게 만든다. 노니 다르위시가 증거하는 **이집트의 이슬람화**를 한 예로 들어본다.

그녀는 이집트가 신속히 이슬람화되는 이유를 다양한 원주민들이 잔혹한 지하드 집단 학살과 강제 개종과 극심한 굴종을 통하여 이슬람화 및 아랍화되었다고 한다. 7세기 두 강대국 페르시아와 이집트는 639년에 동시에 이슬람의 침략을 받았고, 641년에 이 두 나라는 이슬람 세력의 지배하에 들어갔다. 침입자들은 저항 세력에 대해 극단적으로 잔혹했다.

이집트 니키우(Nikiou) 시에서는 아무도 그들에게 저항하지 않았지만 무슬림들은 거리와 교회에서 만나는 모든 사람(남자, 여자, 어린아이)을 한 사람도 남겨두지 않고 살해했다. 그들은 마을들을 약탈하였고 사람들을 노예로 만들었다. 이집트인들에게 아랍어를 강요했다. 점진적으로 이집트인들은 콥틱어를 잃어버렸고 아랍어를 국어로 채택했다. 이집트는 원

는 것이다(Sura 8:12; 9:5). Sura 8:12에서 "내가 불신자들의 마음을 두렵게 하리니 그들의 목을 때리고 또한 그들의 각 손가락을 '때리라'('자르라' 또는 '칼로 치라'를 최영길 번역 꾸란에서 타끼야 미화한 단어)"라는 말을 노니 다르위시는 "목과 관절을 쳐서 그들을 무력화하고 그들의 손가락과 발가락을 자르고 참수하라"로 묘사하였다(노니 다르위시, 162-4).

3 Abd al-Masih, *Der heiliger Krieg im Islam – Traum oder Wirklichkeit?*, 26. 무함마드는 여자와 어린이들에 대하여는 싸우지 말라고 하였다. 그러나 지하드에서 포로로 잡힌 여성들을 강간한 예는 셀 수 없이 많다.

4 노니 다르위시, 『이슬람의 인권과 여성 – 숨겨왔던 샤리아의 진실』, 장성일 역 (4HIM, 2013), 170. 7세기 아라비아에서 지하드 전사들에게 최고의 대가로 성적인 보상을 제공했다. 그것은 전투에서 붙잡힌 여성들에 대한 무제한의 성행위를 허용한 것이다. 이와 같이 **지하드는 폭력과 성적 쾌락의 기회이다. 여성 인권은 유린되고 짓밟개졌다.** 이 저자는 말하기를, 런던의 한 모스크 이맘 압둘 마킨(Abdul Makin)이 질의응답 시간에 **알라가 왜 무고한 비무슬림들을 살해하고 강간하라고 하는지**에 관해 질문을 받았는데, "그는 **비무슬림들은 절대로 무고하지 않다. 그들은 알라와 그의 예언자를 부인하는 죄가 있다**"라고 대답했다고 한다(노니 다르위시, 183).

래 기독교 국가였다. 이집트라는 국가명도 미스르(Misr)로 바뀌었다.

그때 딤미들(dhimmis: 이슬람 국가의 내부에 사는 다른 종교를 믿는 소수들)은 과중한 인두세(Jijyah)를 지불함으로 노예 상태로 생존한다(Sura 9:29).[5] 집단 학살에서 살아남은 현재 이집트 콥트교인들의 형편도 이와 전혀 다르지 않다. **딤미들**이 인두세를 지불하지 못하거나 재산에 손해를 끼치거나 신성 모독(혐오감을 일으키는 연설이나, '종교의 자유'나 '양심의 자유를 주장하는 범죄)을 한 경우는 딤미들과의 보호 약속이 철회된다. 그들이 받는 처벌은 사형이나 재산 몰수이다.[6]

우리는 이집트 콥트교인들이 이슬람의 지하드를 어떻게 받았는가라는 질문을 하게 된다. 다르위시는 그 경우를 아래와 같이 설명한다.

> 콥트 교회는 사우디아라비아의 자금 지원에 의해 이슬람화가 전개되었다. 한 히잡을 쓴 무슬림 여성들의 유인으로 콥트 기독 여성들은 납치 당하고 강간과 강제 결혼을 통하여 몇 명의 아이를 낳게 했다. 무슬림들이 이 일을 진행하기 위해서 아랍 기금으로부터 많은 재정 지원을 받았다. 그 후 그 남성은 지시에 따라 여성과 아이들을 버렸다. 그녀의 아이들은 이슬람법에 의해 모두 무슬림이 되고, 그녀 역시 이집트 사회에서도 기독교인으로 인정받거나 재혼하기는 거의 불가능하게 되었다.[7]

이집트의 이슬람화를 위해 이집트의 무슬림들은 그리스도인을 공격하고 집단 학살을 자행했다. 그리스도인 학살의 동력은 그들이 드리는 모

---

5   Sura 9:29, "… 비록 성서의 백성이라 하더라도 항복하여 인두세를 지불할 때까지 성전하라. 그들은 스스로 저주스러움을 느끼리라."
6   노니 다르위시, 282-284.
7   노니 다르위시, 293.

스크 금요예배 시의 충동에 있었다. 2007년 5월 11일 금요예배가 끝난 직후 분노한 무슬림들(무슬림 금요예배 후에 자주 일어나는 분노)이[8] 이집트 기자(Giza) 지구 밤하(Bamha) 마을에서 그리스도인 점포와 가옥 27개를 불태웠다. 또 2007년 2월 이집트 신문인 「알 마스리 알 욤」(*Al-Marsi Al-Yom*)에 의하면, "무슬림 여성과 그리스도인 젊은 남성 사이의 러브스토리 소문으로 그리스도인 가옥 25개와 점포 5개가 방화되었다."

이런 공격과 학살은 이집트 곳곳에서 지속적으로 발생했고 다른 세계 도처에서 일어나고 있다. 이집트에서 그리스도인 박해, 살인 방화 사건이 무수한데 이 사건들의 공통점은 아래와 같다.

① 그리스도인들에 대한 거짓 소문을 퍼뜨리고,
② 금요예배(비무슬림 학살 선동이 매번 이루어지는 곳)에서 그리스도인들이 더 이상 인두세를 지불하지 않음으로 더 이상 보호받는 소수 민족이 될 수 없다는 내용의 그리스도인 공격을 위한 전단지가 돌려지면, 무슬림들은 살상과 파괴를 저지르기 위해 모스크에서 몰려나간다.
③ 그러나 언론에서 그리스도인 집단 학살에 대한 뉴스는 별로 다뤄지지 않고,
④ 오히려 무슬림들은 "콥트교인들에게 아무런 편견도 없다"라고 주장하고, 그 무장 무슬림 공격자들은 비주류 소수의 극단주의자들이고, 그 학살자들은 이슬람을 대변하지 않는, 정신이 불안한 몇몇 개인들이라고 변명을 한다.[9]

---

8 노니 다르위시, 256-260.
9 노니 다르위시, 293-6.

이슬람의 지하드는 무함마드가 메디나로 이전한 직후부터 시작되었다. 이러한 행태는 무함마드 이전 자힐리아 시대(무지의 시대)로부터 전승된 것이며, 꾸란과 샤리아의 핵심 선교 방법이다.

무함마드가 12년간이나 메카 주민들에게 거절당하고, 할 수 없이 그의 100명의 추종자들과 함께 메디나로 이동하였을 때는 매우 빈곤하고 먹을 양식이 없었다. 그러므로 그는 메카 상인들을 공격하고 강탈하기 시작했다. 그러나 무함마드가 메카와 '성지 순례' 협정을 이룬 후에는 다시 메카 상인들을 강탈할 수 없었기 때문에 그 강탈 대상을 베두인족들, 유대인 마을, 북예멘의 기독교 공동체들을 습격하기 시작했다. 그 후 무함마드는 다시 카아바의 오아시스를 약탈한 후에 한 유대인 음식점 주인의 독살에 의해 632년에 죽게 되었다.[10]

무함마드의 성전은 더 많은 전리품을 얻기 위해서 시행되었다. 그러나 그의 약탈과 전쟁은 종교적인 가면을 쓰게 되었고, 무함마드는 그의 생애 동안 29차례나 선두 지휘하여 강도 약탈, 노예 포획을 일삼았다. 무함마드의 후계자들로 인하여 그러한 지하드는 지금까지 계속적으로 상승되고 있다. 이러한 무함마드의 삶의 모범을 따라 행하는 원리주의자들은 성전의 의미를 불신자들(kafir)을 정복하는 알라의 명령으로 이해하게 되어 정복 전쟁과 학살의 역사가 전개되었다.

실제로 꾸란에서 이슬람 지하드는 불신자들에 대한 전투를 의미하는 전문 용어가 되었다. '지하드'(Jihad)라는 단어는 알라를 위해 모든 노력을 바치며 무기로 불신자와 싸우는 전투로서 꾸란에 41번 이상 사용되었다. 그 외에 적을 무력으로 정복하며 죽이는 유혈 전쟁 용어인

---

10 노니 다르위시, 3f.

'키탈'(Qital)은 꾸란에서 67번 이상 사용되었다.[11]

이슬람 경전 내용에 대한 빌 워너(Bill Warner, 정치적 이슬람 연구소 소장)의 통계 자료의 내용은 아래와 같다.

순나(Sunnah: 무함마드의 전기)의 75%가 지하드에 관한 것이고, 메카 꾸란의 67%가 불신자들 또는 정치에 관한 것이며, 메디나 꾸란의 51%가 불신자들에 관한 것이며, 부카리 하디스 20%는 지하드와 정치에 관한 것이다. 무슬림들은 지하드가 "내면적 투쟁"이라고 주장하지만, 부카리 하디스의 지하드에 관한 것 중에 97%가 전쟁에 관한 것이고, 3%만이 내면적 투쟁에 관한 것이다. 꾸란에 지옥에 관한 구절이 146개가 있다. 지옥에 관한 구절 중에 6%만이 살인, 절도 같은 도덕적인 잘못에 관한 것이고, 나머지 94%는 무함마드를 따르지 않는 정치적인 죄에 관한 것이다. 이슬람의 지옥은 이슬람을 반대하는 자들의 정치범 수용소이다.[12]

이와 같이 지하드는 샤리아의 핵심이라고 말할 수 있다. Sura 8:39, "박해가 사라지고 종교가 온전히 하나님만의 것이 될 때까지 성전하라"라는 알라의 명령이다. "성전하라"(까탈라)라는 단어는 원래가 "죽여라!"라는 의미이다. 불신자를 죽이는 지하드는 꾸란에 의해 모든 무슬림 남성들에게 주어진 의무 사항이다.

> 금지된 달이 지나면 너희가 발견하는 불신자들마다 살해하고 그들을 포로로 잡거나 그들을 포위할 것이며 그들에 대비하여 복병하라(Sura 9:5).

---

11   노니 다르위시, 4-6.
12   노니 다르위시, 274, 300.

무슬림들은 유대인들을 원숭이와 돼지들로 본다(Sura 2:65;[13] 5:60;[14] 7:166[15]). 그러나 점차 무슬림들은 지하드 대상인 불신자들을 보편적으로 원숭이들이고 돼지들이라고 하며,[16] 불결하고 쓰레기라고 한다.[17] 이 사상도 꾸란에서 왔다.

> … 그들은 불결하니 그들의 주거지는 지옥이며 그들이 얻은 것에 대한 보상이니라(Sura 9:95).

불신자들은 꾸란의 이슬람법(샤리아)을 따르지 않기 때문에 무슬림들의 눈에 그들은 "비인간적 존재"(Unmenschen)로서 더럽고 불결한 쓰레기(찌꺼기, Abschaum)이다(Sura 9:28). 그들은 돼지고기를 먹고 알라의 이름으로 동물을 죽이지 않는다. 그들은 무지하고, 무법적이고, 마술사이다(Sura 2:102). 그들의 가장 큰 죄는 무하마드를 선지자로 인정하지 않고, 알라를 이슬람식으로 경배하지 않는 것이다. 그들은 알라, 천사 그리고 사람들에게 저주받고 불지옥으로 들어가는 자들이다(Sura 2:89-90, 161; 33:64, 68).[18]

반면 이러한 불신자들을 양심에 가책이 없이 마구 살해한 무슬림들에게 알라는 몇 가지 특별한 상을 베풀어 준다. 그것은 살해에 대한 면죄

---

13 Sura 2:65, "너희 가운데 안식일을 위반한 자들이 있음을 너희가 알고 하나님이 그들에게 이르길 그대들은 원숭이가 되어 저주를 받을 것이라."
14 Sura 5:60, "… 하나님의 저주와 분노를 초래하는 그들과 그들 가운데 일부가 원숭이나 돼지로 형상화된 그들과 우상을 숭배하는 그들이니라 …."
15 Sura 7:166, "그들이 그들의 무례함으로 금기된 것을 넘어서니 원숭이가 되어 정오와 저주를 받을 것이라는 말씀이 있었거늘."
16 노니 다르위시, 164.
17 노니 다르위시, 298f.
18 Abd al-Masih, *Der heiliger Krieg im Islam – Traum oder Wirklichkeit?*, 9-10.

와, 자범죄 사면과, 천국에 직행할 수 있는 구원과, 천국에서 주는 처녀
들이다.

> 그들을 살해한 것은 너희가 아니라 하나님께서 그들을 멸망케 하였으며
> 그들에게 던진 것은 그대가 아니라 하나님께서 던지셨음이라(Sura 8:17).

꾸란이 위와 같이 살인죄를 사면해 주므로써 무슬림들은 불신자 살해에 대한 죄의식이 없다. 또 이러한 살해자들이 이슬람 세계에서는 체포되지도 않고 형벌을 받지도 않는다. 왜냐하면 꾸란과 샤리아가 그러한 살해를 명했기 때문이다.

지하드 살해자들은 오히려 Sura 8:17을 통해 알라의 뜻을 대행한자로 인정받는다. 알라가 그의 모든 죄악을 "속죄"해 주고 그 보상으로 강이 흐르는 천국으로 직행하게 해 준다(Sura 3:157-158; 61:11-12). 그뿐 아니라 천국에 들어가는 테러리스트들의 희망과 즐거움은 "천국에 들어가는 사람들마다 72명의 미녀, 즉 후리스를 하사 받을 것과, 100명의 남자가 갖고 있는 정력을 받는다"는 약속이다.[19]

이슬람의 일부다처제와 남성 위주의 감각적이고 물질적인 사고방식과 쾌락주의는 천국으로까지 연장된다. 꾸란은 천국에 "어떤 인간과 진(Zinn)도 접촉해 보지 못한 눈을 내리감은 배우자가 있고"(Sura 55:56) 알라가 무슬림들에게 "아름답고 눈이 큰 배우자를 결합시켜 주며"(Sura 44:54) 알라가 눈이 큰 아름다운 배우자를 그들의 침상에 앉게 해 준다고 한다

---

[19] 『하디스 티르니지』 제2권, 138. "천국에 들어가는 사람들마다 72명의 미녀, 즉 후리스를 하사 받을 것이요, 100명의 남자가 갖고 있는 정력을 받는다." 참조, 한기총, "이슬람이 오고 있다" DVD (2009년).

(Sura 52:20). 알라는 또 "그들을 위해 새로운 배우자들을 두시고 그녀들을 순결케 하였으며 나이가 같으며 사랑 받게 하셨고"(Sura 56:37) "같은 나이에 눈을 내리감은 순결한 여성들이 그들 옆에서 시중을 든다"(Sura 38:52)라고 한다. 그 배우자들은 달걀 속에 보존되어 있다(Sura 37:49).

이러한 살해 면죄부와는 또 다른 이슬람 수반이나 지도자들에게 주는 중대 범죄(hudud, 살인, 간통, 강도, 절도 음주, 강간 등)에 대한 면책권이 있다. 이 면책권은 무함마드 자신이 누린 초율법적인 자유와 절대적 권리를 그들에게 부여한다. 이슬람 지도자들은 자신들의 중범죄 면죄부로 인해 부패한다. '샤피이 학파'의 샤리아 025.5는 "비록 칼리프가 의롭지 못해도 그의 명령과 금지령에 복종하는 것이 의무"라고 하였다.[20] 이슬람 지도자들은 자경단의 중범죄도 눈감아 준다. 기독교로 개종한 자기 아들을 살해해도 그 부모의 죄는 묵인된다.[21]

노니 다르위시의 저서 『이슬람의 인권과 여성 – 숨겨왔던 샤리아의 진실』에서 제시하는 통계에 의하면 1,400년간의 이슬람 역사에서 지하드로 인해 살해된 비무슬림 숫자는 그리스도인들이 6천만 명의 그리스도인들, 힌두인들이 8천만 명, 불교도들이 1천만 명이다.

지금도 매일 유럽, 미국, 호주, 아시아, 아프리카에서 유대인들과 그리스도인들을 향한 지하드와 테러 살해는 계속되고 있다[22]는 것을 우리는 뉴스를 통해서 밝히 알고 있다. 현재도 연평균 22만 명의 그리스도인들이 무슬림들에 의해서 순교당하고 있다.[23] 「연합뉴스」는 2000년 이후

---

20 노니 다르위시, 『이슬람의 인권과 여성 – 숨겨왔던 샤리아의 진실』, 248f.
21 노니 다르위시, 271.
22 노니 다르위시, 서론.
23 이혜훈 의원, "이슬람 바로 알기"(https://youtu.be/MFSKL3mpZwI), 2015.6.27.

의 이슬람 무장 테러들에 대한 '대형 테러 일지'를 공개했다.[24]

▲ 2001.9.11. 이슬람 무장 테러 단체인 알카에다 테러리스트들에 의해 납치된 4대의 여객기가 미국 뉴욕의 세계무역센터와 워싱턴 DC의 미국 국방부 청사인 펜타곤에 충돌, 2천978명 사망.

▲ 2002.10.12. 인도네시아 발리의 한 클럽에서 일어난 폭발 사고로 202명 사망.

▲ 2004.3.11. 스페인 마드리드 기차역에서 동시다발 폭탄 테러로 200명 사망, 1천200여 명 부상.

▲ 2005.7.7. 런던에서 아침 출근 시간에 동시다발 폭탄 테러로 50여 명 사망, 700여 명 부상. 알카에다 소행 추정.

▲ 2009.11.27. 러시아 노브고로드 주에서 열차가 지날 때 철로에서 폭발물이 터져 27명 사망, 90여 명 부상.

▲ 2014.2.16. 이집트 테러 단체 안사르 베이트 알마크디스가 시나이반도서 버스 폭탄 테러를 저질러 한국인 3명 사망하고 14명 부상.

▲ 2015.1.7. 이슬람 극단주의자 쿠아치 형제 등 3명 파리 주간지 '샤를리 에브도' 사무실서 총기 난사해 기자 등 12명 사망.

▲ 2015.1.8. 이슬람 극단주의자 아메디 쿨리발리가 파리 남부 몽루즈에서 자동소총을 난사, 여성 경찰관 1명 살해.

▲ 2015.1.9. 쿨리발리, 파리 동부 유대 식료품점에서 인질극으로 인질 4명 사망. 파리 근교 인쇄소에서 인질극 벌인 쿠아치 형제와 쿨리발리 사살.

▲ 2015.8.18. 태국 방콕 도심의 관광명소 에라완 사원 근처에서 폭탄이

---

24 김보경, "영국에서만 올들어 세번째…최근 세계 대형테러 일지," 「연합뉴스」, 2017.6.4. (http://www.yonhapnews.co.kr/bulletin/2017/06/04/0200000000AKR20170604030900009.HTML?input=1179m).

터져 20명 사망하고 125명 부상.

▲ 2015.10.10. 터키 앙카라 역 광장에서 대규모 자살 폭탄 테러로 102명 사망. 터키 내 발생한 테러 희생자 수로는 최다. IS 소행으로 추정.

▲ 2015.10.31. 러시아 민항 여객기가 이집트의 홍해변 휴양지 샤름 엘 셰이크를 이륙해 러시아 상트페테르부르크로 향하던 중 시나이 반도 중북부에서 추락, 승객 217명과 승무원 7명 등 탑승자 224명 모두 사망. IS 배후 자처.

▲ 2015.11.13. 프랑스 파리에서 동시다발적인 무장괴한 총기 난사와 폭발로 130명 사망. IS 조직원들의 테러로 결론.

▲ 2015.12.2. 미국 캘리포니아 주 샌버너디노 시의 발달장애인 복지·재활 시설에서 부부가 총기를 난사해 14명 사망. 미국 수사당국은 극단주의에 빠진 무슬림들의 자생적 테러로 결론.

▲ 2016.1.12. 터키 이스탄불의 대표적 관광지인 술탄아흐메트 광장에서 폭탄 테러로 의심되는 사건으로 최소 10명 사망.

▲ 2016.3.13. 터키 수도 앙카라의 도심에서 자동차를 이용한 자살 폭탄 테러로 최소 34명 사망, 125명 부상.

▲ 2016.3.19. 터키 이스탄불 최대 번화가인 이스티크랄 가에서 발생한 자살 폭탄 테러로 5명 사망, 39명 부상.

▲ 2016.3.22. 벨기에 브뤼셀 자벤템 국제공항 출국장에서 최소 두 차례, 브뤼셀 시내 유럽 연합(EU) 본부와 가까운 말베이크 역에서 한 차례 폭발이 발생해 총 32명이 사망하고 300여 명 부상. IS 테러로 결론.

▲ 2016.6.12. 미국 플로리다주 올랜도 펄스 나이트클럽에서 총격과 인질극 발생해 50명 숨지고 최소 53명 부상. 미국 수사당국은 테러 행위로 규정.

▲ 2016.6.28. 터키 최대도시 이스탄불의 아타튀르크 국제공항에서 자살 폭탄 테러가 발생해 최소 36명이 숨지고 147명 부상. 터키 당국은

IS 소행으로 추정.

▲ 2016.7.1~2. 방글라데시 수도 다카의 외국공관 밀집지역 음식점에서 무장괴한들이 인질극을 벌여 외국인 20명 살해. 일본, 이탈리아인이 주를 이룬다고 군 당국이 발표. IS가 사건 배후 자처.

▲ 2016.7.14. 프랑스 남부 해안도시 니스에서 혁명기념일인 '바스티유의 날' 행사가 끝난 뒤 흩어지는 군중을 향해 트럭 한 대가 돌진, 최소 84명 사망. IS는 배후 주장. 프랑스 검찰은 사살된 트럭운전사 모하메드 라후에유 부렐이 IS와 직접적으로 연계된 증거는 찾지 못했다고 발표.

▲ 2016.7.18. 독일 남부 바이에른주 트로이히틀링엔-뷔르츠부르크 구간 통근열차에서 17세 아프가니스탄 난민 출신 범인이 도끼 휘둘러 홍콩 여행객 일가족 등 5명 부상. 용의자 사살.

▲ 2016.7.23. 독일 남부 바이에른 주 뮌헨 도심 올림피아쇼핑센터 인근에서 18세 이란계 독일인이 총기 난사해 9명 사망, 20여 명 부상.

▲ 2016.8.20. 터키 남동부 가지안테프 결혼 축하 파티장에서 자살 폭탄 테러로 추정되는 폭발이 발생해 하객 등 최소 30명 사망, 94명 부상. IS 배후 지목.

▲ 2016.9.2. 필리핀 남부 다바오시(市) 야시장에서 폭탄 테러가 일어나 최소 14명 사망, 67명 부상.

▲ 2016.12.10. 터키 이스탄불 중심부 축구경기장에서 폭탄 테러가 2차례 연이어 발생해 29명 사망, 166명 부상. IS 또는 쿠르드계 분리주의 무장조직 연계 가능성 제기.

▲ 2016. 12.18. 요르단 수도 암만에서 남쪽으로 약 120㎞ 떨어진 카라크 요새 안팎에서 무장괴한이 경찰관과 관광객에 총격을 가해 10명 사망, 34명 부상.

▲ 2016.12.19. 독일 베를린에서 19t 트럭이 카이저 빌헬름 메모리얼 교

회 인근의 크리스마스 시장으로 돌진해 최소 12명 사망, 48명 부상.
▲ 2017.2.3. 프랑스 파리 루브르 박물관 야외에서 경계근무를 서던 군인들을 겨냥한 흉기 테러 발생. 흉기를 휘두른 남성이 군인의 총을 맞고 부상.
▲ 2017.3.22. 영국 런던 의사당 인근 웨스트민스터 다리에서 칼리드 마수드(52)가 승용차를 인도로 돌진해 사람들을 친 뒤 흉기를 휘둘러 6명이 사망(범인 포함)하고 50명이 다침. 용의자는 무장경찰이 쏜 총에 맞아 병원으로 이송됐으나 숨졌고 흉기 공격을 당한 경찰관도 목숨을 잃음.
▲ 2017.4.3. 러시아 상트페테르부르크의 지하철 객차 안에서 폭발이 일어나 14명이 숨지고 40여 명이 부상. 용의자는 키르기스스탄 출신의 아크바르존 드잘릴로프(22)로, 시리아 반군 진영에서 싸우는 우즈베키스탄 테러 조직의 영향을 받아 범행을 저지른 것으로 추정됨.
▲ 2017.4.20. 프랑스 파리 샹젤리제 거리에서 총격전 벌어져 경찰관 1명과 용의자 사망, 경찰관 2명 중상. 공격 직후 IS가 배후 자처.
▲ 2017.5.22. 영국 공연장 '맨체스터 아레나'에서 미국 팝스타 아리아나 그란데 콘서트 도중 폭발로 19명 사망, 50여 명 부상. 테러로 추정.
▲ 2017.6.3. 영국 런던 시내 런던 브리지와 인근 버러 마켓에서 발생한 차량·흉기 테러로 6명 사망, 20여 명 부상.

이슬람이 선교지에서 빠르게 확대되는 이유는 꾸란과 샤리아가 전쟁, 살인, 거짓말, 위협, 비방으로 반대편을 제거하고 그들 마음속에 공포를 심어주도록 명하기 때문이다.[25]

---

25 노니 다르위시, 275-8.

… 그들 심중에 공포를 불어 넣으매 그들은 그들의 손들과 믿는 사람들의 손들로 그들의 집들을 파괴하였으니 그것이 지켜보는 자들을 위한 교훈이라(Sura 59:2).

이러한 공포 조성 행위는 파키스탄이 독립할 때 힌두 마을을 습격하여 집들을 불태우고 닥치는 대로 살해하여 보는 사람들의 마음속에 큰 공포심을 심어준 역사적 사실을 통해 잘 알려져 있다.[26]

▲ 2016년 7월 18일(현지 시간) 많은 사람들이 지난 14일 트럭 테러가 발생한 니스의 해변도로 인근에 꽃다발과 촛불을 놓고 희생자들을 기리고 있다(AFP연합뉴스).

---

26 Ghulam Masih Haamaan, *My Grace is Sufficient for You* (The Good Way, Rikon, Switzland, 1998), 51-54. 파키스탄 무슬림 굴람 마시흐 나아만(Ghulam Masih Naaman)은 카슈미르를 인도에서 독립시키기 위해 **지하드에 참여**하여 불신자와 싸우는 것이 최상의 봉사이며 "Freedom Fighter"가 되는 일은 **알라의기쁨**을 위한 최대의 의무로 여겼다. 그는 동료들과 함께 힌두처럼 변장을 하고 인도 변방으로 침입해서 인도 마을을 불태웠다. 알라를 기쁘게 하려고 2년 동안 그는 하나의 직업인으로서 양심에 거리낌도 없이 이 일을 자행하였다.

니스의 트럭 테러와 비슷한 형태의 테러가 미국 노스캐롤라이나대학교에서도 발생하였다. 노스캐롤라이나 대학생 무함마드 레자 타헤리 아자르(Mohammed Reza Taheri-azar)는 미국인들을 불신자요 적들이라고 생각하는 이란 출신 무슬림으로서 캠퍼스에 차를 몰로 들어가 9명에게 상해를 입힌 혐의로 체포되었다. 그때 그는 혼자말로 "알라의 뜻을 실천할 기회를 주신 것에 감사한다"라고 중얼거렸다.

샌프란시스코에서도 아프가니스탄 출신 오미드 아지즈 포팔(Omeed Aziz Popal)이 차량으로 난동을 부려 보행자 한 명을 죽이고 적어도 14명에게 상해를 입혔다.

2006년 시애틀 "유대인 연합"에 총기를 난사했던 파키스탄 출신 무슬림 나비드 하크(Naveed Haq)가 체포됐을 때 그는 알라의 명령을 실천하고 있다고 생각한다고 말했으나 그는 "정신 이상"의 이유로 무죄를 탄원했다. 미국인들은 이런 종류의 '증오 범죄'가 '종교의 명령에 의한 살해'라는 사실을 생각해 내지 못한다. 신이 불신자들을 살해하라고 명령한다는 것은 알지도 이해하지도 못한다. 미국 법은 살인범이 "신이 자기에게 살인을 요구했다"라고 하면 정신질환자로 취급한다.[27]

우리는 무슬림들의 땅을 '이슬람의 집'(Dar al-Islam)으로 그리고 비무슬림 지역을 '전쟁의 집'(Dar al-Harb)으로 분리하고 있다는 사실을 잘 알고 있다. 무슬림들의 선교가 전쟁의 집에서 이루어지고 있다는 사실로 인해 현재 비무슬림 지역에 거주하는 무슬림들의 삶을 전시 생활로 이해하며 **타끼야**를 사용한다. 아래의 샤피이 학파는 이슬람에게 최선의 이익이 된다면 무슬림들이 거짓말 하는 것을 법적으로 허용된다.

---

27 노니 다르위시, 306-8.

목적이 필수적이라면 거짓말도 필수적이다(샤리아 법 r8.2).

전쟁에서 적을 이기기 위한 거짓말을 허용한다(샤리아 법 r8.0).

지하드 대상에게 거짓말 하는 것은 전혀 문제가 되지 않는다. 거짓말은 지하드의 정당방위이고, 거짓말은 지하드의 유일한 도구이다.[28]

사실상 **이슬람의 허위와 거짓은 그들의 신 알라로부터 유래**하였다. *The Noble Qur'an*(Madinah Munawwarah, K.S.A.)은 Sura 3:54을 다음과 같이 한국어 꾸란보다 더 정확하게 번역하였다.

> And they plotted (to kill Isa), and Allah plotted too. And Allah is the Best of those who plot(Sura 3:54).

최영길 꾸란은 아랍어 원어 'makaru'을 "그들이 음모하다"로, 'makarallahu'를 "알라가 방책을 세우다"로, "알라는 가장 기만하는 자이다"라는 의미의 'makirina'를 "알라는 가장 훌륭한 계획자"라고 번역하여, "속이다," "기만하다," "간교하다," "교활하다"라는 뜻의 'makara'를 다른 단어처럼 보이도록 왜곡해서 번역하였다. 최영길 역시 타키야 꾸란 번역을 통하여 알라의 성품을 미화한 것이다.

무슬림들도 비무슬림들 및 유대인들과 전쟁할 때, 샤리아의 허락으로 두 집단을 화해시킬 때와 골치 아픈 문제를 만들지 않기 위해 아내를 속인다. 논쟁을 해결하기 위한 경우와 아내를 즐겁게 하기 위한 경우에도 거짓 증거가 허용된다. 이러한 이슬람의 타끼야 문화를 무슬림들을 만

---

28 노니 다르위시, 217–21.

나는 한국 여인들은 필히 알고 있어야 한다. 이슬람은 매스컴 등을 통해서도 차세대에 부정직한 문화를 심어준다. 그러므로 무슬림 어린이들은 태어날 때부터 타끼야 놀이를 한다. 그러므로 진실과 거짓을 구별할 수 없게 되고, 진실을 아는 것이 허용되지 않고, 진실을 말하는 것도 두려워진다.[29]

그러나 우리는 무슬림들에게 종교적인 특별한 우월 의식이 있다는 것을 알고 있어야 한다. 노니 다르위시의 진술에 귀를 기울이면 전쟁에는 "정당한 전쟁"과 "부당한 전쟁"이 있다. 정당한 전쟁은 이슬람을 전파하기 위한 전쟁이고, 부당한 전쟁은 무슬림이 이슬람을 전파하기 위해 들어오는 것을 비무슬림들이 막기 위해 하는 전쟁이다. 칼리프가 해야 할 일은 이슬람 전파를 막는 모든 비무슬림에 대항하여 지하드를 조직하는 것이며, 불신자의 땅에 강탈과 약탈을 장려하는 지하드 군사 기관을 만드는 것이다.

무슬림들의 지하드는 다와(선교)의 요청으로부터 시작되고, 평화적인 다와를 거부할 때는 지하드가 시작되다. 이와 비슷한 사고 구조에 의해 아랍 정부들은 미국에서 포교 활동을 하고 모스크를 짓고 미국의 대학교에서의 이슬람 연구와 중동 연구를 재정으로 지원할 권리를 갖지만, 그 반대로 이슬람 국가에서 포교하는 비무슬림들은 체포되고 투옥되거나 살해된다.

또 무슬림의 '폭정과 압제'라는 개념이 있다. 이는 불신자 정부가 이슬람을 다른 종교와 동일하게 취급함으로써 샤리아가 제공한 무슬림들의 월등한 지위를 박탈당한 무슬림들의 상태를 말한다고 한다. 그리고 무슬림들은 비무슬림들과 여성들 위에 군림할 수 있는 특권을 무슬림들에

---

29 노니 다르위시, 217–21.

게 주지 않기 때문에 영국이나 미국의 헌법이 폭력적이라고 주장하며 피켓을 들고 런던이나 뉴욕에 서 있는 것이다.

　예를 들면, 무슬림들은 서방 세계를 존경하거나 동등한 지위로 협력하는 사람을 '카피르'라고 부르며, 이스라엘과 평화 협정을 맺은 안와르 사다트(Anwar Sadat)는 카피르라는 이유로 살해되었다.[30] 이러한 맥락에서 1990년 이집트에서 "카이로 인권 선언"이 선포되었다. 사실 이것은 "카이로 이슬람 인권 선언"이다. 즉 이 선언문은 1948년 UN의 보편적 인권 선언을 비롯한 다른 모든 인권에 관한 법보다 샤리아가 우선한다는 선언문이었다.[31]

　위와 같이 독특한 무슬림들의 우월감은 그들의 꾸란과 샤리아가 그렇게 교육했기 때문에 무슬림들의 의식 속에 견고하게 자리 잡은 것이다. 그들에게 불신자들은 우상 숭배자이고, 다신론자들이며, 창기들이며, 더러운 인간들로서 돼지나 원숭이 같은 짐승들과 다르지 않다. 꾸란은 불신자들이 지구에서 한 사람도 남지 않을 때까지 성전하라고 가르치고 있다.

30　노니 다르위시, 253-5.
31　노니 다르위시, 301.

제 4 장

이슬람의 한국 고지 점령 전략

「국민일보」 2010년 1월 5일자에 한 키르기즈스탄 선교사의 간증이 실렸다. 그 내용은 "한국에 들어온 무슬림들은 나그네"이므로 "무슬림들에게 철저히 사랑으로 다가가야 한다"는 점과, "무슬림들에게 진심으로 마음의 문을 열었을 때 반드시 그들도 자신을 받아들였다"는 점과, "기독교의 생명과 진리, 사랑의 힘으로 적극적으로 다가갈 때 결국 개종하는 경우가 많았다"는 점이다. 그는 한국의 "이슬람 공포증"(Islam phobia)이 이슬람 공동체의 형성과 성장을 돕게 되고, "크리스천들이 이슬람을 적으로 느끼면 느낄수록 선교의 기회는 박탈당하게 된다"고 하며 우려를 표명하였다.[1]

이는 참으로 공감할 말이다. 무슬림 영혼을 위해서 우리는 당연히 위의 키르기즈스탄 선교사처럼 살아야 한다. 그런데 주의할 것은 이슬람과 **무슬림**은 반드시 구별되어야 한다. 종교로서의 **이슬람**은 한국을 샤리

---

1 「국민일보」, 2010.1.5., 28.

아가 다스리는 나라가 되게 하려고 지금 한국의 고지를 점령해 올라오고 있다. 이슬람 학자들의 활동들과 훈련된 이슬람 유학생-선교사들과 노무자들, 그리고 몰래 잠입한 테러리스트들을 통해 한국의 이슬람화는 급진전되고 있다.

2007년 8월 쿠웨이트 잡지 「알아라비」[2]에서 2007년 10월에 인천시에 개원할 "종합이슬람센타" 건립을 위해 이슬람 국가들에게 후원금을 요청한 광고문, '한국 이슬람을 위한 대문'(A Gate for Islam in Korea)에서 한국을 "동아시아의 이슬람 전파를 위한 전초 기지"라고 칭한 바가 있다. 이 사실로 간파할 수 있는 바와 같이, 무슬림들이 "한국을 2025년 또는 2020년까지 샤리아(이슬람법)가 다스리는 이슬람 국가로 만들겠다"는 소문도 사실무근하지는 않은 것 같다.

「조선일보」 1999년 11월 12일자에는 세계 무슬림 인구가 2025년에 인류의 1/3이 된다고 보도하였다. 이슬람은 점차 동진하여 한국을 통해 동아시아를 다 이슬람화할 계획으로, 한국을 이슬람법이 다스리는 나라가 되게 하려고 지금 사법계, 경제계, 교육계, 사회, 문화, 정치계의 고지를 점령해 올라오고 있다. 그러면서 이들은 이슬람을 아름답게 포장하여 그들의 경전과 샤리아가 선포하고 있는 내용과는 상당히 다른 이미지를 준다.

이러한 국내 사정으로 인하여 한국의 이슬람 선교는 그 초기부터 속칭 "비둘기파"와 "매파"로 나뉘어졌다. 그런데 비둘기파 중에서 순수한 선교사들만이 아니라, 타 종교에도 진리와 구원이 있다고 믿고 종교들 간의 평화-공존을 유지하기 원하는 종교다원주의자들도 있다.

키르기즈스탄 선교사가 주장한 바와 같이 우리는 무슬림들을 사랑하

---

[2] 「알아라비」, Kuwait, 2007.8.16. 114-121.

고 감싸 안아야 하지만, 이슬람(종교)은 한국에 뿌리 내리지 못하도록 물리쳐야 한다.

1. 무슬림들의 정치적 고지 점령 전략: 사법계로 진출

현재 한양대학교 '문화인류학' 교수로 재직 중인 이희수 교수는 필자가 가진 자료에 의해서 살펴보면 약 10년 전부터 고지 점령 전략을 진행하고 있다.

① 2007년 3월 21일, 4월 21일, 9월 9일 '신임법관연수'에서 강연
② 2007년 11월 7일, '단독판사연수'에서 강연
③ 2007년 11월 28일, '초임판사연수'에서 강연
④ 2008년 8월 4일, '연수원교수세미나'에서 강연
⑤ 2007년 10월 19일, 헌법재판소에서 강연
⑥ 2008년 11월 7일, 법제처에서까지 "이슬람법과 문화"를 강연

심지어 이란의 사법부 수장 아야톨라 마흐무드 하세미 사루다까지 모셔와 사법 연수원에서 강의하게 하였다. 그 밖에 이슬람 지도자인 손주영 교수, 이원삼 교수 등도 사법 연수원 교수위원으로 강좌를 맡았다.

이와 같이 무슬림들이 한국 사법계에서 강의하는 목적은 한편으로는 한국 사법계에서도 이슬람을 이해해야 하기 때문이고, 다른 한편으로는 무슬림들이 한국 법조계가 빠른 시일 내에 이슬람법(샤리아)을 수용하기를 기대하기 때문으로 보인다.

교회가 무관심한 사이에 무슬림들은 발 빠르게 한국 사법계로 진출하여 한국의 정치적 고지로 달려 올라가고 있다. 실제로 이슬람교도 이희수는 사법계 고지 점령으로 한국을 이슬람화하는 활동을 펼치면서 국법을 제조하는 곳에서도 이슬람법(샤리아)을 강의하였다. 무슬림들은 한국 법조계에 자신들의 샤리아를 세우는 것이 목적이므로 사법계로 진출하고 항상 고지를 점령하려고 노력한다. 2016년 4.13 총선 때는 한국으로 귀화한 파키스탄 출신 무슬림 김강산 씨(본명: 찌마 패설)가 정치계의 고지를 향하여 새누리당 비례대표 후보에 지원했었다.[3]

2. 무슬림들의 경제계 고지 점령 시도

무슬림들의 경제적 고지 점령의 위험은 한국이 이슬람 금융 시스템을 도입함으로 시작되었다. 이슬람 금융의 독특성이 꾸란의 원리에 의해 '이자를 금지한다'(Sura 2:275, 276, 278; 3:130; 4:161)는 것인데, 이자를 의미하는 '리바'의 의미가 '보통 이자'인지 아니면 '고리대금'인지의 정의에

---

[3] http://www.newswinkorea.com/news/article.html?no=445
김강산은 "경산, 고령 등 도내 여러 시·군 장학회에 모두 1천100만원을 전달했다고 한다. … 그는 2011년 한국 국적을 취득하자마자 정치에 관심을 가지고 경산시 남부동 청년회 수석 부회장으로 활동하면서 지역 사회 발전에 앞장섰다고 한다. 2012년부터는 본격적으로 정치에 뛰어들어 19대 총선 때와 대선 때 유력 후보들의 캠프에서 활동을 했다. 2014년 지방선거 때도 김관용 경북도지사 측에서 열심히 선거활동을 도왔다. 당시 김관용 후보가 도민들과 젊은이들과의 소통을 위해 마련했던 "김관용의 라이브 TV"에 출연하여 인기를 독차지하기도 했다. 지역 사회에서 어느 정도 얼굴과 이름이 알려지자 이번 2016년 총선에서는 드디어 자신이 직접 집권당의 비례대표 후보가 되어보겠다고 출사표를 냈다. … 김강산 씨의 이름이 매스컴에 등장할 때마다 따라다니는 수식어가 있다. 그는 독실한 무슬림이라는 것이다. 정신없이 바빴던 선거 유세 중에도 시간 맞춰 이슬람식 기도를 하는 것을 빼먹지 않았으며, 회식자리에 참석을 해도 이슬람 율법에서 금하는 돼지고기나 술은 입에도 대지 않는다는 것이다."

따라 그 해석이 달라진다.

이슬람 금융 시스템은 세계 이슬람화를 위한 수단으로서 1920년대 테러 조직 "무슬림 형제단"(창시자: 하산 알반나)에 의해 고안된 것으로서, 알 마우두디, 사이드 큐툽(현대 지하드의 아버지), 무함마드 바키 알 사드르, 와하비, 무슬림 형제단, 살라피, 데오반디 등의 이슬람 원리주의(부흥 운동) 단체들에 의해 추진되고 있는 것으로 밝혀졌다.[4]

샤리아 금융의 핵심은 '이슬람적인 신적 명령'에 있음으로 오직 이슬람 지도자들만이 통제할 수 있는 거대한 금융 체계이다. 이집트 대표 언론지「알 아흐람」은 다음과 같이 보도했다.

> 금융지하드는 …많은 개발도상국을 끝없는 빚더미를 짊어진 재정적 노예로 몰고 가는 국제통화체제를 의미한다.[5]

한국 정부는 2009년 12월 22일 수쿠크(이슬람 채권) 발행을 위한 세법 개정안을 계획하였으나 "이슬람 채권을 통해 벌어들인 수익이 테러 자금으로 유입될 수 있다"는 주장이 제기됨으로써 제동이 걸렸었다. 그러나 경제부는 수쿠크 발행이 이루어지도록 세법과 제도 개선을 추진하고 수쿠크 발행 법안 통과를 시도할 것임을 밝혔었다. 그러나 일단 스쿠크 관련 법은 국회 통과가 이루어지지 않았다.[6]

---

4 패트릭 숙데오, 『샤리아 금융의 이해』, 애드보켓코리아 번역위원회 (서울: 쿰란출판사, 2009), 37-39, 68-69, 81, 181.
5 패트릭 숙데오, 51-53. 2002년 말레이지아 총리의 설명이다.
6 「파이낸셜뉴스」, 2010.3.10. 한국의 은행들은 우리투자증권(세계 4위 이슬람 금융 전담 은행)이 카타르 이슬람 은행과 상호 협력 양해 각서를 체결하였다(MOU). 신한금융투자는 이슬람 국가 현지 사무소 설립과 '신한샤리아(이슬람법) 100' 개발을 고려 중이다. '이자라'(건물 등 유형 재산을 기반으로 채권 발행) 방식 수쿠크 발행도 진행하였다. SK증권은 2008년부터

그 후로도 무슬림들은 익산에 할랄 식품[7] 단지 조성 등 대규모의 할랄 산업 내지 할랄-코셔 산업을 국내에 육성함으로써 한국에 무슬림들이 대거 입국할 기회를 얻으려고 시도하며, 한국을 샤리아가 지배하는 나라가 되게 하려고 끊임없이 노력하고 있다. 이제는 한국 곳곳에 이슬람 자금이 기부금으로 뿌려지고 있다.

3. 사회-문화적 고지 점령 전략

한국의 사회와 문화계 고지 점령 시도는 수차례 매스컴을 통해서 알 수 있듯이, 지상파 방송인 SBS는 2008년 6월 29일부터 7월 13일까지 밤 11시 20분에 '**신의 길 인간의 길**'이라는 다큐멘터리를 총 4부작으로 연속 방영하였다. SBS는 기독교 중심 교리를 공격하고 부정하며 왜곡시킴으로써 죄인들이 죄 사함을 받고 하나님과 화해할 수 있는 유일한 구원의 길을 가로막는 일을 하였다.

'신의 길 인간의 길'의 제1부에서 주장하고자 했던 핵심 내용은 "예수의 신화화"이다(Thymoth Frekly & Peter Gandy, *The Jesus Mysteries: Was the "Original Jesus" a Pagan God?*). 이 다큐멘터리는 고대 이집트 신화들과 예수의 탄생을 비교하면서 역사적 예수에 대한 의혹을 품게 하고 기독교 신앙의 핵심이 되는 예수 그리스도의 탄생과 죽음과 부활의 역사적 사실성

말레이시아 현지 투자 은행과 수쿠크 발행을 진행하고 있었다. 한국투자증권과 대우증권도 수쿠크 발행 준비를 완료하였다. 이들은 모두 국회 보세특례제한법 개정안 통과만 기다리고 있었다. 그러나 이슬람 채권 발행과 관련하여 양도세, 부가가치세, 취득세, 등록세, 세금 면제 등의 조세특례제한법 개정안 문제는 '테러 자금이 유입된다'는 반대 의견에 부딛혔다.

[7] 무슬림들이 이슬람식으로 도축하여 마련하는 이슬람법이 허용하는 식품.

에 대해 회의를 조장함으로써 이 사실들을 신화화하고 싶어 하였다.

이 다큐멘터리는 기독교의 핵심 신앙의 내용인 '유일한 중보자'가 되시는 예수 그리스도를 반박하고 기독교 복음을 거부하려는 이슬람의 입장을 드러내 주었다.

한국에 이슬람 문화 도입과 선전과 교류는 현재 다방면으로 왕성하게 확대되어 셀 수 없다. 최근 한국에 갑자기 밸리댄스(배꼽춤)이 유행한다. 구청의 지원으로 각 주민자치센터에서 밸리댄스를 배우고 그 공연도 많이 늘어났다. 그 모든 비용은 이슬람 선교 단체인 '자카트'에서 지원하고 옷도 맞춰준다고 구청장들과 군수들이 일치되게 말한다고 한다.[8]

일부다처제 결혼으로 하렘(부인들이 거처하는 방)의 평화를 보장받으려고 남편이 첫 번째 아내에게 두 번째 아내를 구해줄 것을 요구하면, 첫 번째 아내가 그 결혼식에서 밸리댄스를 홀로 추면서(solo dance) 두 번째 아내를 환영한다.[9]

4. 교육적 고지 점령 전략

이미 10년 전 부터 무슬림들이 한국 정부의 교육위원이 되어[10] 교육적 고지를 향해 등산하기 시작한 후, 2009년도에는 아랍어가 수능 제2외국어 최다수 선택 과목이 되었다. 이들의 목표는 1973년 이슬람 선교성이

---

8 이혜훈 의원, "이슬람 바로 알기"(https://youtu.be/MFSKL3mpZwI), 2015.6.27.
9 Abd al-Masih, *Die harten Strafen des Islams, Die Gesetzgebung im Qur'an* (*Die Qur'anische Scharia*) (Medienabteilung der EUSEBIA gGmbH, 2001), 13.
10 필자는 2000년 가을에 이미 자유민주연합 정치위원회 교육분과에서 활동을 개시한 무슬림 학자를 알고 있다.

아래에 발표한 바와 같이 아랍어가 선택 과목이 아니라 필수 과목이 되게 하는 것이다. 당시 리비아에 위치한 이슬람 선교성은 혁명 의회를 통해 공포한 이슬람 법령 제58호에서 이슬람 선교성의 집행 내용을 발표하였다.

> 모든 방법을 동원하여 꾸란의 언어인 아랍어 보급에 힘쓰고 … 아랍어를 각급 교육에서 필수 과목으로 가르친다.[11]

현재 한국 중·고등학교 및 대학교 아랍어 교육이 문제가 되는 이유는 아랍어 교사들 거의가 다 무슬림들이기 때문이다.

이들은 '알라'라는 반삼위일체적 신 개념 하나만 가르쳐도 거듭나지 않은 중·고등학생들에게 기독교의 핵심 신앙인 삼위일체론과 기독론이 무너질 수도 있는 것이다. 간단한 예로, 어학 시간에 학생들은 "알라"에 관해 설명을 듣게 되며, 무슬림 선생은 이슬람의 신 명칭 알라를 기독교 신 명칭과 똑같이 "하나님"이라고 칭하면서[12] 그를 창조자, 유일신, 동반자가 없고 아들이 없는 "하나님"이라고 설명한다.

그리하여 아직 신앙이 단단하지 못한, 육에 속한 청소년들에게 기독교의 삼위일체 신관을 반박하며 왜곡하여 가르쳐서 기독교가 마치 세 신을 믿고 있는 것처럼 여기게 만드는 것이다.

이러한 선입견을 가지고 중·고등학교를 졸업하는 청소년들에게 기독교 복음을 전하기가 얼마나 힘겨워지겠는가?

11　무하맏 압둘 아렘 시디끼, 『이슬람 교리문답』, 하지 사부리 서정길 역 (이슬람 선교성, 트리폴리, 주한 리비아 국민사무소, 1984).
12　『성 꾸란 의미의 한국어 번역』, 최영길 역 (파하드 국장 성 꾸란 출판청, 1999).

한국은 2002년부터 중·고등학교에서 아랍어를 선택 과목으로 채택할 수 있도록 규정되었고, 무슬림 학자들은 한국 중·고등학교의 아랍어 교본들과, 아랍어 사전들, 꾸란 번역 등을 다 준비하여, 2009년도에는 아랍어를 수능 시험 문제를 최대한 쉽게 출제하여 고득점을 얻게 하는 전략을 써서, 현재 아랍어가 제2외국어 수능 최다수 선택 과목이 되었다.

1973년도 리비아 이슬람 선교성의 언어 교육의 목표는 아랍어가 선택 과목이 아니고, 필수 과목이 되게 하는 것이라는 점을 우리는 주목해야 한다. 아랍어가 필수 과목이 된다면 우리나라에 어떤 일이 벌어지게 될 것인가에 우리는 각성하고 생각해야 한다. 그러나 우리 한국은 무슬림들의 아랍어 교육이 하나의 언어 교육일 뿐이라고 하여 방심하고 있다.

제 5 장

이희수 교수[1]의 "교과서 바로잡기" 논문 내용의 진실성 문제

▲ 한국이슬람교중앙회 사무총장 이희수 한양대 교수(「동아일보」, 1995.11.18., 25)

1 1953년 경남 밀양 출생의 **이희수 교수**는 한국외국어대학교를 졸업한 후 터키 국립이스탄불대학교에서 역사학 박사를 취득하고 터키 이스탄불 마르마라대학교에서 조교수로 재직했고, 1995년 '한국이슬람교 중앙회 사무총장'(1995.11.18. 동아일보), 한국 이슬람 청년회 회장 등을 역임했다(1981.5.2. 동아일보). 그는 현재 한국-터키친선협회 사무총장으로 활약하고, '한국 이슬람학회 회장'으로 있으면서 1991년 이래 한양대학교 문화인류학 교수로 재직 중이다. 이희수 교수는 앞장서서 현재 다방면으로 한국의 이슬람화를 위해서 맹활약하고 있다.

필자는 이슬람의 선교 초기에 이슬람을 '평화의 종교'로 선전하는 이슬람의 타끼야 선교 전략의 한 예로서, 한양대학교 이희수 교수의 타끼야 이슬람 선전과 그의 논문이 중·고등학교 교과서 개정에 미친 영향력을 발견하게 되었다.

'타끼야'란 자기 보호(self-protection) 수법의 위장술(dissimulation)로서[2] 꾸란적인 용어이다. Sura 16:106을 근거로 무슬림들은 가장 중대한 일에 거짓말을 한다.

> 그의 마음은 믿음으로 가득하나 강요된 것은 제외될 수 있으되 …(Sura 16:106).

이 구절의 각주 106-1은 아래와 같이 설명한다.

> 알마르는 마음은 믿음으로 흔들리지 아니했지만 그에게 가해지는 고문과 부모가 당하는 고문에 대한 아픔으로 믿음을 불신한 것처럼 하였다 …선지자는 그의 아픔을 위로하였고 또한 그의 믿음을 확신하였다.[3]

무슬림들의 초기 선교를 위한 타끼야 전략은 이슬람을 "평화의 종교"로, 무함마드를 평화의 사람으로 선전하는 것이다. 이렇게 선전하는 무슬림 선교사들은 이미 폐기된 꾸란 구절로 입증하며 이슬람을 안심하고 받아들이게 한다. 그러나 무슬림이 다수가 되면 돌연 폭력과 테러와 성전을 일으키는 정복자로 변한다. 이 전략은 무함마드가 시행한 타끼야

---

2 Cyril Glasse, *The Concise Encyclopaedia of Islam* (London, 1989), 397.
3 『성 꾸란의 한국어 번역』, 최영길 역 (파하드 국왕 꾸란 출판청), 1999.

전략이며 오늘까지 전 세계를 대상으로 시행되고 있다.[4]

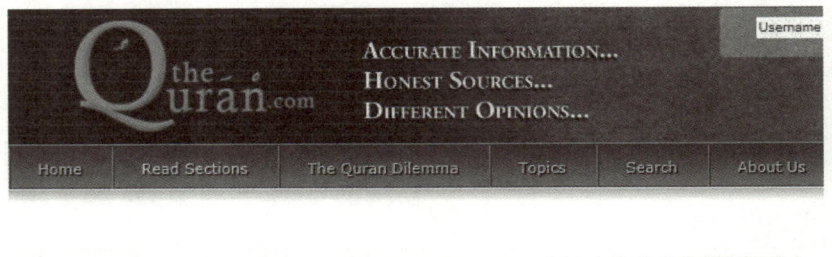

▲ 꾸란의 폐기 구절을 표기한 꾸란(thequran.com)

꾸란에는 일종의 잘못된 계시를 해결하기 위해 폐기된 구절과 이를 대체한 구절들이 있다.

<blockquote>어떤 말씀도 폐기하지 아니하며 망각케 하지 아니하되 보다 나은 혹은 그와 동등한 말씀으로 대체하시나니 … (Sura 2:106).</blockquote>

여기 "대체"라는 동사 '나싸카'는 '폐기하다,' '삭제하다'(delete), '폐지하다'(abrogate), '무효화하다'(invalidate)라는 단어를 의미한다. '나-씨크'('나싸카'의 능동 분사형)는 '삭제하는,' '폐지하는,' '무효화시키는'(것)을 의미한다. '만쑤-크'는 '나싸카'의 수동 분사형으로서 '삭제된,' '폐지된,' '무효화된'(것)을 의미한다. 본문의 의미는 "우리는 이것보다 더 나은 혹은 동등한 구절을 가져온다"이다.

---

4 꾸란에서 구체적으로 취소된 구절들을 표기하고 있다.

이와 같이 대체 교리는 꾸란 구절 간의 모순과 충돌을 제거하기 위해 사용된다. 폐기 교리에 의해 먼저 기록된 계시가 무효화되는 것이다. 즉 "먼저 받은 계시"가 "나중 받은 계시"에 의해 무효화된다. 메디나 계시와 모순되는 먼저 받은 무함마드의 '메카 계시'는 나중에 받은 '메디나 계시'에 의해 폐지되었다.

그러나 무슬림 선교사들은 현지에서 선교를 시작할 때 이미 폐기된 꾸란의 "초기 계시" 구절로 선교한다. 지금 막 한국에도 그런 일이 일어나고 있다. 그런데 꾸란에는 취소된 구절이 대체된 구절과 함께 그대로 들어 있어서 전후 모순이 많고, 역사적 사건들이 뒤죽박죽으로 혼합되있다. 또한 아랍어 꾸란 원본에도 주어에 자주 모호한 대명사들이 많이 나오고, 때때로 목적어가 빠져 있어서 의미가 분명하지 않은 경우도 있다. 그리고 번역자가 내용을 미화하려는 의도로 꾸란의 내용을 고친 부분들이 있다.

이희수 교수는 이슬람이 타 종교에 대해 배타적이지 않기 때문에, 역사적으로 그 어떤 문화권보다도 화해와 공존을 중시해 왔다고 하며 이슬람에 대한 타끼야 평화를 선전한다. 이슬람을 한 손에는 칼, 한 손에는 꾸란이라는 이분법적 잣대로 설명하는 것 자체가 기독교 문화권에서 만들어 놓은 왜곡된 시각이라는 것이다.[5]

이희수 교수는 이미 폐지된 구절로 지하드를 설명하며 지하드는 4가지 점진적인 방식을 거쳐야 한다고 한다. 먼저 가슴, 말, 펜, 그리고 마지막 수단으로 무력을 사용한다. "너희들에게 도전하는 신의 적들을 퇴치하되, 먼저 공격하지 말라. 적들이 휴전을 할 때, 관용과 은총을 베풀라"(Sura 2:191-193)고 한다. 그는 또 이슬람의 어원은 평화와 신에 대한

---

5   강경희, "지하드는 성전아니다," 「조선일보」, 2001.9.14., 7.

복종이라고 하며, 이슬람은 어떤 종교보다 평화를 추구하고 비폭력적 절충과 화해를 강조한다고 주장한다.

> 종교에는 강제가 없느니라. 무엇이 악이고 무엇이 진실인지는 저절로 밝혀지나니(2:256).

> 너희에게는 너희의 종교가 있고, 나에게는 나의 종교가 있음이니라 (109:6).

이러한 꾸란적 근거로 이희수 교수는 이슬람이 다른 민족과 종교에 관용적이라고 한다.[6] 한국이슬람중앙회 이행래 원로이맘(79) 역시 다음과 같이 선전한다.

> 이슬람은 평화의 종교다. 진정한 무슬림(이슬람교도)은 하나님(알라)을 경외하고, 생명을 빼앗거나 종교를 강요하지 않는다. 꾸란(이슬람 경전)의 가르침을 따라 경건한 삶을 사는 신앙인이다.

> 이슬람의 이념은 첫째가 평화다. 그다음이 평등이다. 또 형제애를 중요하게 여긴다. 형제애의 넓은 의미는 인류애이다. 근래 들어 이슬람 하면 떠오르는 단어는 테러, 자살 폭탄, 극단주의, 원리주의 등이다.

이 원로이맘은 이슬람과 무슬림을 이해하지 못한 편견에서 비롯됐다고 토로했다. "너희들에게는 너희들의 종교가 있고, 우리에게는 우리의

---

[6] 이희수, "'신의 계시' 이슬람 경전 '코란'," 「조선일보」, 2001.9.18., 21.

종교가 있느니라"(Sura 109:6)라는 꾸란 구절을 설명한 이 원로이맘은 '종교에는 강제가 있을 수 없다'고 설파한다.

또한 이 원로이맘은 "이슬람은 아랍어로 '순종,' '평화'의 뜻을 담고 있다. 이슬람은 평화를 추구하는 종교로 신앙을 칼로 강요하지 않는다"라고 하며 이야기를 이어갔다. "IS는 이슬람교를 정치적으로 이용하는 정치 집단"이라며 "아주 극소수다. 신앙인으로 볼 수 없다. 꾸란은 이웃의 재산이나 종교, 생명을 빼앗지 말라고 가르친다. 자살도 허락하지 않고 있다"라고 목청을 높였다.[7]

꾸란도 이와 유사한 타끼야 선전을 하고 있다. 이슬람 포교자들은 무함마드가 평화의 사람이라고 선전하기 위해 다음과 같은, 이미 폐기된 구절을 사용한다.

> 불신자들이 거역한다 하더라도 그대를 그들의 감시자로 보내지 아니했나니 그대의 임무는 메시지를 전하는 것이라(Sura 42:48).

다음의 구절 또한 폐기된 구절이다.

> 일러 가로되 내가 새로운 교리를 전하는 자가 아니며 나는 다만 계시된 것을 따르는 자로 분명한 경고자에 불과하니라(Sura 46:9).

위의 구절은 무함마드에 대한 것이다. 그러나 우리는 현재 매스컴에 의해 세상에 널리 알려진 '무슬림들의 테러 사건들'을 목격하고 있다. 이

---

[7] 박성준, "이슬람은 평화의 종교 … 무슬림 왜곡한 IS는 정치집단," 「뉴스천지」, 2016.3.4. (http://www.newscj.com/news/articleView.html?idxno=336585)

모습은 이슬람의 역사 1,400년간 지속되고 있다. 꾸란의 대체 구절에 의하면 무함마드는 전쟁과 약탈과 살해를 일삼고 또 이것을 무슬림들에게 명령하였다. 이 명령은 무함마드가 지켜야만 할 알라의 명령이었다. 꾸란의 대체 구절은 다음과 같다.

> 박해가 사라지고 종교가 온전히 하나님만의 것이 될 때까지 성전하라
> (Sura 8:39).

이 구절의 각주 39-1에는 다음과 같은 해설이 있다.

> 본 절의 피트나(fitnah, 반란, 투쟁)는 하나님을 부정하는 것(쉬르크)으로 지구상에 한 사람의 불신자도 존재하지 아니할 때까지 성전(지하드)해야 한다고 이브누 압바스는 풀이한다.

또 다른 대체 구절의 내용은 다음과 같다.

> 금지된 달이 지나면 너희가 발견하는 불신자마다 살해하고 그들을 포로로 잡거나 그들을 포위할 것이며 그들에 대비하여 복병하라 그러나 그들이 회개하고 예배를 드리며 이슬람 세를 낼 때는 그들을 위해 길을 열어주리니(Sura 9:5).

위의 구절은 살벌한 지하드를 명령하고 있다. 꾸란의 폐기된 평화 구절로 이슬람을 선전하는 무슬림 선전가들은 우리가 사방에서 볼 수 있다. 한국으로 귀화한 파키스탄 출신 무슬림 김강산(본명은 찌마 패설)이 2016년 4.13 총선을 앞두고 새누리당 비례대표 후보에 지원했다. 그는

자신이 당선되면, "무슬림에 대한 오해를 불식시키고 다문화가정 자녀 교육과 재한 외국인들을 위한 정책을 만들겠다"라고 말하며, "이슬람은 생명을 사랑하는 종교이며 평화의 종교라는 것을 알아줬으면 좋겠다"라고 타끼아 평화를 선전하였다.[8]

이와 같은 무슬림들의 타끼야적 평화 선전은 다 열거할 수 없으나 다음의 사진 두 장을 대조하면 설명이 될 수 있을 것 같다.

▲ 타끼야 '평화 종교 선전'의 진면목: 무슬림 이맘의 불신자 살해명령
(blog.daum.net/parkland/15789072)

◀ '이슬람은 평화의 종교'라는 타끼야 선전: 자승 조계종 총무원장과 다정하게 손잡고 찍은 이주화 이맘의 '종교 다원주의적' 모습(blog.naver.com/dreamteller/220604048911)

---

8 http://www.newswinkorea.com/news/article.html?no=445

이외에도 꾸란에는 꾸란 실체의 모순된 사실을 감추기 위한 '질문 금지령'이 있다. 진리를 알기 원하는 자에게 "꾸란 계시"에 관해서 질문을 금하고, 꾸란 번역조차도 금한다.

> 믿는 자들이여 분명한 것은 묻지 말라 했으니 그것이 오히려 해롭게 하느니라 또한 꾸란이 계시되는 것을 묻는다면 이는 더욱 너희들에게 해악이라 … 너희 이전의 한 무리가 그러한 질문을 하였으니 그들은 그로 인하여 불신자들이 되었노라(Sura 5:101-102).

위와 같이 꾸란은 질문을 엄격히 금하고 있다. 일반적으로 번역된 꾸란 책 표지에 "꾸란 해설"이라는 제목이 곁들여 있듯이, 무슬림들은 번역 꾸란은 경전이 아니고 오직 아랍어 원본만 경전이라고 한다. 그 이유에 대해서 말하기를, '번역 꾸란'은 번역자가 첨삭한 것이기 때문이라고 한다. 그러므로 다수 무슬림들은 뜻을 알지 못하고, 묻지도 못하고, 꾸란을 소리 내어 읽거나 외우기만 한다.[9]

이희수 교수는 "적대적 고정관념으로 왜곡된 서아시아—이슬람권"[10]이라는 그의 논문에서 우리 청소년들에게 편견 없이 세계 문화를 바라보는 시각을 제공하자는 목적으로 과거의 교과서에 나타난 이슬람 역사와 문화를 분석—수정하였다. 우리는 교과서 개정을 통해서 이슬람의 이미지를 긍정적으로만 각인시키는 이슬람 교육 선교와 타끼야 전략의 위험성을 발견한다.

---

9 이만석 · B. H. Eldin, 『왜 대부분의 테러범은 무슬림인가?: 이슬람의 취소 교리와 대체 교리』(4HIM, 2016), 2.
10 이옥순, 이태주, 이평래, 이종득, 이희수, 『오류와 편견으로 가득한 세계사 교과서 바로잡기』(서울: 삼인, 2007).

1. 이슬람의 신 명칭과 무함마드 "신성 모독"

이희성은 "적대적 고정관념으로 왜곡된 서아시아—이슬람권"라는 논문 192쪽에서 이슬람의 신 개념을 '알라 신'이 아니라 '알라'라고 당연한 지적을 하였다. 그런데 그는 "신이나 예언자의 형상을 그림이나 조각으로 만들어 신성시하는 것도 우상 숭배로 여긴다"라고 하며, '알라의 형상을 그릴 수 없다'고 주장했다. 아울러 "무함마드의 얼굴을 그리는 것은 심각한 신성 모독이다"라고 주장하였다.[11]

이 주장 자체가 모순된 것으로 나타난다. 그의 주장과 같이 어떤 인간도 하나님의 얼굴을 그릴 수 없다. 우리는 무슬림들이 '알라'를 그리지 않도록 요구하는 바는 바로 수긍할 수 있다.

그러나 무함마드는 신이 아님으로 무슬림들이 그를 신성시하지 않는 것이 올바르지 않은가?

이희수 교수의 "무함마드의 얼굴을 그릴 수 없다"라는 말은 무함마드를 신성시해야 된다는 말로 들린다.

무함마드는 원래 신성이 없는데, 그의 얼굴을 그리는 것이 "신성 모독"이라고 하는 말은 모순이 아닌가?

신학적으로 우리는 형상을 가지고 있는 모든 피조물을 그릴 수 있다. 예수 그리스도를 하나님의 아들이심과 하나님과 동일한 본질로 알고 있는 우리는 예수 그리스도의 성육신 이전이나 부활 이후의 영광은 감히 그려낼 수 없음을 잘 안다. 그러나 인간의 모습으로서의 성육하신 예수 그리스도는 그려도 된다. 하물며 무함마드는 하나의 피조물이기 때문에

---

11 이희수, "적대적 고정관념으로 왜곡된 서아시아—이슬람권,"『오류와 편견으로 가득한 세계사 교과서 바로잡기』(서울: 삼인, 2007). 192.

원칙적으로 그의 모습을 그려도 되는 것이다.

그러나 "무함마드의 얼굴을 그리는 것이 신성 모독이기 때문이 아니라, 그저 무슬림들이 무함마드의 얼굴을 그리지 않는 바를 존중해 달라"라고 한다면, 이를 존중해 줄 수는 있는 문제라고 생각된다.

이희수 교수가 이슬람에 과잉 충성하여, 혹시 무함마드의 얼굴을 그린 자들이 신성 모독 죄로 정죄 받게 되는 상황에 처하지 않게 하기를 바란다. 그러나 이희수 교수가 언급한 '신성 모독 죄'는 무함마드의 얼굴을 그렸기 때문이라기보다는, 정부를 전복하려는 선동자와, 혼전 성관계, 간통, 강간, 절도 등을 행한 자와, 이슬람을 공격하거나 알라와 무함마드에 대항하거나 무슬림을 이슬람 신앙에서 이탈시키거나 이슬람 국가를 약화시키고자 하는 중죄(hudud)인을 처벌하는 죄목이다.

이슬람에서는 무슬림을 신앙에서 이탈시키는 자를 살인자보다 더 중한 죄인으로 판정한다. 중죄에 해당하는 자는 판사에 의해서 총살형, 교수형, 참수형, 십자가형, 오른손과 왼발이 잘리는 형 등을 선고받는다. 그러나 **외국인**은 대사관의 적극적인 석방 요구로 중재할 때 이슬람 국가로부터 추방을 당하게 된다.[12] 이러한 중죄인 형벌에 관한 샤리아는 꾸란에 근거하고 있다.

> 실로 하나님과 선지자에 대항하여 지상에 부패가 도래하도록 하려하는 그들은 사형이나 십자가에 못 박히거나 그들의 손발이 서로 다르게 잘리우거나 또는 추방을 당하리니 이는 현세에서의 치욕이며 내세에서는 무서운 징벌이 그들에게 있을 것이라(Sura 5:33).

12　Abd al-Masih, *Die harten Strafen des Islams, Die Gesetzgebung im Qur'an*(*Die Qur'anische Schari'a*) (Medienabteilung der EUSEBIA gGmbH, 2001), 3-6.

2. 전근대적 일부다처제는 서구식으로 급속히 변화된다?

이희수는 위의 논문 194쪽에서 무슬림의 "일부다처나 신체에 손상을 끼치는 형벌 제도, 여권탄압 같은 전통적인 악습과 전근대적인 문화 현상"은 오늘날 급속히 변화되어 서구식 세속화 모델을 따르고 있다고 주장한다.

자힐리야 시대의 문화적 여성은 보석과 향수로 치장하고 여성 성직자, 전사, 지도자도 되고 무함마드의 첫째 부인처럼 큰 사업을 경영하며 남성과 동등한 삶을 누렸다. 소수의 부자만 일부다처를 실행한 증거가 있다.[13]

그러나 이슬람의 일부다처제는 모든 무슬림들의 표본이 되는 교조(教祖) 무함마드로부터 시작된 것이며, 이슬람 경전이 지시한 것이다. 무함마드의 일부다처제에 관해서는 백석대학교 이정순 교수가 가장 예리하게 파헤쳤다. 무함마드의 부인들은 학자들에 따라 숫자적 차이를 보이지만 12~22명으로 전해지고 있다.[14] 유명한 이슬람 학자 이븐 히샴은 무함마드의 부인들을 14명으로 전한다.[15] 무함마드의 부인들에 관해서는 이정순 교수의 연구를 참고하면 잘 간파할 수 있다.[16]

---

13 이정순, 『이슬람 문화와 여성』 (서울: CLC, 2007), 17-20.
14 무함마드 부인들의 숫자적 차이는 정식으로 결혼한 부인들 11-12명 중에는 자이납이라는 이름의 동명 2인과, 그 외에 선물로 받은 여자 노예와 "오른손이 소유한 것"이라는 여자 노예들과의 모호한 관계들을 합해서 계산되기 때문에 나타나는 차이들이다.
15 이정순, 20f.
16 이정순, 21-35. ① 카디자 빈트 쿠와이리드(Khadija bint Khuwaylid)는 메카에 중요한 무역회사를 설립하고 동방과 남아라비아에서 향료와 비단을 수입하여 시리아와 팔레스타인에 수출하는 영향력 있는 무역가였다. 그녀는 40세에 25세의 무함마드와 결혼하여 일곱 자녀를 생산하고, 그 자녀들의 이름은 Qasim, Tayyib, Tahir, Zaynab, Ruqayya, Umm Kalthum, Fatima였는데, Fatima를 제하고는 모두 유아기 때 죽었다(pp. 21f.). 그녀는 620년에 사망하였다. 그는 첫 번째로 이슬람으로 개종한 신도였다. ② 사우다 빈트 자마아(Sawda bind Zam'a)는 무함마드의 첫 번째 부인 카디자가 죽자, 약 2개월 후에 무함마드와 결혼하고 무함마드의 자녀들을 낳았다. ③ 아이샤 빈트 아부 바크르(A'isha bint Abu Bakr)는 메카의 부유한 상인이며 후에 첫 번째 칼리프가 된 마부 바크르의 딸이다. 620

년 아이샤가 6세가 되자 무함마드의 청혼을 받고, 9세에 54세가 된 무함마드의 셋째 부인이 되었다. 그녀는 남편의 가장 총애 받는 유일한 처녀 신부였다. 아이샤는 무함마드 사후에 4대 칼리프인 알리를 대항하는 '낙타 전투'(낙타 전투는 아이사가 3대 칼리프인 우스만[Uthman]이 살해당하자 그 책임을 알리에게 묻는 반란이었다[p. 25])를 진두지휘하였다. ④ 하프사 빈트 우마르(Hafsa bint Umar). 56세의 무함마드가 아이샤와 결혼하고 3개월 후에 약 626-27년 다시 제3대 칼리프가 된 우마르의 딸인 20세의 미망인 하프사와 결혼하였다. 그녀의 남편은 메디나와 메카 간의 전쟁인 바드르 전투에서 사망하였던 것이다. 하프사는 아버지의 필사본(아브바크르의 꾸란 원본)을 3대 칼리프인 우스만에게 물려준 사람이다. ⑤ 자이납 빈트 쿠자이마(Zainab bint Khuzaina)는 바드르 전투에서 죽은 무함마드의 사촌 우바이다의 과부이며, 그녀는 226-227년 30세의 과부로 56세의 무함마드와 결혼하였다. ⑥ 움무 살라마(Umm Salama)는 29세의 과부이며 미모와 지성이 뛰어나고 제4대 카리프 알리와 좋은 관계를 유지하여, 시아파 문헌에는 "이상적인 여인"으로 기록된 여자이다. ⑦ 자이납 빈트 자흐시(Zaynab bint Jahsh)는 원래 첫째 부인 카디자가 무함마드에게 선물한 남자 노예 자이드의 부인이었다. 자이드는 무함마드의 양자가 되었기 때문에 자이잡은 무함마드의 며느리였다. 그는 "가장 아름다운 여인"으로 알려졌다. 무암마드는 자이드를 양자 관계를 폐지하였다(Sura 33:4-5). 그리고 자이드와 자이납의 이혼이 이루어진 후에 자이납과 결혼하였다(Sura 33:37). 무함마드가 자기 며느리와 결혼한 것으로 인해 그의 부도덕성에 관한 많은 비난이 있었다. 이때 베일을 의무화하는 "계시"가 내렸다(Sura 33:53). ⑧ 주와이리아 빈트 알하리스(Juwairiyya bint al-Harith)는 627년 무함마드가 무스타리크(Mustariq) 부족을 습격하고 얻은 전리품 중에서 무함마드가 차지한 20세 미모의 여자 노예이다. 그의 원명은 바르라(Barra)였다. ⑨ 사피아 빈트 후야이(Safiyha bint Huyayy)는 629년 전리품으로 얻은 바누 나드르(Basu Nadr)의 추장 후야이 이븐 카탑(Huyayy ibn Akhtab)의 딸이며 17세 미모의 여인이었다. 그 남편은 참수되었고, 바로 그 날 밤에 무함마드는 사피아와 결혼하였다. ⑩ 움무 하비바(Umm Habiba)는 라므라 빈트 아비 수피안(Ramla bint Abi Sufiyan)이라고도 불리운다. 그녀의 두 번째 남편 우바이드 알라 이븐 자흐쉬(Ubaid Allah ibn Jahsh)는 이티오피아에서 살다가 기독교로 개종하였다. 움무는 메카의 수장 아부 수피안(Abu Sufyan)의 딸이며, 메디나에 살다가 35세 때 60세의 무함마드와 결혼하였다. 무함마드는 그녀와의 결혼으로 메카와의 관계를 개선시킨 것이다. 그녀의 오빠 무아이야(Muawiyah)는 알리의 경쟁자였고, 후에 칼리프가 되었다. ⑪ 콥티교도 마리아(Maria, the Copt)는 유대인이었고 628-29년에 알랙산드리아 대주교 알 무까와끼스(al Muqawqiss)가 무함마드에게 시린과 함께 보낸 두 노예 중에 하나였다. 60세의 무함마드는 20세의 마리아와 결혼하여 3년 같이 살았다고 한다. 그러나 무함마드는 부재중인 부인 하프사 방에서 마리아와 사랑을 나누다가 하프사에게 발각되어 그의 부인들과 부인들의 가족들과 대 충돌을 겪은 일이 있다(Sura 66:1). 마리아는 이브라힘을 낳았으나 그 아이는 18개월 후에 죽었다. ⑫ 마이무나 빈트 알 하리스(Maimuna bint al-Harith)는 무함마드의 삼촌 압바스(Abbas)의 처제였다. 압바스는 당시 이교도였고 대 무역가였는데 그의 처제 마이무나를 무함마드에게 주었다. 그로 인해 압바스의 권력은 증대했고, 후에 압바스의 증손자는 바그다드에 왕조를 세웠다. ⑬ 라이하나 빈트 자이드 이븐 아므르(Rayhana bint Zayd ibn Amr)는 유대인 부족이었고 그의 남편과 친구들이 모두 전쟁에서

A.D. 6-7세기에 발생한 이슬람의 교조(敎祖) 무함마드의 일부다처(polygamy)를 통해 미성년 아이로부터 10-30대의 젊고 아름다운 과부들과 전리품-노예들까지 취하여 "알라의 허락하"에 거의 무제한적인 특권으로 육적 쾌락을 누리고, 정치적 목적까지 달성하였다(Sura 33:50). 이러한 교조의 윤리-도덕적 실례는 오늘날 무함마드를 본보기로 따르는 많은 무슬림들에게 지대한 영향력을 행사하고 있다. 그것을 입증하는 자료는 이영선이 번역한 사우디 공주의 친구 진 세손(Jean Sasson)의 『술타나』(*Princess: A True Story of Life Behind the Veil in Saudi Arabia*, 서울: 문학세계사, 2002)이다.

이슬람의 일부다처제는 이희수 교수가 주장하는 바와 같이 과거적 현상만이 아니다. 몇 해 전에 필자가 몇 명의 자매들과 같이 UAE의 한 무슬림 가족을 방문한 경험이 있는데, 한 경찰의 가족이었다. UAE의 한 경찰의 아버지는 본국과 타국 곳곳에 11명의 부인을 두고 있다는 것을 자랑하였고 자기 형님도 아버지처럼 세계 가는 곳마다 아내들이 있다고 자랑하였다. UAE의 일부다처제는 숫자적 제한을 별로 받지 않고, 정부의 후원으로 매번 성대한 일부다처 예식을 치른다고 하였다.

이희수 교수는 위의 논문 198쪽에서 "이슬람 사회는 원칙적으로 일부일처이고 전쟁과 자연재해 같은 특수한 상황에서 여성의 생계 보호를 위해 일부다처를 허용한다"고 주장하나, 그것은 사실을 상당히 미화한 것이다.

실제로는 일부다처가 이슬람 중동에서 보편적이고, 한국에 이제 막 이슬람의 선교가 시작되면서부터 벌써 이태원에 한 파키스탄 무슬림의 둘

무함마드에게 살해되었다. 전쟁 포로 롸이하나는 무함마드가 택한 전리품이었다. 그의 개종 여부에 관해서는 논란이 있고, 그녀는 무함마드보다 먼저 죽었으며, "믿는 자의 어머니" 반열에 속하지 못했다.

째 부인이 되어 식당을 차려 영업하는 모집사라는 한국 여성도 있고, 한국에 정착할 목적으로 일부다처를 시행하는 무슬림 남성들도 많이 있다는 것이 인터넷 자료를 통해 잘 알려지고 있다.[17] 이슬람 사회가 사실은 "원칙적으로 일부다처제"인 것을 그들의 '경전' 꾸란이 증거한다.

> … 좋은 여성과 결혼하라 두 번 또는 세 번 도는 네 번도 좋으니라. 그러나 그녀들에게 공평을 베풀어 줄 수 없다는 두려움이 있다면 한 여성이거나 너희 오른손이 소유한 것이거늘 그것이 너희를 부정으로부터 보호하여주는 보다 적합한 것이라(Sura 4:3).

Sura 4:3의 "오른손이 소유한 것"으로 호칭된 존재는 알라가 준 노획물로써 전쟁포로이며 여성 노예를 의미한다(Sura 4:3, 24).[18] 꾸란의 인간은 알라의 창조물이지만 '하나님의 형상'은 아니다. 여성 노예들은 인격이라 할 수 없는 하나의 물건과 비슷한 대우를 받고 있는 것이다.

여성 인권탄압에 관해서는 꾸란에 기록된 매춘에 관한 법에서 볼 수 있듯이 꾸란은 젊은 여자 노예들에게 매춘을 시켜서 돈벌이를 하는 소유주들에게 그녀들이 원치 않을 경우에는, "현세의 이익을 얻으려 하녀들에게 간음 행위를 **강요**하지 말라 그들은 순결을 지키고자하니라 …"(Sura 24:33)라고 명한다. 그러나 무슬림들은 이러한 "꾸란 계시"를 젊은 여자

17　http://www.missiontoday.co.kr/archives/3145
　　http://bbs1.agora.media.daum.net/gaia/do/debate/read?articleId=92446&bbsId=D104
18　『성 꾸란 의미의 한국어 번역』, 최영길 역 (파하드 국장 성 꾸란 출판청, 1999), 24:1, "이미 결혼한 여성과도 금지되나 너희들의 오른손이 소유한 것은 제외라. 이것은 하나님의 명령이며 …." Surah 4:25 각주 25-1, "너희들의 오른손이 소유한 것'이란 '지하드'나 전쟁의 포로를 의미할 뿐 개인의 재산이나 소유물이라는 뜻이 아니다. 전쟁의 포로나 모든 전리품은 그 공동사회에 귀속되기 때문이다 …."

노예가 거부하지 못할 경우 이를 통해 돈벌이를 해도 된다는 뜻으로 이해한다.

3. 전근대적 "신체에 손상을 끼치는 형벌 제도"는 서구식으로 급속히 변화된다?

이희수 교수의 "신체에 손상을 끼치는 형벌 제도가 서구식으로 변화된다"는 주장은 이 일이 다만 전근대적 과거의 사실이었다는 뜻이다. 그러나 실상은 이와 달리 신체에 손상을 끼치는 이슬람 형벌 제도는 중동에서 개종자들이나 비무슬림들에게 대하여 매우 혹독하게 진행되고 있다.

육체 상해와 여권 탄압은 전근대적인 문화 현상만이 아니라 꾸란을 따라 사는 현대 중동 이슬람권에서 일어나는 현상으로서, 그것은 꾸란을 기초로 형성된 이란의 형법에서 볼 수 있다. 이슬람법(샤리아)은 도둑질, 살인, 상해, 간통, 폭행, 배교, 보복 살해 등에 대한 "육체 상해"와 "피 값 지불"에 관해서는 아주 상세히 다루고 있다.[19] 또한 개종자 살해나 여성 탄압의 사실은 현재 DVD, 매스컴, 논문, 리포트들을 통해서 쉽게 접할 수 있다.

1) 간통과 명예 살인

형법의 실행 여부를 떠나서, 간통한 사람에 대한 시아파 이슬람 형법 제102조는 남자는 허리까지 여자는 가슴아래까지 땅에 파묻고 투석하

---

19 Abd al-Masih, *Die harten Strafen des Islams*.

라고 명시한다. 이란 형법 제99조는 투석 순서를 규정하고 있다. 간통한 자에게 판사가 먼저 투석하지만, 목격자들이 있을 때는 목격자들이 먼저 투석하고 그 다음에 판사가 한다. 그 형법 104조는 그 투석하는 돌은 너무 크지도 않고 너무 작지도 않아서 죄인이 빨리 죽지 않도록 해야 한다고 지시한다. 형법 91조에 의하면 간통한 임산부는 아기를 날 때까지 투석을 미룬다.[20]

이슬람의 이러한 가혹한 형법을 보면 이희수 교수가 이슬람법이 신체에 손상을 끼치는 형벌 제도를 부인한다는 주장은 거짓된 것이다.

유엔인구활동기금(UNFPA)은 연간 무려 전세계에서 5,000명의 여성이 명예 살인으로 희생된다고 발표했다.[21] 「인터내셔널 헤럴드 트리뷴」(*International Herold Tribune*) 2006년 7월 13일자에서는 "바트만 지역의 무슬림들은 자신의 딸들이 남성을 쳐다보거나 영화관에 출입하거나 짧은 치마를 입는 것을 가문의 수치로 여겨 자살을 요구한다"라고 하였다.[22]

무슬림 여성들은 실제로 "성구별"이 아니라 극단적인 "성차별"로 인하여 상상을 초월하는 고통을 당하고 있는 것이다. 무슬림들의 여성 학대에 관해서는 앞서 언급한 『술타나』를 읽어보면 잘 알 수 있다.[23]

「요르단 타임스」의 기자인 라나 후세이나는 이슬람 지역의 "명예 살인"에 관해서 심각하게 고발하고 있다. 1994년 오빠에게 강간당한 친 여동

---

20 Abd al-Masih, *Die harten Strafen des Islams*, 8.
21 이정순, 67.
22 이정순, 80.
23 현실적으로 무슬림 여성들은 남편에게 불순종하여 매를 맞거나 쉽게 이혼당하거나 첩을 얻을 수 있기 때문에 불안한 나날을 보내며 살며, 일부다처제로 인한 무슬림 부인들과 그리고 그 이복 자녀들의 시기와 질투로 인하여 많은 괴로움을 당하고 있다. 현재 한국에서도 동남아 무슬림 노무자와 결혼한 후 매를 맞거나, 이혼하였거나, 자녀를 남편의 나라에 감쪽같이 데려가서 아이를 잃어 호소하는 사례들이 있다.

생을 그 집안 식구가 살해한 것과, 1998년 임신한 언니를 도우러 갔다가 형부에게 강간당한 동생을 오빠가 총으로 살해한 사실을 기사화하였다. 그는 세계 곳곳에서 일어난 80건의 명예 범죄에 관한 사실을 세상에 알렸다. 여자 가족을 권총으로 살해한 남자는 오히려 감옥에서 영웅 대접을 받고 6개월 이내로 자유의 몸이 된다. 라나의 질문은 이것이었다.

"강간한 사람은 오빠인데 그 살해당한 사람은 왜 오빠가 아니고 여동생이었는가?"

요르단에서는 이슬람권 내에서 역사상 처음으로 "명예 범죄 반대 시위"가 있었다.[24] 그들의 호소 내용은 "처녀성 빼앗겼다고 여성을 죽여도 되는가," "처벌하려면 남녀 모두 처벌하라," "명예 범죄 반대한다! 악법 340조 폐지하라"였다.

요르단에서 명예 범죄의 오명으로 살해된 희생자가 지난 5년간 160명이나 되며 그들 대부분이 10대 소녀들이었다고 한다.[25] 또 「조선일보」 2000년 4월 13일자와 9월 22일자를 보면, 전 세계 이슬람 국가에서 명예 살인으로 살해당한 여성들이 한 해 동안에 5,000명이나 된다고 한다.

간통죄는 여성 혼자만의 범죄가 아닌데, 왜 간통자 여성과 함께한 간통자 남성은 명예 범죄에 해당되지 않는가?

이러한 현실 앞에서 이슬람 세계가 서구화되어감으로 인해 여성 인권을 옹호한다고 할 수 있는가?

이렇게 명예 살인이 이슬람권에서 대거 발생하고 있는 이유를 이정순 교수는 잘 지적하였다. 이는 그들 삶의 가치가 인간 생명의 존엄성에 있

---

24 이 시위는 전무후무한 여성시위로서 요르단이 세계의 이목을 의식하므로 허용한 시위였다고 사료된다.

25 김동문, 『러브엠이쩜컴(LoveMe.com)』 제 298호, 한국인터서브.

는 것이 아니라, 인간의 명예와 체면에 있기 때문이다. 인간 명예의 치명적인 타격은 죄악이 아니라 수치이다. 무슬림 남성과 이슬람 가정의 명예는 여성의 순결성에 있다. 여성의 순결 상실은 가족의 체면에 치명적이다. 그러므로 가족의 체면을 회복하기 위해서 가족의 명예를 실추시킨 자를 살해한다. 강간 가해자는 남성이지만 가족의 명예를 실추시킨 것은 여성이기 때문에 여성에게 명예 살인이 가해진다. 또 명예 살인 죄에는 경미한 형벌이 가해진다. 명예 살인을 뒷받침하는 꾸란 구절은 Sura 4:34이다.[26]

> 남성은 여성의 보호자라 이는 하나님께서 여성들보다 강한 힘을 주었기 때문이라 남성은 여성을 그들의 모든 수단으로써 부양하나니 건전한 여성은 헌신적으로 남성을 따를 것이며 남성의 부재시 남편의 명예와 자신의 순결을 보호할 것이라 순종치 아니하고 품행이 단정치 못하다고 생각되는 여성에게는 먼저 충고를 하고 그 다음으로는 잠자리를 같이 하지 말 것이며 셋째로는 가볍게 때려줄 것이라 …(Sura 4:34).

일반적으로 비무슬림들의 정서로는 살해자가 혐오와 수치의 대상이 되나, 이슬람에서는 그 명예 살인자로 인해서 명예가 회복되는 것이다.

2) 절도범에 대한 잔인한 형법

절도범에 대한 샤리아 형법 역시 꾸란에 근거하고 있다. 일례로 Sura 5:38은 아래와 같이 명하고 있다.

---

[26] 이정순, 67-73.

> 물건을 훔친 남녀의 손을 자르라 이는 그 두 손이 얻은 것에 대한 하나님
> 의 벌이거늘 하나님은 전능과 지혜로 충만하심이라(Sura 5:38).

이란의 형법(샤리아) 제201조는 도둑질한 사람의 오른쪽 손가락 4개만 자를 것을 규정하고 있다. 두 번째 도둑질에는 '발의 앞부분'(Vorderfuß) 만 잘라서 발등의 절반과 발뒤축은 남아 있게 한다. 일반적으로 이슬람 법은 오른손 잘린 사람이 다음에 또 도둑질을 하면 왼발을 자른다. 도둑 질이 그래도 계속되면 그 다음에 왼손, 그 다음에 오른발의 순으로 자른다. 도둑질 한 자의 손이나 발을 다 자르는가, 아니면 꾸란에 발을 자르라는 명은 없기 때문에 손만 자르는가, 아니면 일부를 남겨두는가에 관해서는 법학자들의 법 해석에 따라 다르다.[27]

이란, 이라크, 수단에서 도둑질을 한 사람의 손 또는 발까지 잘린 예를 볼 수 있다. 그 손발이 잘린 사람들은 알라의 형벌을 이미 받았기 때문에 무슬림 공동체에서 소외되지 않는다.[28] 성경이 "만물보다 거짓되고 심히 부패한 것은 마음이라"(렘 17:9)라고 지적한 바와 달리, 꾸란이나 이슬람 법은 인간의 부패된 속마음에 관한 문제는 상관하지 않는다.

3) 개종자 살해

꾸란에는 온건하고 평화적인 구절인 Sura 2:256, "종교에는 강요가 없나니 진리는 암흑 속으로부터 구별되니라"는 비무슬림에 대한 무조건적 공격과 살해 명령으로 대체되었다(Sura 8:12; 60:1; 4:89; 9:5; 47:4; 22:78).

---

27 Abd al-Masih, *Die harten Strafen des Islams*, 16.
28 Abd al-Masih, *Die harten Strafen des Islams*, 13-16.

[개종시키는 자를] 포획하고 그들을 발견하는 대로 살해할 것이며 친구나 후원자를 찾지 말라(Sura 4:89).

금지된 달이 지나면 너희가 발견하는 불신자들마다 살해하고 그들을 포로로 잡거나 그들을 포위할 것이며 그들에 대비하여 복병하라…(Sura 9:5).

너희가 전쟁에서 불신자들을 만났을 때 그들의 목들을 때리라. 너희가 완전히 그들을 제압했을 때 그들을 포로로 취하고 그후 은혜로써 석방을 하던지 아니면 전쟁이 종식될 때까지 그들을 보상금으로 속죄하여 주라…(Sura 47:4).

또 개종자들에 대한 핍박과 투옥과 사형으로인해 현재 이란, 파키스탄, 동남아시아, 북아프리카 등의 지역에서 진행되고 있는 인간의 신체에 손상을 끼치는 형벌 제도는 세상에 널리 알려져 있다.

4) 보복 살해

꾸란은 또 보복 살해를 명하고 있다. 알라는 예수 그리스도의 사랑과 대속의 은혜로 말미암는 용서와 사랑과 구원 대신에 인간에게 보복의 법을 주었다. 이란의 형법은 살인을 금하고 있으나, 보복 살해에 대해서만은 살해를 허용할 뿐 아니라 수행해야 할 의무로서 선고하고 있다.[29] 보복 살해는 반드시 공정하게 행해져야 한다.

그러므로 이란 샤리아는 위의 구절들을 근거로 보복법을 규정하고

---

29 Sura 17:31은 "정당한 이유 없이 사람을 살해하지 말라"라고 명하고 있다.

있다. 이란의 샤리아 제209조는 한 무슬림 남자가 한 무슬림 여자를 살해했을 경우에 그 여자의 씨족은 그 살해한 남자에게 보복 살해를 하기 전에 먼저 피 값의 반을 그 남자에게 지불해야한다. 여자의 몸값은 남자 몸값의 반에 해당되기 때문이다.[30] 이것이 이슬람 형법으로 공정한 처벌이다. 여자의 가치는 남자의 반에 해당한다(Sura 2:228; 4:11, 176). 피해자 가족 모두가 문서상으로 보상금으로 대체하기로 결정하면 이란의 형법으로 피의 보복은 성사되지 않을 수 있다.

그러나 그중에 한 사람이라도 이를 반대하면 보복 살해는 반드시 시행해야 한다. 여러 무슬림들이 하나의 무슬림을 죽였을 때는 모든 참여한 무슬림들을 죽인다. 그러나 보복 살해를 하기 전에 일부의 피 값을 그들에게 지불해야 한다.[31]

> 하나님은 그들에게 명령하여 생명은 생명으로 눈은 눈으로 코는 코로 귀는 귀로 이는 이로 상처는 상처로 대하라 했으니 …(Sura 5:45).

> 믿는 자들이여 살인의 경우 자유인 대 자유인 종복 대 종복 여성 대 여성으로 동등한 처벌규정이 기록되어 있노라 …(Sura 2:178).

이희수 교수가 신체에 손상을 끼치는 형벌 제도 같은 전통적인 악습과 문화 현상은 오늘날 급속히 변화되어 간다고 하는 주장은 꾸란과 샤리아

---

30 Abd al-Masih, *Die harten Strafen des Islams*, 21. 꾸란은 대속도 사랑도 없는 알라가 심판 날에 인간의 모든 행위를 저울에 달아 계산한다고 가르친다. Sura 21:47에 "하나님은 심판의 날 공정한 저울을 준비하나니 어느 누구도 불공평한 대우를 받지 않도록 함이라. 비록 겨자씨만한 무게일지라도 그분은 그것을 계산하리니 계산은 하나님만으로 충분하니라"
31 Abd al-Masih, *Die harten Strafen des Islams*, 21.

의 가혹한 형법을 은폐하려는 것으로 보인다.[32]

꾸란을 기초로 하고 있는 이슬람 형법의 "신체에 손상을 끼치는 형벌제도"는 이희수의 주장과 같이 변화되는 것이 아니다. 왜냐하면 꾸란에서 알라가 그것을 명하고 있기 때문이다.

5) 성전과 자살 테러

이희수 교수의 평화스러운 이슬람에 대한 진술과는 달리, 이슬람 원리주의자들의 신앙적 배경은 그들의 경전인 꾸란에 근거한다. 그러므로 그들은 알라의 명령에 복종적으로 "성전"을 감행한다.

무슬림들은 "성전"하는 동안에 전사한 것을 "순교"라고 하는데, 이 순교자들은 알라가 모든 죄악을 "속죄"해 주고 그 보상으로 강이 흐르는 천국으로 직행하게 해준다고 믿는다(Sura 3:157f, 169, 195; 61:11f.). 그러므로 어린이 "자살 특공대"를 교육하는 가자 지구에 있는 한 학교에서는 12-15세의 어린 소년들에게 "자살 테러로 목숨을 잃으면 바로 그 순간 신이 있는 곳으로 올라가 70명의 아름다운 처녀들로부터 시중을 받게 된다"라고 가르치고 있다.

이슬람 원리주의자들의 의미로는 "자살 테러" 행위가 전사나 자살이 아니라 "순교"이다. 최근에 실시한 10-11세 어린이들을 대상으로 한 이 "자살학교"의 여론조사 결과는 이들 중 15%가 "순교자가 되는 것이 꿈"이라고 대답하였다고 한다(「일요신문」, 2001.9.23., 14-15).

---

[32] 우리 주변에 사우디아라비아에 건설 업무차 다녀온 한국인들이 있다. 필자는 수도 리야드 중앙에 서 있는 속칭 '할라스'('끝났다'라는 뜻) 대 광장에서 매일 행해지는 참수 광경을 목격하고 사흘 동안 식사를 하지 못했다고 하는 한국인의 고백을 들은 일이 있다.

이슬람에는 테러를 감행한다는 의식이 없다. 그 대신에 이교도들과 "성전"을 한다는 이슬람 원리주의자들의 의식이 있다. 성전은 꾸란의 원리를 따라 행해야 하는 무슬림 남성들의 의무에 속한 것이다. 이슬람 원리주의자들은 9.11 테러 감행을 통해서 자신들의 작은 힘으로 강대국을 대항하였다는 것 그 자체로 자신들의 실추된 명예와 체면이 다소라도 회복되었다고 느끼고 있는 것이다.

현재 구라파에서 연쇄적으로 발생하고 있는 무슬림 극단주의자들의 테러 행위는 매스컴을 통하여 속속히 알려지고 있다. 이슬람 급진 무장 세력 IS가 프랑스 니스에서 사망자 80여 명과 부상자 3백여 명을 낸 트럭 테러는 IS 전사가 수행한 것이라고 밝혀졌다. 프랑스 외무부는 2016년 7월 19일(현지 시간) 84명의 테러 희생자 가운데 38명이 19개국의 외국 국적자로 확인됐다고 발표했다.[33]

IS의 테러는 독일의 작은 마을 안스바하에서도 자행되었다. 24일 밤, 시리아 청년 모하마드 다릴이 한 식당에서 폭탄 테러를 감행하였고, 중상자 4명을 포함한 15명이 부상을 입고 사망하였다. 그는 2년 전 독일로 건너왔지만 1년 전 난민 신청에서 탈락해 망명에 실패한 것에 대한 복수를 감행한 것이었다.[34] 2016년 7월 20일에는 극단주의 무장 세력 '이슬람국가'(IS)가 독일 남부 바이에른 주에서 18일(현지 시간) 일어난 '도끼 테러'를 저지른 범인이 IS 요원이라고 밝혔다.[35]

---

[33] 이수민, "희생자 84명 가운데 38명 외국인," 「서울경제」, 2016.7.20. (http://www.sedaily.com/NewsView/1KYXT9P9UJ); http://www.ytn.co.kr/_ln/0104_201607170112222882?dable=10.1.4

[34] 강신우, "독일 자폭테러 청년의 마지막 메세지...이슬람국가(IS) 2년의 현주소," 「서울경제」, 2016.7.26. (http://www.sedaily.com/NewsView/1KZ0MLGK8K)

[35] 연유진, "IS '獨 도끼 공격자는 우리 전사'…독일사회에 긴장감 고조," 「서울경제」, 2016.7.20. (http://www.sedaily.com/NewsView/1KYXT4N0ZB)

　미국 CNN 방송은 지난 2014년 6월 29일(현지 시간) IS가 국가 수립을 선포한 이래 북미 대륙에선 총 8차례 테러가 발생했고, 유럽에선 총 18차례 테러가 일어났으며, 중동과 북아프리카 지역에서는 IS에 의한 테러가 82건이나 발생했다고 보도하였다. 또한 2013-2014년 기간에만 IS 테러로 29개 나라에서 2,000여 명이 살해됐고, 화기와 폭발 물질은 물론 차량과 칼 등 여러 도구로 '소프트 타깃'(민간인)을 노린 IS의 무차별 테러로 전 세계가 공포에 떨고 있다고 보도하였다.[36]

---

36 강신우, "IS 테러, 모두 분석해봤더니…29개 나라에서 2,000여명 살해,"「서울경제」, 2016.7.26. (http://www.sedaily.com/NewsView/1KZ0KAJNR1)

미국 연방수사국(FBI)은 "이슬람 극단주의 무장단체 IS가 패배하면 추종자들이 흩어져 오히려 활동 지역이 확대되는 '디아스포라'(diaspora) 현상이 발생해 전 세계가 테러 위험에 노출될 수 있다"고 경고했다. 그리고 "IS에 대한 공세가 강화될수록 크고 작은 테러가 더 잦아지면서 국제사회가 진퇴양난에 빠진 모습이다"라고 발표하였다. 미국「폭스뉴스」에 따르면 제임스 코미 FBI 국장은 하원 국토안보상임위원회에 출석해 IS가 근거지였던 이라크와 시리아에서 점령지를 잃으면서 테러가 지구촌 전체로 확장되고 있다고 주장했다.[37]

IS 격퇴 작전이 본격적으로 이뤄진 지난해부터 프랑스 파리, 벨기에 브뤼셀, 터키 이스탄불 등에서 크고 작은 테러가 끊이지 않고 있다. 1일 방글라데시 다카에서 IS가 배후를 자처한 테러가 발생하면서 그동안 안전 지역으로 여겨졌던 아시아까지 테러가 번지는 것이 아니냐는 우려도 나왔다. 오마르 하미드 IHS 아시아 연구원은 "앞으로 말레이시아, 인도네시아, 인도, 방글라데시 등에서 테러가 발생할 수 있다"고 내다봤다.[38]

IS 무장 세력은 60개국에 중국, 일본과 함께 한국에도 테러 위협을 경고하고[39] 2016년 6월 19일에 IS는 우리나라의 민간인과 미군 기지를 공격 대상으로 지목했다. 그들은 2015년 9월에 한국을 '반 IS 동맹국'으로 밝히고 테러 협박 대상에 포함한 것이다. 국정원이 공개한 '유나이티드 사이버 칼리프 메시지'는 오산 등 주한 미군 공군 기지 2곳, 민간인 한

---

37 변재현, "수세 몰린 IS, 흩어져 활동…지구촌 '디아스포라' 공포 확산,"「서울경제」, 2016.7.15. (http://www.sedaily.com/NewsView/1KYVKS5Z3W)
38 변재현, "수세 몰린 IS, 흩어져 활동…지구촌 '디아스포라' 공포 확산,"「서울경제」, 2016.7.15. (http://www.sedaily.com/NewsView/1KYVKS5Z3W)
39 YTN, "IS, 한국 포함 60개국에 '테러 위협' 경고 …'9월 이어 두 번째'"(https://www.youtube.com/watch?v=rvQSgvgSwXs&feature=youtu.be).

명에 대해서 조직원들에게 공격 지령을 내린 것이라고 하였다.

사이버 폴리싱 연구센터장 정태진은 IS의 이와 같은 행사를 공포심을 극대화하는 심리전이라고 한다.[40] 2015년 2월 3일 "채널A"의 "쾌도난마" 프로그램에서는 지난 5년간 한국 거리를 활보한 테러리스트가 56명이었다고 방송했다. IS는 일본인 두 명, 유카와 하루나와 고토 겐지를 참수했다. 고토 겐지의 참수는 영상으로 공개가 되었다.[41]

"채널A"는 참수된 인질들의 공통점은 IS 격퇴 지원국이라고 보도하였다. "채널A"는 자막으로 보도하였다.

"알카에다 등 국제 테러 조직 한국 침투," "지난 5년간 한국인 대상 테러 114건 달해," "테러리스트 붙잡아도 처벌 안하는 한국," "테러리스트 붙잡아도 구금 48시간 못 넘겨"[42]

위에서 고찰한 바와 같이 이희수 교수의 『오류와 편견으로 가득한 세계사 교과서 바로잡기』에 기고한 "적대적 고정관념으로 왜곡된 서아시아—이슬람권"(p. 189-240)이라는 글 안에 **부정직한 진술**이 상당히 포함되어 있으므로 그의 주장 전체를 그대로 수용해서는 안 된다.

우리는 키르기즈스탄 선교사가 주장한 바와 같이 **무슬림들**을 사랑하고 감싸 안아야 한다. 꾸란을 통해서 이교도의 생명을 귀한 것으로 배우지 못한 무슬림들에게 참된 하나님의 사랑이 무엇인가를 가르쳐 주어야 하는 시급한 선교적 과제가 여기에 있다. 무슬림들의 영혼을 구원하려는

---

40 SBS, "'무슬림의 복수'…IS, 한국인 테러 대상 지목"(https://www.youtube.com/watch?v=oPVrwlu8IJ4&feature=youtu.be).

41 YTN, "IS, '일본인 인질 고토 참수' 영상 공개"(https://www.youtube.com/watch?v=MsZHoKfcSlA)

42 채널A 쾌도난마, "한국 거리 활보한 테러리스트 56명… 테러 방지 손놓았다?" 792회 (https://www.youtube.com/watch?v=epeN9WYA0Vo).

우리 사역자의 모습은 정복이 아니라 사랑과 헌신의 모습이어야 한다. 우리는 무슬림들에게 구원의 복음을 전달하기 위하여 항상 '우리에게 주신 성령으로 말미암아 하나님의 사랑이 우리 마음에 부은 바 되도록' 해야 할 것이다(롬 5:5).

그러나 **이슬람**이 한국 고지를 점령하여 한국의 주인이 되도록 허락해서는 안 될 것이다. 아직 우리 한국 교회는 이슬람을 물리칠 수 있다. 수년이 지나면 너무 늦을 것이다. 한국 교회는 성도들이 노략질 당하지 않도록 깨어 파수하고, 예수께서 한국과 한국 교회의 주인으로 계시도록 깨어 경계하며 부지런히 가르치고 기도해야 할 것이다.

제6장

일부다처제와 다산에 의한 이슬람 확장

필자는 "한국여자, 파키스탄인을 만나지 말라?"라는 제목의 한 기사를 접하게 되었다. 기자는 자신의 체험을 기록해 나갔다.

> 내가 남자들에게 주눅이든 데는 이유가 있었다 파키스탄으로 들어가는 비행기 안에서부터 나는 성희롱을 당했다. …
> 난민촌에서도 상황은 마찬가지였다. 난민들은 나에게 돌을 던지고, 심지어는 똥침을 놓기까지 했다. '프로 탈레반'들이 거주하는 국경 인근의 주민들이 던진 돌에 한번 맞은 후로는 오히려 맘이 담담해졌다. 이슬라마바드 근처의 난민촌도 마찬가지였다. 열댓 명쯤 되는 아이들이 내 주위로만 몰려들어 엉덩이를 만지고, 옷을 잡아당겼으며 나뭇가지로 등으로 찔러댔다. 그 모습을 본 남자 어른들은 내가 안 되었던지 나뭇가지를 꺾어 아이들을 쫓아주었다. 처음, 내 뒤를 따르는 아이들의 무리는 말 그대로 '공포'였다. 순박한 눈빛으로 내게 접근한 아이들은 더 이상 '아이'들이 아니었다. …

어느 날 밤, 남자들만 벅적댄다는 야시장 쪽으로 취재를 나가기로 했다. 그런데 내가 묵고 있던 게스트 하우스 주인이 극구 이를 말리는 것이었다. 여성은 절대 밤길을 다녀서는 안 된다며 그는 "함께 길을 가는 남자조차도 위험해" 진다며 만류했다. …

'박싱 헬레나'(BOXING HELENA)란 영화가 있다. 극단적인 사랑, 아니 집착에 빠진 한 남자에 관한 이야기였다. 헬레나를 사랑하던 남자는 그녀가 도망가는 것을 막기 위해 헬레나의 팔다리를 절단한 채 자신의 집에 가둔다. 그런데 나는 그 이야기가 실재한다는 이야기를 한 한국인 배낭여행객을 통해서 들었다.

"한 일본인 친구가 있었다. 인도 여행길에 어쩌다가 사창가를 지나가게 됐다는 거다. 그런데 자꾸만 포주가 잡더란다. 잡다잡다 안 되니까 살며시 귀에 대고 얘기 하더라고 했다. 일본인 여자가 있으니 구경이나 하라고. 일본 사람이니까 귀가 번쩍 뜨일 거 아닌가. 일단 그 여자가 누군지, 왜 이 먼 인도까지 와서는 몸을 팔고 있는지 얼굴이라도 보고 싶었단다. 그래서 그 포주를 따라 일본여자가 있다는 그 곳으로 갔다. 그런데 실지로 일본인 여자가 있더라고 했다. 눈앞엔 참혹한 풍경이 있었다. 일본인 여성이 사지가 절단된 채 그곳에 있더라고 했다. 그녀는 충격으로 일본어를 거의 잊어버린 채 살고 있었고, 여러 가지를 묻던 그 일본인 친구에게 단 한 마디만 했다고 한다. '나는 벌레야'라고." …

어느 교민이 전 해준 내용은 대략 아래와 같았다.

"이곳 국제공항에서의 일이다. 어느 동양인 아주머니가 한국말로 '미친년, 미친년' 하며 울고 있었다. 그냥 지나갈 수가 없어 내가 한국 사람인데, 대체 왜 울고 있느냐고 물었다. 아주머니의 말이, 자신의 딸이 파키스탄 남자와 살고 있어 잠시 다니러 와서 보니 사는 꼴이 말이 아니더라는 것이다. …

> 보통 파키스탄의 수도 이슬라마바드에서 조금만 벗어나도 파키스탄은 아주 깡촌이다. 그런데 그곳은 진흙바닥에, 나무로 얼기설기 엮어놓은, 금방 무너질 듯한 통나무 침대가 가구의 전부다. … 한국 여자들은 집 근처 30미터를 채 벗어나지 못한다. … 한국 여자들의 여권을 남자들이 붙들고 있어 여자는 이러지도 저러지도 못하는 상황이 대부분이다. …
> 결국 어떤 한국인 사장의 집으로 탈출하는 데 성공했다. 그런데 딸의 남편이 사설 경찰을 불러 다 집을 포위하고 그 사장을 협박하는 통에 딸은 남편에게 돌아가야만 했다.[1]

위의 기사는 우리가 이슬람의 여성관을 알아야만 하는 긴박감을 준다. 무슬림 여성이 베일을 쓰는 이유에 관해서 꾸란이 다음과 같이 서술하고 있다.

> 예언자여 그대의 아내들과 딸들과 믿는 여성들에게 베일을 쓰라고 이르라 그때는 외출할 때라 그렇게 함이 가장 편리한 것으로 그렇게 알려져 간음되지 않도록 함이다(Sura 33:59).

필자가 UAE를 방문했을 때 들었던 이야기는 중동 남자들이 아내를 집 안에 감금한다는 것이다. 중동의 아내들은 집이나 자동차와 같이 한 남편의 소유물이고, 남편이 아내들을 구타하거나 가구처럼 바꿀 수도 있다. 중동의 여성들에게는 활동의 자유가 주어지지 않으며, 남편이 외출할 때에는 대문을 잠가서 아내들을 집 안에 감금하기도 한다. 여자들

---

[1] 이유진, "한국여자, 파키스탄인을 만나지 말라?," 「여자와 닷컴」, 2012.1.1. (http://www.yeozawa.com/news/news/120101/120101,01,1115_22.htm).

이 외출해야 할 때는 아바야(베일)로 온 몸을 뒤덮고 남편이나 오빠나 남동생이 보호자로서 반드시 동행해야 한다. 아랍 여인들은 가정에 손님이 오면 얼굴을 가리고 문을 열어 주고는 안방으로 사라진다.

아랍 여성들은 절대로 식구 외의 남자들과 이야기하지 않고, 남자와 자유롭게 대화하는 여성을 부도덕하게 생각하며, 다른 동·서양 **사람들을 정조 관념이 없는 사람들**이라고 생각한다.

이슬람 문화권에서 여성을 감금하는 이유와 여성이 존중받지 못하는 이유는 그들의 매우 독특한 여성관 때문이다. 여성의 육체는 수치스러운 것이다. 여성의 육체에 대한 이슬람 하디스들의 관점은 여성을 '아우라'(awrah, 외음부) 자체로, 여성 전체를 "외부에 노출된 성기"로 보는 것이다. 중동의 여성들은 어릴 때 자라나면서부터 자기 육체가 "감추어야 할 더러운 것"이라고 여기게 된다.[2]

아부 하미드 알 가잘리(Abu Hamid al Ghzali, 1058-1111)는 "여성의 역할"에 관해서 다음과 같이 말했다.

이웃과 교류하지 말고, 이웃을 방문하지 말며, 남편의 허락 없이 집을 떠나서는 안 되며, 허락을 받았다면 남들이 보지 않게 나가야 한다. 사람들이 다니지 않는 길과 오솔길을 택해야 하고, 낯선 사람이 자기 목소리를 듣거나 알아보지 않도록 해야 하며 남편의 친구에게 말을 걸지 말아야 한다. 남편이 없을 때 남편의 친구가 부른다면 자신과 남편의 명예를 지키기 위하여 문을 열지도 대답 하지도 말아야 한다. 아내는 언제든지 남편의 성관계 요구를 받아들여야 한다. 아내는 언제든지 남편의 성적 요구를 만족시키기 위하여 준비돼 있어야 한다.

---

2 노니 다르위시, 『이슬람의 인권과 여성 – 숨겨왔던 샤리아의 진실』, 장성일 역 (4HIM, 2013), 105f.

"여성은 성기이다."

여성이 (집) 외부로 나갈 때 마귀가 그녀를 환영한다. 여성이 집 밖에 외출하는 것은 성기를 노출하는 것이 된다. 여성이 기도하러 모스크에 가는 것도 마찬가지이다. 가잘리는 "여성이 집 안에 있을 때 알라의 얼굴과 가장 가까이 있다. 그리고 집 안에서 여성의 기도는 모스크에서 드리는 기도보다 더 낫다"라고 가르쳤다.[3] 가잘리는 "남편의 몸이 피고름으로 덮여 있고 아내가 그것을 핥고 마신다 해도 남편에 대한 아내의 의무를 다하기에 아직도 한참 부족하다"라고 하며 이는 알라의 사도가 말한 것이라고 토를 달았다.[4]

무슬림 여성의 가장 중요한 책임, 가장 큰 부담, 최우선적인 책임은 "그녀의 수치인 자기 몸을 덮어서 가리는 일"이다. 몸을 은폐하고 숨겨서 대중 속에서 공개적으로 자기를 드러내지 않고 살아야 한다. 그렇지 않으면 남성들에게 채찍질 당하거나 굴욕적인 신체 형벌을 당할 수 있다.

또한 무슬림 여성의 책임은 남성 가족들의 명예를 보호하는 것이다. 아내가 남편의 명예를 보호하는 것은 알라의 명령들 중에 하나이다. 여성의 육체의 모든 부분은 무슬림 남성들의 성욕을 자극한다. 무슬림 남성들은 여성 전체를 볼 때 그녀의 은밀한 부분과 똑같이 성욕을 자극하는 것으로 여겨왔다. 그러므로 유혹을 받아서 저지른 범죄 행위는 여성들의 책임이지 남성의 책임이 아니다. 몸을 가리지 않은 여성들은 "성행위를 요구하는 것"으로 간주한다.

여성은 처녀성을 보호하기 위해서 항상 힘써야 한다. 히잡(hijap)을 쓰지 않은 여성은 종종 괴롭힘과 조롱을 당하거나 공격의 대상이 된다. 미

---

3   노니 다르위시, 113.
4   노니 다르위시, 117.

국에서도 대학교 캠퍼스의 무슬림학생연합이 이슬람식으로 몸을 가리지 않는 여학생에게 수치를 준다.

사춘기 남자아이들은 가리지 않은 머리와 팔과 다리에 대하여 적대감과 경멸감을 가지고 공격한다. 몸을 가리지 않은 여자 아이들을 존중하지 않아도 마땅하다고 배운다. 낯선 여자 아이들을 골탕먹이고자 한다. 터키 소년들이 치맛자락이 무릎 아래까지 내려와 발밑까지 닿지 않았다는 이유로 두 여학생의 다리에 염산을 뿌린 일이 있다.

이집트 기독교 여성들은 그러한 예상치 못한 공격이 두려워서 이슬람식으로 몸을 가리고 다니려는 경향이 있다. 시나이반도 해변 가에서 한 이집트 병사가 일곱 명의 소녀를 총기로 살해했는데, 그 살해자는 짧은 바지와 티셔츠를 입은 소녀들을 음탕하게 바라보면 라마단 기간 동안 남자의 금식이 무효가 되기 때문이라고 대답하였다.[5]

샤리아 규정에 의한 처벌은 머리에 수건을 쓰지 않거나, 친척이 아닌 남자와 함께 있는 것이 목격된 모든 여성들에게 채찍질하는 것이다. 최근 사우디아라비아에서 7명의 남자들에게 집단 강간당한 한 여성이 채찍 형을 받았다. 그 이유는 그녀가 친척이 아닌 남자와 이야기하고 있는 것이 목격되었기 때문이었다.[6]

필자는 파키스탄에서 본 광경이 있다. 횡단보도가 따로 없고 자동차들이 달리는 찻길을 남자들이 뛰어 건너갔다. 그러나 여자들은 발에 끌리는 베일을 입고 다리가 나오지 않도록 천천히 아슬아슬하게 그 찻길을 건너갔다. 필자는 듣기로, 무슬림 여성의 긴 베일 자락이 달리는 차에 걸려서 치어 죽는 경우들이 있다고 한다.

---

5 노니 다르위시, 107-110.
6 노니 다르위시, 6.

한국으로 외국인 근로자들이 급속하게 입국하는 이때에 무슬림 인구도 팽창하여 무슬림 인구는 한국이슬람교중앙회(KMF) 집계에 따르면, 2015년 14만 5천 명에 이른다고 한다.[7] 이에 비례해서 외국인 근로자들과의 결혼과 그 문제점들도 무수히 발생하고 있다.

현재 한국의 외국인 강간(유사 강간 포함) 범죄율을 분석하면, 파키스탄이 내국인 대비 5.85배 높고, 방글라데시가 3.2배, 키르기스스탄이 2.83배로 이슬람권 외국인의 강간 범죄율이 월등히 높은 것으로 나타낸다.[8]

▲ 고용허가제에 의해 파키스탄, 방글라데시 등의 동남아 무슬림들이 산업 현장에서 노동하며 한국에 정착하려고 합동결혼식을 올리고 있다.

---

[7] 황은순, "할랄에 대한 오해와 진실 우리가 알아야 할 10가지,"「주간조선」2421호, 2016.8.22., 스페셜 리포트(http://weekly.chosun.com/client/news/viw.asp?nNewsNumb=002421100010&ctcd=C05).

[8] 신유리, "외국인 범죄율, 내국인 밑돌지만 살인·강도는 높아,"「연합뉴스」, 2016.2.12. (http://www.yonhapnews.co.kr/bulletin/2016/02/12/0200000000AKR20160212064900371.HTML)

인터넷 자료에 다음과 같은 글이 있다.

> 파키스탄, 방글라데시, 인도네시아에서 오는 무슬림 남성들은 … 먼저 한국 여성들에게 관심을 갖는다. 그리고는 마음이 통하는 사람이 생기면 결혼하자 한다. 무슬림 남성들이 한국 여성과 결혼하고 싶어하는 이유는,
> 첫째, 안정되게 살 수 있기 때문이다. 취업이 되지 않아도 불법체류자라는 불안한 생활을 하지 않아도 된다.
> 둘째, 밥 해주고 집안일 해주고 마음대로 부부관계를 할 수 있는 아내가 있기 때문에 좋다.
> 셋째, 한국 여성들은 너무 쉽게 넘어온다는 것이다. 그러나 문제는 본국에 대부분 또 다른 아내가 있다는 것이다.
> 우리나라는 일부일처제 국가이므로 … 결혼하려면 독신증명서를 제출해야만 혼인신고가 된다. 그런데 그들은 독신증명서를 가짜로 가져오는 것은 일도 아니라고 했다. 일부사처제 국가이므로 첫 번째 부인의 허락만 있으면 4명의 부인을 둘 수 있기 때문에 그들은 언제든지 독신증명서를 받을 수 있다고 했다. 깊은 관계까지 교제한 한국 여성들은 알고도 결혼한다. 쉽게 넘어온다는 것은 한국 여성들은 사랑한다고만 하면 모두 통과라는 것이다.
> … 다양한 방법으로 유혹하는 그들 앞에서 한국 여성들은 착각한다. 죽을 만큼 나를 사랑해주는 사람으로 말이다.[9]

---

[9] "무슬림의 어두운 그림자, 코슬림 세대의 위협," 「종교와 진리」, 2016.3.21. (http://www.churchheresy.com/news/articleView.html?idxno=80).

「머니투데이」는 지난 5월 4일 위장 결혼으로 한국에 체류하려는 파키스탄인에 대해 보도하였다.

> … 서울중앙지검 외사부(부장검사 강지식)는 파키스탄에서 귀화한 강모씨 (46) … 는 양자로 삼은 친형 아들의 한국 체류기간을 연장하기 위해 한국인 여성과 위장 결혼을 … 하는 것처럼 허위로 혼인신고서를 제출한 것으로 조사됐다.[10]

또 「CBS 노컷뉴스」는 "선교 목적"으로 입국하고는 난민 신청 브로커로 활동한 파키스탄인에 대해 보도하였다.

> 서울중앙지검 외사부(강지석 부장검사)는 출입국관리법 위반과 행정사법 위반 혐의로 파키스탄인 N(43)씨를 구속기소했다고 31일 밝혔다. 검찰에 따르면 N씨는 지난 2014년 6월 국내 목사에게 요청해 선교세미나가 있는 것처럼 자신을 허위로 초청하게 한 뒤, 종교비자(D-6)로 입국했다.[11]

「연합뉴스」는 "본국 처자식 두고 한국서 결혼 외국인…'체류 불허'"라는 제목으로 다음과 같이 보도했다.

---

[10] 한정수, "양자 체류기간 늘리려 위장결혼 시킨 귀화 파키스탄인, 재판에." 「머니투데이」, 2016.5.4. (http://www.mt.co.kr/view/mtview.php?type=1&no=2016050409461434674&outlink=1)

[11] 이지혜, "'선교목적' 입국해놓고…난민신청 브로커 활동한 파키스탄인," 「CBS 노컷뉴스」, 2016.1.31. (https://nocutnews.co.kr/news/4541060).

서울행정법원 행정4단독 김수연 판사는 파키스탄 국적의 A(41)씨가 서울남부출입국관리사무소장을 상대로 "체류기간 연장을 불허한 처분을 취소해달라"며 낸 소송에서 원고 패소로 판결했다고 28일 밝혔다.

A씨는 2002년 7월 산업연수생(D-3) 자격으로 한국에 들어와 머물다 2005년 말 한국여성 B씨와 혼인신고를 하고 '국민의 배우자'(F-2)로 체류자격 변경 허가를 받았다.

그러나 A씨는 결혼 8년 만에 B씨를 상대로 이혼소송을 냈고 이듬해 법원의 조정을 거쳐 위자료 등을 포기하기로 하고 이혼했다. …

그러나 법원은 A씨가 한국 여성 B씨를 속여 결혼했다고 봤다.

김 판사는 "원고가 본국에 처와 아들 2명이 있음에도 B씨와 혼인신고 당시 미혼이라는 취지의 허위 공증서류를 제출해 혼인신고를 했으며, B씨와의 혼인 중에도 파키스탄의 부인 사이에 아들 2명이 새로 태어난 사실 등이 인정된다"며 "B씨와의 혼인관계가 유지될 수 없었던 데에는 원고의 책임이 있다"고 지적했다.[12]

장기 체류를 위해 한국여자와 위장 결혼을 한다거나 교회에 출석하고 신자 행세를 하여 장기 체류 연장을 꾀하는 사례도 적지 않다. 2016년 2월 1일자 KBS 뉴스는 다음과 같이 보도했다.

> 서울행정법원 제4단독은 파키스탄인 49살 A 씨가 난민 불인정 처분을 받아들일 수 없다며 출입국관리사무소를 상대로 소송을 냈지만 원고 패

---

[12] "본국 처자식 두고 한국서 결혼 외국인…'체류 불허'," 「연합뉴스」, 2015.9.28. (http://www.yonhapnews.co.kr/bulletin/2015/09/26/0200000000AKR20150926026400004.HTML)

소 판결을 내렸습니다.
재판부는 A씨가 기독교로 개종해 본국으로 돌아가면 종교적 박해를 받을 것이라 주장하지만, 파키스탄에서도 법률상 종교의 자유가 인정되고 … 취업비자 만료 직전에 난민신청을 한 점 등을 봐 진정성이 의심된다고 지적했습니다.[13]

2008년 7월 8일에 「조선일보」는 다음과 같이 사진과 함께 보도하였다.

> 지난달 15일 파키스탄 수도 이슬라마바드 시내 F-7/3구의 모델(Model) 남자고등학교 대강당.
> 이슬람 전통 복장 '샬와르 까미즈'를 입고 수염을 기른 20~30대 남성 197명이 한국산업인력공단이 시행한 한국어능력시험을 치르고 있었다. 200석짜리 강당에 결시자는 단 3명뿐. 이날 파키스탄에서는 전국 11개 시험장에서 모두 1만352명이 한국어시험에 응시했다. 결시율은 3.6%. 파키스탄이 고용허가제 대상국이어서 한국어시험 통과자만 인천공항행 비행기에 오를 수 있기 때문이다. …
> 파키스탄 외에도 '한국행 열기'는 뜨겁다. 2005년 이후 고용허가제 대상 15개 국가에서 한국어능력시험에 응시한 사람은 34만1015명에 이른다. 평균 응시율이 94.5%에 달했다. 지난 3월 네팔에서는 3만1156명이 몰려들어 이틀에 나눠 시험을 치러야 했고, 인터넷으로 접수한 방글라데시에서는 5000명 이상이 몰려들어 마쳐 3시간 만에 마감됐다. …

---

[13] 홍혜림, "법원, '무늬만 기독교' 파키스탄인 난민신청 기각," 「KBS 월드 라디오」, 2016.2.1. (http://world.kbs.co.kr/korean/news/news_Dm_detail.htm?No=256879)

제2부　제6장 일부다처제와 다산에 의한 이슬람 확장　189

우리나라에서는 외국인 노동자도 최저임금제를 적용받기 때문에 일주일에 44시간을 일하면 한 달 85만원의 임금이 보장되는 것이다. 평균 임금은 120~130만원 정도. 파키스탄에서는 심각한 구직난을 겪고 있을 뿐 아니라, 남성 대졸자가 취업하더라도 월급이 많아야 1만5000루피(23만원) 정도다. 법무부에 따르면 우리나라 임금은 중국의 9배, 네팔의 25배, 몽골의 23배에 달한다.[14]

▲ 지난달 15일 파키스탄 수도 이슬라마바드의 한 고등학교에서 열린 한국어능력시험 모습. 200명 정원인 강당에 단 3명만 결시했다. 이날 이슬라마바드와 카라치의 11개 고사장에서 1만352명(응시율 96.4%)이 응시했다./손진석 기자 aura@chosun.com

'주 파키스탄 한국대사관'은 2003년 7월 29일에 "국제 사기결혼에 주의바람!"이라는 제목으로 다음과 같이 공지하였다.

14　특별취재팀, "부토 피살 때 교통마비 됐어도 한국어 능력 시험 응시율 98%",「조선일보」, 2008.7.8. (http://news.chosun.com/site/data/html_dir/2008/07/08/2008070800061.html)

최근 한국에 체류하는 파키스탄인들이 한국 여성들과 사기결혼을 하는 경우가 발생하고 있어 특별한 주의가 요망되고 있습니다. 한국에 체류하는 파키스탄인들은 산업연수생(일정기간 기술연수후 취업) 자격으로 입국하는 경우가 대부분이며, 이들은 산업연수기간을 초과하여 불법으로 체류하는 경우가 있습니다.
아래 사례들을 참고하여 피해가 발생치 않도록 유의하시기 바랍니다.

○ 파키스탄 이슬람 호적법은 아내를 4명까지 허용하고 있습니다. 그러므로 처·자식이 있는 파키스탄 노동자는 기혼임을 숨기고 한국인(여성)을 유혹, 결혼하려 합니다. 이들은 서류상 미혼임을 증명하는 서류를 위조하여 제시하는 방법으로 사기결혼하는 사례가 많이 있습니다. 이들은 취업 기간이 끝난 후에도 귀국하지 아니하고 불법체류하면서 우리 국민을 대상으로 사기를 치거나 위장결혼을 기도하고 있습니다.

○ 파키스탄 노동자와 결혼한 우리 국민이 시집을 방문후 비참한 가정 사정을 목격하거나 남편에게 처·자식이 있음을 알고서 후회하는 경우도 적지 않습니다. 우리 국민이 이혼하고자 하여도 남편이 동의해 주지 않아 정신병자가 되거나, 매를 맞는다고 울면서 귀국시켜 달라고 대사관이나 동포들에게 하소연하는 경우도 있습니다.[15]

2015년 6월 27일, "이슬람 바로 알기" 강연에서 강연자와 다문화 학생들과 나눈 간담회 내용을 전한다. 강연자는 어떻게 어려운 재정국에서 많은 국비장학생이 나올 수 있는가를 질문하였다. 학생의 대답은 간단했다. 그것은 쉽게 비자를 받기 위해 "서류에 쓴 것일 뿐"이고 원래는

---

15 http://pak-islamabad.mofa.go.kr/webmodule/htsboard/template/read/korboardread.jsp?typeID=15&boardid=3593&seqno=550623

이슬람 포교단체인 '자카트'에서 나온다는 것이다. 그러면서 "우리는 현지 여성과 결혼해서 아이를 낳으면 6천만 원이 더 나옵니다"라고 대답하였다는 것이다.[16]

일부다처제 무슬림들은 본국에 아내들이 있어서 현지에서 또 결혼하는 것이 문제가 아니다. 한국에 들어오는 유학생들은 유학생 비자로 받고 산업체로 가서 일한다. 이렇게 함으로써 이들은 저출산으로 정원을 채우지 못하는 학교의 정원을 채워주고, 인력난 가운데 있는 산업체에서 근로자로 일한다. 산업체 근로자 형식으로 들어오는 국비유학생들이 안산, 김해, 창원, 시흥 등 한국 곳곳에 채워진다.[17]

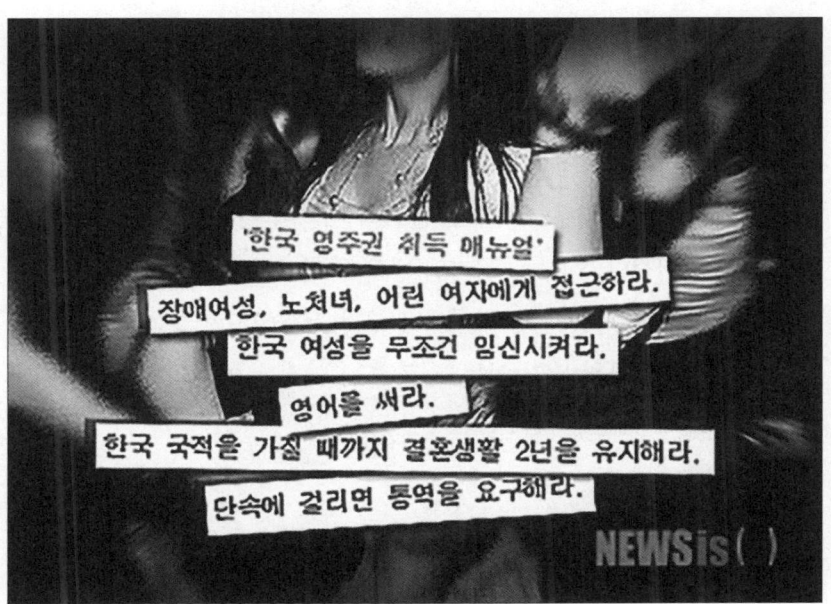

---

16   이혜훈 의원, "이슬람 바로 알기"(https://youtu.be/MFSKL3mpZwI), 2015.6.27.
17   이혜훈 의원, "이슬람 바로 알기"(https://youtu.be/MFSKL3mpZwI), 2015.6.27.

> **불법체류자의
> 한국생활 수칙 5계명**
>
> 1. 불쌍한 척 하라
>   ⇨ 모두 당신을 불쌍해 할 것이다
> 2. 불리하면 영어나 모국어를 사용하라
>   ⇨ 경찰은 불쌍한 당신 편이다
> 3. 한국여성에게 접근하라
>   ⇨ 국적을 따야 맘껏 즐기면서 돈 벌 수 있다
> 4. 한국의 법은 어기기 위해 있다는 것을 명심하라
>   ⇨ 한국의 공권력은 당신들 나라에 비하면 아무것도 아니다
> 5. 곤경에 처하면 인권단체로 바로 전화하라
>   ⇨ 그들은 당신이 무슨 말을 해도 믿어준다

노니 다르위시는 이슬람의 샤리아적 결혼관을 상세히 설명한다. 샤리아 결혼이란 가족들 사이의 법적, 금전적 계약이다. 계약은 보통 신부의 집에서 이루어진다. 신부는 격리된 방에서 기다리고, 정부 관리 앞에서 신랑이 계약서에 서명한다. 이어서 신부가 서명하지만 **그 계약서**에 기록된 것에는 별 관심을 두지 않는다. 결혼 계약서는 아래와 같은 두 가지 형식이 있다.[18]

---

[18] 노니 다르위시, 40-42.

결혼 계약서 A형식

결혼 계약서 내용에는 남편이 다른 아내가 없음을 선언하거나 아래와 같이 다른 아내들이 있음이 명시되어 있다.

아내 Nr.1. – 성명 _____
주소 _____ / _____ / _____
아내 Nr.2. – 성명 _____
주소 _____ / _____ / _____
아내 Nr.3. – 성명 _____
주소 _____ / _____ / _____

결혼 계약서 B형식

결혼 계약서 내용에는 아내 처녀성 여부를 쓰는 공란이 있고, 아래와 같이 기록되어 있다.

신부 몸값: 일금_____가 최근 _____일에 _____에게 지불되었음.

한국 여자들과 결혼하고자 하는 무슬림 남자들은 이 형식을 결혼할 신부에게 보여주었어야 한다. 그러면 신랑 될 사람이 초혼이라 할지라도 그가 앞으로 더 부인들을 얻을 수 있다는 것을 알게 될 것이다.

이슬람 샤리아식 결혼을 마친 후 신부가 떠날 무렵에는 누군가가 신부의 처녀성을 증명하는 피 묻은 흰 천을 흔들며 나온다. 신부의 처녀성 증명은 모든 사람들이 볼 수 있도록 공개한다. 모든 전통 이집트 결혼식은 처녀성 검사를 한다. 처녀성을 잃은 여성은 살해당할 수도 있다. 교육받은 계층에서는 더 이상 그 검사를 공개적으로 하지 않는다고 한다.[19]

위와 같이 이슬람식 결혼의 의미는 매우 독특하다. 여성의 몸 전체를 성(sex)로 대하는 무슬림 남성들은 결혼 비용으로 반드시 신부의 몸값을 지불해야 한다. 신부 몸값(우주루, ujur, 품삯)을 이집트에서는 '메흐르'(mahr)라고 한다. 메흐르는 여성과 즐기는 대가로 여성에게 전달하는 돈을 의미하는 전문 용어이다.[20]

샤리아식 일부다처제 결혼은 Sura 4:3에 근거한다.

> 만약 너희가 고아들을(과부들을) 공정하게 대처하여 줄 수 있을 것(필자 주: '없을 것'의 오자) 같은 두려움이 있다면 좋은 여성과 결혼하라. 두 번 또는 세 번 또는 네 번도 좋으니라. 그러나 그녀들에게 공평을 베풀어 줄 수 없다는 두려움이 있다면 한 여성이거나 너희 오른손이 소유한 것이거늘 그것이 너희를 부정으로부터 보호하여주는 보다 적합한 것이라(Sura 4:3).

이슬람 샤리아식 결혼에는 여러 종류가 있다.

1. 법원에 기록되는 결혼

법원에 기록되는 결혼은 신부들을 4명까지 둘 수 있고 위와 같은 결혼

---

19 노니 다르위시, 37-39.
20 노니 다르위시, 49.

식 절차를 밟는다. 필자는 UAE에서 11명의 아내를 국내외에 둔 한 경찰관의 아버지 이야기를 들었다. 이와 같이 많은 부인을 둘 수 있는 또 다른 근거로는 13명의 정식 부인을 두었던 교조 무함마드의 실례가 있다.[21]

2. 일시적인 결혼

일시적인 결혼은 Sura 4:24에 근거를 둔 결혼이다:

> … 간음이 아닌 합법적인 결혼을 원할 경우 지참금을 지불해야 되나니 너희가 그들과 결혼함으로써 욕망을 추구했다면 그녀들에게 지참금을 줄 것이라 그 의무가 행해진 후에는 쌍방의 합의에 의한 것에 관하여는 너희에게 죄악이 아니거늘 실로 하나님은 만사형통 하심이라(Sura 4:24).

이 일시적인 결혼을 비록 꾸란이 허락할지라도 수니파는 엄격하게 금지한다고 한다. 그러나 시아파에서는 이 권리를 사용하고, 한 남자와 한 여자와 일정한 시간 동안 결혼할 수 있다.[22]

---

21 이정순, 『이슬람 문화와 여성』 (서울: CLC, 2007), 21-35. 무함마드의 부인들에 대한 연구는 백석대학교 이정순 교수가 가장 깊이 있게 연구해 놓았다. 본서 제2부 제5장 각주 16번을 참조하라.

22 Abd al-Masih, *What a Woman should know about Islamic marriage before she marries a Muslim: The position of women, marriage and divorce according to the Qur'an* (Grace and Truth- Fellbach-Germany, 2003), 9.

3. 노예와의 결혼

앞에서 언급된 Sura 4:3에 "너희 오른손이 소유한 것"이란 개념이 나온다. 이는 보통 전쟁에서 얻은 전리품으로서 과부들이나 10대 소녀들을 가리키며, 물건과 다름이 없다. 이 여성들과는 결혼을 하든지 안하든지 이들의 포주가 되든지 간에 무한대로 자유롭다.

> … 현세의 이익을 얻으려 하녀들에게 간음 행위를 강요하지 말라. 그들은 순결을 지키고자 하니라. 만일 그들에게 강요하는 자가 있어 강요되었을 때 하나님은 그녀에게 관용과 자비를 베푸시느니라(Sura 24:33).

안타깝게도 지금도 우리는 수단의 핍박받는 비무슬림 노예 여성들과, UAE에서 고통받고 있는 필리핀 가정부들에 관해서 이런 이야기들을 듣는다. 진 세손(Jean Sasson)이 지은 『술타나』(*Princess: A True Story of Life Be-*

hind the Veil in Saudi Arabia)의 내용은 그녀가 1983년에 사우디 파이잘 국왕 전문병원에서 알게 된 사우디 공주가 겪은 실화이다.

이 책에는 해외 취업을 목적으로 리야드에 하녀로 지원해 온 여성들이 비밀리에 당하는 신체적 폭력과 성폭력에 관해서 기록되어 있다. 한 필리핀 하녀는 본래 두 아들의 성적 대상으로 고용되었는데 아버지가 먼저 강간하였고, 어떤 인도 여성은 낮에는 일하고 밤에는 강간을 당하였다. 이들이 그녀들에게 이렇게 행한 이유 중에 하나는 모든 이교도들이 창녀로 여기기 때문이었다.[23]

4. 아내 교환

아내 교환의 근거 역시 꾸란에 의존하여 행한다.

> 만일 너희가 아내를 다른 아내로 다시 얻으려 할 때 너희가 그녀에게 준 금액 가운데서 조금도 가져올 수 없노라. 너희는 그것을 부정하게 취득하려 하느뇨 그것은 분명한 죄악이라(Sura 4:20).

아내는 언제든지 다른 아내로 대체될 수 있다. 꾸란에는 간통 개념이 없고, 다만 아내를 바꾸면서 탐내는 지참금 착취 죄만 거론하고 있다. Sura 66:5은 무함마드가 (불편스러운 아내들과) 이혼한다 해도 알라가 그들보다 훌륭한 아내들로 대체해 주신다고 묘사한다.

---

23 진 세손, 『술타나』(Princess: A True Story of Life Behind the Veil in Saudi Arabia), 이영선 역 (서울: 문학세계사, 2002), 106-121.

> 그가 너희와 이혼한다 해도 주님께서는 너희보다 더 나은 부인들로 너희 자리를 대체하여 주시니 그녀들은 보다 순종하고 믿음에 충실하며 헌신하고 회개하며 겸손하고 믿음을 위해 이주하며 단식하는 기혼의 여성이나 미혼 여성이라(Sura 66:5).

샤리아의 결혼 계약서는 결코 영구적인 언약이 아니다. 남편이 일방적으로 이혼을 선포하면 이혼(talaq)이 된다. 남편이 두 증인 앞에서 "나는 당신과 이혼한다!"라고 세 번만 말하면 이혼이 성립되며, 이혼권은 남자들에게만 있다.

꾸란은 한 무슬림 남성이 한 아내와 두 번 이혼할 수 있고 그녀와 두 번 재혼할 수 있다고 가르친다. 만일 그 남성이 그녀와 세 번째로 이혼했다면 그녀를 다시 데려올 수 없다. 만일 그가 그녀를 다시 데려오려면 그 이혼녀가 다른 남자와 일정 기간 동안 결혼했다가 그와 이혼 한 후에야 다시 데려올 수 있다고 지시한다(Sura 2:229-230).

이와 같이 여성은 무슬림 남성에게 하나의 거래물이고 장난감 같은 물건이다. 그녀를 하나의 영혼과 희망과 기대를 가진 존재로 여기지 않는다. 그러므로 무슬림 아내들에게는 항상 두려움과 불신이 따른다. 그러나 모든 무슬림 남성들이 그렇게 살지는 않는다. 꾸란과 샤리아보다 더 의롭게 사는 무슬림들도 많다.

위와 같이 꾸란은 "일시적 결혼"과 "아내 교환"이라는 상식적으로도 무서운 간통죄를 합법적인 결혼으로 만들어서 영원히 간음죄를 제거하였다. 그리고 일부다처제의 의미는 아내가 언제든지 다른 아내로 대체될 수 있다는 것이며(Sura 66:5) 계속적인 간음죄를 종교법으로 정당화하

는 것이다.[24]

　이러한 상황에서도 무슬림 여권 운동은 일어나지 못한다. 무슬림 여성들이 샤리아에 대항하는 것은 가족을 대적하고 남성을 대적하고 정부를 대적하는 것이며, 최악의 경우 알라와 이슬람 그 자체를 대적하는 것으로 간주된다. 서방의 무슬림 여권 운동가들이 "무슬림 여성들에 대한 종교법을 종식시키고 평등한 대우를 하라"라고 공개적으로, 과감하게 요구하면 대부분 '파트와'의 희생자가 되어 배척과 조롱을 받을 뿐만 아니라, '배교자'로 여겨질 것이다.[25]

24　노니 다르위시, 44f.
25　노니 다르위시, 120f.

제7장

이슬람 대처 방안

폭력적인 지하드와 비무슬림 증오 행동을 부추기는 모스크와 이슬람 학교의 선동을 경험하고, 샤피이 학파 샤리아의 통치를 경험한 노니 다르위시가 미국과 서구의 이슬람화의 초기 상황을 지켜보며 그의 저서에 옮긴 '미국국제종교자유위원회'(The U.S. Commission on International Religious Freedom)의 보고서를 필자도 '폭력적인 지하드의 가르침에 대한 온건한 대책'의 한 실례로 여기에 옮겨 적는다.

2008년 6월 11일 미국국제종교자유위원회는 알렉산드리아와 버지니아에 있는 사우디 이슬람 학교가 '국제인권규정에 어긋나며 극단적인 문제를 야기하는 구절들'이 포함된 교과서들을 사용한다는 보고서를 작성했다. 그 학교에서 사용되는 교과서들은 다른 종교에 대해 폭력을 선동하고 불관용을 부추기는 내용으로 가득했다. 그 학교의 1999학년도 졸업생 대표인 아흐메드 오마르 아부 알리(Ahmed Omar Abu Ali)는 알카에다에 가입하였고 조지 W. 부시 대통령 암살을 모의한 혐의로 2005년에 유죄가 선고되었다. 그 위원회는 가장 문제가 많은 교과서들은 꾸란에서 직접적으로 가져온 것이 아니며 오히려 꾸란과 그 밖의 이슬람 문헌들에 대한 사우디 정부의 특별한 해석이 포함된 구절들과 관련이 있다고 보고했다. 그 교과서들이 꾸란에서 직접 가져온 것이 아니고 오히려 사우디 정부의 해석을 반영한다는 주장은 그 위원회가 사우디 정부보다 꾸란의 진정한 의미를 잘 이해한다고 주장하는 것이나 다름 없다. 그 위원회에 따르면 다음 두 가지 예에서 볼 수 있듯이 일부 구절들은 분명히 독자들로 하여금 폭력적인 행위를 하도록 강력히 권하고 있다.

12학년 타프시르(tafsir: 꾸란 해석) 교과서에서 저자는 배교자(이슬람에서 개종한 자), 간통자, 또는 고의적으로 믿는 자를 살해한 자를 무슬림이 살해하는 것이 허용된다고 다음과 같이 말한다.

"그(무함마드: 그에게 찬미가 있기를)는 정당한 이유 없이 사람을 죽이는 것을 금지한다."

정당한 이유란 "이슬람을 믿은 다음에 배교, 간통, 믿는 자를 고의로 살해하는 것"으로 정의된다.

12학년 타우히드(Tawhid, 유일신주의) 교과서는 "주요 다신교도들을 대상으로 한 살해와 재물약탈은 허용된다"고 말하고 있다.

이는 이슬람 법률용어에서 무슬림이 죄가 있다고 생각되는 어떤 사람의 생명과 재산을 취해도 처벌을 받지 않는다는 것을 의미한다. 사우디 이슬람 해석에서 '주된 다신숭배자들'은 시아파와 수피파 무슬림들이 포함되는데, 수피 무슬림들은 그리스도인들, 유대인들, 힌두교인들 그리고 불교인들과 마찬가지로 성인들의 중재를 구하는 기도를 하러 신전을 방문한다.[1]

---

1 노니 다르위시, 『이슬람의 인권과 여성 – 숨겨왔던 샤리아의 진실』, 장성일 역 (4HIM, 2013), 320f.

위의 보고서는 미국에서 이슬람 종교 교육이 이루어지는 모스크와 이슬람 학교에서 가르치는 내용들을 알게 되면 우리가 방심하고 방관할 수만은 없다는 것을 가르친다. 노니 다르위시는 자신의 책에서 하나의 강대국이었고 기독교 국가였던 이집트가 어떻게 이슬람화되었나를 잘 진술했을 뿐만 아니라, 무슬림들이 자신들의 교육 기관에서 청소년들에게 비무슬림들에 대하여 무엇을 선동하고 분노하게 하고 충동을 느끼게 하는지를 알게 하였다. 이것은 이제 이슬람화의 초기 단계에 처한 한국과 한국 교회는 그들의 타끼야 평화 선전에 방심하고 있으면 안 된다는 것을 가르친다.

최근에 한국으로 외래 종교인 이슬람이 들어와서 그들의 모스크와 차세대 무슬림들을 위한 학교들이 지어졌다. 그들은 곳곳에 기도처와 그들의 할랄 음식와 이슬람 자금 대여와 무슬림들의 사법부 시리즈 강연을 요구한다. 그들은 그들의 문화 선교와 매스컴 선교와 배꼽춤 강습 원조를 하고, 이슬람 국가들과의 친선과 친교를 도모한다.

동시에 무함마드 생일 축하 피켓 시위, IS의 살해 대상자 명단 통보, 무슬림들의 장기 체류용 결혼, 일부다처제 결혼, 그 피해 사례들이 발생하고, 이슬람 지역에서 온 노무자들의 강간죄 통계 숫자가 늘어나고 있다. 이런 일들을 비롯하여 최근 한국에서 벌어지고 있는 이 모든 일들이 한국을 이슬람화하고, 한국에 샤리아를 입법화하려는 자료들이 될 것이다.

우리는 무슬림들이 국회, 사법계, 정치계, 교육계, 경제계 등에 진출 및 고지 점령하려는 목적을 간파하고, 그들과 그들의 법이 우리의 통치자로 군림하지 못하도록 대비해야 할 것이다. 무슬림들이 한국을 이슬람화하기 위한 전략으로 타끼야 평화 종교 선전을 하고 있다는 것을 알고 이에 대처해야 한다. 그리고 한국에 샤리아가 입법화되는 날부터 한국의 여성들과 그리스도인들에게 대재앙이 임한다는 사실을 깨우쳐야 한다.

우리는 구미 대륙에서 이미 경험한 관용의 결과를 거울삼아, 다문화주의의를 이용하는 무슬림들의 배후 전략을 깨닫고 대책을 세워야 한다. 한국의 방향 감각 없는 얄팍한 다문화주의적 동정과 인권주의를 한국의 이슬람화를 위해 사정없이 이용하고 있는 무슬림들의 행태가 서구의 형편과 유사하다는 사실을 우리도 깨닫고 서구와 같이 되지 않도록 대비해야 할 것이다.

그리스도인들이 종교다원주의와 문화다원주의에 심취하고 안일할 때, 이슬람은 역사 가운데 시종일관 불신자와의 전쟁하며, 세계 이슬람화를 위한 교육으로 '성전' 준비를 해 왔다는 사실을 우리는 지금이라도 깨달아야 한다. 우리는 과거 기독교의 땅 터키와 북아프리카와 중동의 교회들이 지금 어떻게 되었으며 현재 그곳의 그리스도인들이 어떻게 박해를 견디며 사는지를 관찰하고 그런 사태가 오지 않도록 미연에 방지책을 세워야한다.

우리는 아프카니스탄의 영혼을 사랑하고 선을 행한 사람들이 당했던 역사적인 사실을 알고있다. 지금도 이슬람권에 가서 선교하는 선교사들의 삶이 얼마나 위태로운지를 참고하면 좋겠다. 한국 교회가 세계를 위한 선교 교회로 서 있으려면, 현대의 안일주의적, 무지주의적, 쾌락주의적인 삶은 차세대를 위해 무서운 죄악이 될 것이다. 현세대에 사는 우리로 인하여 차세대에 이러한 일어나게 해서는 결코 안 될 것이다.

우리는 타끼야 정책을 잘 알고 경계해야 한다. 문제는 타끼아의 원인이 되는 꾸란 자체의 내용을 교회는 물론 일반 무슬림 자신들도 잘 모른다는 것이다. 꾸란과 이슬람은 모르는 것에 대한 질문을 절대 금지한다. 그렇기 때문에 무슬림들은 꾸란과 샤리아의 비인간성, 잔인성, 야만성 등을 보지 못한다.

무슬림들은 알아야 하는 종교와 율법에 관한 부정적인 문제점들도 결코 자신들의 경전이나 샤리아에서 찾지 않는다. 그 대신 오직 외부에서 모든 잘못을 찾아낼 뿐이다. 또 모든 무슬림들은 샤리아를 만든 자를 알라라고 믿기 때문에 오직 복종만한다. 그 때문에 판단력이 정지되었다. 오직 복종만 허락되는 무슬림에게는 결정권이 없고 샤리아와 무함마드의 전통에 완전히 통제받는다. 무함마드는 "내게 복종하는 자는 알라에게 복종하는 자"라고 하였다.[2]

우리는 꾸란이 주장하는 불신자와 개종자 살해 명령과 세계 정복 명령을 알아야 하고, 사법계에 접근하는 무슬림들의 숨은 계획을 간파해야 하며, 한국의 미래를 이슬람화와 샤리아의 지배로부터 벗어날 수 있는 길을 마련해야 한다.

우리는 이슬람과 샤리아가 한국 고지를 점령하여 한국의 주인 종교가 되도록 허락해서는 안 될 것이다. 우리 한국 교회는 차세대 성도들의 영혼이 노략질 당하지 않도록 그리스도의 복음을 잘 파수하고 온 세상에 전달할 수 있는 교회로 머물러 있도록 파수해야 한다.

우리 교회가 안일하게 머물러 이슬람의 정복을 앉아서 쳐다보고만 있을 수는 없지 않은가?

한국 정부와 한국 사회는 더 세심한 주의력으로 이민 정책을 세우고 난민들을 수용할 준비를 해야 할 것이다. 현재 국정원에서는 입국해서는 안 될 블랙리스트에 있는 사람들을 입국하지 못하도록 잘 막아주고 있어서 우리는 감사하고 있다. 모든 비무슬림 지역을 "전쟁의 집"으로 간주하고 '성전' 시에 행하는 고도의 타기야(위장)전술에 순진하게 속아서는 안된다. 무슬림들은 비이슬람 세계가 존재하지 않을 때까지 싸우는 사람들이다.

마치 북한이 통일 준비와 전투 훈련으로 70년간을 경직된 역사를 가

---

2 노니 다르위시, 237f. 276.

지고 있는 것처럼, 무슬림들 역시 오직 알라를 기쁘게 하려고 1,400년이라는 긴 세월 동안 비무슬림들과 싸우며, 죽고 죽이는 경직된 삶을 살아왔다. 그들의 전술과 전쟁의 삶은 대단히 노련한 것이다. 그들은 위장과 거짓에 노련하고, 양심에 가책을 받지 않고 지하드와 살해를 해 왔으며, 합법화한 간통죄와 일부다처제, 여성 차별로 무수한 여인들의 영혼을 죽이고, 지하드의 노획물로서 이방 여인을 강간하며, 아내를 바꾸며, 무슬림 남자들이 엄청난 육적인 쾌락을 누리는 문화와 전통을 남겼다.

노무자로 외국에 입국한 남자 무슬림들은 외부 문화를 이해할 수 없다. 그들의 눈에는 노출이 심한 현대 여인들이 다 창녀로 보이고, 또 상당수가 그렇게 대한다. 그러나 이들도 역시 지하드의 피해자들이고 꾸란과 샤리아의 피해자들이다. 불행히도 이들이 무슬림으로 태어났고 그렇게 교육받으며 다른 선택의 여지가 없었다.

이제 우리 한국으로 노무자들과 이민자들과 난민들이 몰려오고 있다.

이들이 알라에게 충성하고 속히 이슬람 세계가 이루어지도록 한국에서도 1,400년간 연습해 온 전투적인 삶을 살 것이 아니겠는가?

한국은 이들을 위해서 그리고 자국민을 위해서 무엇을 준비하고 있는가?

한국 정부는 국가 보안 차원에서 이들을 얼마나 이해하고 준비하며 이들을 맞아들이는가?

탈북자들을 위해서는 하나원이 준비되어 있다.

무슬림들을 위해서는 무엇이 준비되어 있는가?

독일 정부는 필자가 유학 생활을 할 때에 현지인들과 결혼한 간호사들이 10년이 되어야 비로소 시민권을 획득하는 것을 보았다. 그렇게 했어도 이제 독일 정부는 2050년에는 독일이 이슬람 국가가 된다고 발표하였다.

우리나라가 샤리아 국이 되지 않고 중동이나 북부 아프리카 같은 이슬람 국가가 되지 않으려면 지금이라도 이민 정책을 엄격히 마련하고 한국에 이민오려는 무슬림들에게 다음과 같은 내용들을 이민 지원 양식서에 추가하여 서약을 받게해야 한다.

일부다처제 국제결혼 지원자 추방, 남녀 성의 동등성과 인격의 존귀성(남녀는 하나님의 형상)에 동의, 하나원 훈련 같은 현지 적응 훈련 기간 엄수, 성범죄자 추방과 재입국 금지, 샤리아 법 입법화 거부, 이슬람 선교 행위자 추방 등.

한국 정부는 이러한 양식 서류를 빈틈없이 준비하고, 한국 교회는 오직 삼위일체 한 분 하나님이 항상 우리의 왕이 되시고 우리 민족과 우리 교회를 보존해 주시기를 간절히 기도해야 할 것이다.

부록:

한 개종자의 간증[*]

1. 이슬람 배경

파키스탄 무슬림 굴람 마시흐 나아만(Ghulam Masih Naaman)은[1] 카슈미르(Kaschmir)에서 태어났는데, 그의 아버지는 이슬람 수피즘[2]에 속해 있었고, 그의 어머니는 이슬람과 힌두교의 여신 신앙을 혼합한 신앙을 갖고 있었다.[3] 그는 다섯 살 때부터 모스크에 방문하기 시작하였고 16세 때 제

---

[*] 출처: Ghulam Masih Haamaan, *My Grace is Sufficient for You* (The Good Way, Rikon, Switzerland, 1998).

[1] 이슬람은 인도에 712년에 들어왔으나 1526년 징기스칸(Jenghiz Khan)의 후예들이 인도를 점령하자 이슬람이 북쪽에 무굴 제국을 설립(Mughal Dynasty)하였고 주로 가난한 자들이 이슬람으로 개종하였다. 무슬림들은 인도의 독립으로 무슬림들의 위치가 약화될까봐 염려하였다. 그러므로 그들은 1906년에 안전장치로 'Muslim League'를 형성하였고 결국은 두 나라로 쪼개졌다. 이것이 파키스탄(Pakistan)의 독립이다(Ghulam Masih Haamaan, *My Grace is Sufficient for You* [The Good Way, Rikon, Switzerland, 1998], 35-38).

[2] Ghulam Masih Haamaan, 8-9. 초기 신비주의(Al-Ghazali[A.D. 약 1058-1111])가 경건, 겸손, 금용, 자기 부정, 하나님께 복종, 하나님께 대한 사랑의 응답으로서의 기도와 묵상, 하나님의 사랑을 아는 즐거움을 강조했다면, 후기 신비주의는 엑스타시를 유발시키려고 마약과 음악을 사용한다.

[3] Ghulam Masih Haamaan, 3-5. 그의 모친은 그의 여신에게 아들을 낳으면 여신에게 봉납하겠다고 약속한 후 아들을 낳은 뒤에 그의 귀에 금 귀고리(부적)를 끼워서 아들을 그 여신

2차 세계 대전이 발발하여 영국 공군에 입대하였다.

전쟁 후에 그는 비행기 정비사가 되었다. 비행 도중 사고로 오른쪽 얼굴이 불에 타고 오른쪽 눈이 실명하였다. 전쟁과 전투 결과는 환멸과 부상뿐이었다.[4]

2. 알라의 기쁨을 위해서

영국 통치가 끝나고 1947년 나라는 인도(India)와 파키스탄(Pakistan)으로 나눠졌다. 그 때 살해와 테러가 성행하였고 아무도 안전하지 않았다. 그는 파키스탄 고향에 돌아왔다. 모든 것이 무의미했고 허무했다. 절망적이고 우울했다. 위로를 받고 싶었다.

그는 참 이슬람 신자가 되기 시작하였다. 정규적인 예배와 카슈미르를 인도에서 독립시키기 위해 지하드에 참여하여 불신자와 싸우는 것이 최상의 봉사였고 "자유 전사"(Freedom Fighter)가 되는 일은 **알라의 기쁨**을 위한 최대의 의미였다. 카슈미르의 자유를 위한 첫 대통령 사르다르 무하마드 이브라힘(Sardar Muhammad Ibrahim)은 그를 무슬림 군대 자유 전사 본부(Freedom Fighter headquarter)에 파송하였다.

그는 동료들과 함께 힌두처럼 변장을 하고 인도 변방으로 침입해서 인도 마을을 불태웠다. 알라를 기쁘게 하려고 2년 동안 그는 하나의 직업인으로서 양심에 거리낌도 없이 이 일을 자행하였다.[5]

에게 소속시켰다. 그러나 나아만은 9살이 되자 여신 숭배를 거절하였다.
4 Ghulam Masih Haamaan, 25–46.
5 Ghulam Masih Haamaan, 51–54.

그는 인도 국경 근처에 아직도 살아남아 있는 한 그리스도인 가족을 발견하여 그들과 거래하러 갔다. 그들이 이슬람을 받아들이고 기본 고백(Kalimah)[6]을 하면 평화의 문이 열릴 것이고, 거절하면 알라의 보호를 받지 못하고 성전을 치를 것이다. 그런데 그들 중에 10살 난 어린 딸이 다가와서 "우리는 무슬림이 될 수 없다"라고 고백하자 그는 화가 나서 선언하기를, 이 세 사람 중에 어른 둘은 곧장 죽이고, 이 소녀는 끌어다가 인도에 있는 무슬림 소녀와 바꾸겠다고 하였다.

그들의 마지막 소원은 잠시 기도하는 것이었다. 뚝뚝 떨어지는 눈물의 기도가 끝나고 그들이 모두 "아멘!"하고 말하였다. 그 때 갑자기 한 찬란한 빛의 벽이 그의 시각에서 그들을 가리었다. 설명할 수 없는 폭발적이고 위협적인 광명한 불과 불꽃이 그에게 다가왔다. 그것은 그를 곧 태워버릴 것 같아 그는 진땀이 나기 시작하였다. 갑자기 그는 떨며 그들에게 용서를 빌었다. 그리고 그는 "We forgive you in the name of Jesus Christ"(예수 그리스도의 이름으로 당신을 용서합니다)라는 음성을 들었다. 그 즉시 그 빛의 벽은 사라졌다.[7]

3. 지옥에 대한 공포와 혼란

이런 일이 있은 후 그는 "예수 그리스도의 이름"이 계속 그의 귓가에 남아 있었다. 많은 생각에 괴로웠다. 그러나 아직도 그는 자유 운동(Freedom Movement)에 머물러 있었다. 그는 또 다시 마을을 습격하고 불을 지

---

6 기본 고백이란 "알라는 한 분이고 무함마드는 알라의 사자"라는 고백이다.
7 Ghulam Masih Haamaan, 56-61.

를 때 한 여인이 그 앞에서 어린 아기를 그에게 내던지며, "죽여라! 힌두 아기다! 너의 신은 사람 죽이는 것 좋아하니 죽여라!"라고 했다. 그 순간 그는 주저하였다. 그 때 그 여인은 그에게 가까이 와서 물었다.

"아들아, 너도 자녀들이 있느냐?

하나님이 이 작은 영혼의 몸을 만드셨는데 너 같은 사람이 그것을 파괴할 때 하나님이 그 일을 어떻게 하실 것 같으냐?"

그 여인의 이와 같은 말에 그는 답하였다.

"충분합니다. 어머니, 다시는 종교의 이름으로 이런 일을 행하지 않겠습니다. … 나를 위해서 기도해 주세요. 나 자신은 파멸된 사람인 줄 알고 있습니다."

그날 밤 그는 자신의 난폭한 삶을 돌아보고 지옥의 영원한 형벌을 느꼈다. 왜냐하면 자신의 손으로 하나님께 속한 사람들을 죽였기 때문이었다. 하나님이 세상에 존재하게 하신 그의 가장 고귀한 창조물을 파괴했기 때문이었다.[8] 마침내 그는 자유 운동(Freedom Movement)을 **그만두었다.** 그는 지옥에 대한 공포와 혼란에 빠졌다.

알라가 불신자들을 죽이는 것을 기뻐하는가?

알라가 불신자들 죽이는 것을 기뻐하지 않는다면?

모두가 그 자신의 창조물이 아닌가?

그는 17일간 금식에 들어갔다. 모든 종교 지도자들과의 상담을 거부하였다. 인간들이 싫었다. 가족과도 대화를 끊었다. 그는 완전히 소외되었다. 그러다 마침내 그는 가출하였다(1949). 평화를 찾아서!

이슬람의 가르침에 따르면, 평화는 인간이 죽은 후 알라가 용서했을 때 비로소 주어진다. 그것은 그에게 너무 늦다. 그는 현재의 용서와 현

---

[8] Ghulam Masih Haamaan, 61-67

재의 평화를 원했다. 그러다 결국 그는 이슬람의 **수피즘**(Sufism)으로 넘어가게 되었다. 그는 사무치는 마음의 평화를 찾아서, 복종과 행위를 추구하는 정통 이슬람보다 하나님의 사랑으로 완전한 일치(perfect union with god)를 이루려는 그의 부친의 길로 들어섰던 것이다.[9]

그러나 그가 만난 거룩한 사람(holy men)이나 하나님의 사람(godly men)은 그를 더 실망시켰다. 그들과 교류하는 것이 수치스러웠고, 그의 명상(contemplation)은 그를 오히려 정신적 마비(mental paralysis)의 상태에 이르게 하였다. 그런데도 그는 쉽사리 그의 비법(mystic)을 포기하지 못했을 뿐만 아니라 마약과 음악과 춤을 통해 신 의식에 이르려는 학생들과 합류하였다. 그러나 결국 그는 어떤 평화도 얻지 못했고 절망에 이르렀다.[10]

4. 예수 그리스도와의 만남과 놀라운 변화

그는 낙담 중에도 꾸란 1장의 한 구절을 상기하였다.

> Guide us on the right path! (우리를 바른 길로 인도하소서!)

그는 바른 길(right path, sirat)이라는 말을 붙들고 하나님께 새벽마다 전심으로 기도하며 그의 인도하심을 애원하였다. 그는 자신이 하나님의

---

9   Ghulam Masih Haamaan, 70-78. 신비주의자 중에 10세기에 만수르(Mansoor)는 정통 무슬림들에게 신성 모독적인 "I am truth"(Ana haqq, 나는 진리이다)에 도달하려던 시도를 "Men of God never wholly become God, but they are never separate form God either" (하나님의 사람들은 결코 전적인 하나님이 될 수 없다. 다만 그들은 하나님과도 결코 분리되지 않을 뿐이다)의 경지라고 한다.

10   Ghulam Masih Haamaan, 77-79.

창조물을 학대하고 악을 행하였기에 지옥으로 떨어져야 마땅함을 고백하였다. 그는 죄의식이 그 양심을 관통함으로 인한 고통을 고백하며 평화를 갈망하였고, 주께 자비를 베풀어 달라고 기도하였으며, 바른 길을 보여 달라고 애통하였다.

어느 날 그는 역전 대합실에서 아주 고통스럽게 울며 낙담하여 기도하였다. 그 때 갑자기 누군가 그의 뒤로 와서 그의 어깨에 손을 얹고, "내 은혜가 네게 족하도다!"(My grace is sufficient for you!)라고 세 번을 반복적으로 말씀하는 것이었다. 그 때 온 몸이 감전된 것 같았고 그는 쓰러졌다. 그 때 갑자기 마음이 가벼워지고 상쾌해지며 활기가 생겨났다. 하나님과 하나 됨을 느꼈다. 아무것도 그와 하나님을 분리할 수 없는 용서와 화해의 느낌이었다.

그는 "내 은혜가 네게 족하도다!"를 반복적으로 중얼거리면서 기쁘고 행복해서 어쩔 줄을 몰라 했다. 그 때 벤취에 누워서 기뻐하고 있는 그를 발견한 철도 고용원인 한 청소부가 그에게 물었다.

"당신 그리스도인이오?"

그가 아니라고 하니 그 청소부는 놀라면서, "그런데 왜 계속 '내 은혜가 네게 족하다'고 말하고 있느냐"라고 물었다. 이 대화는 그를 이 말씀이 예수께서 사도 바울에게 하신 말씀이며 주님이 그를 그의 종으로 삼길 원한다는 깨우침으로 이끌었다.[11]

그 후로 그는 한 목사를 만나게 되고, 세례를 받아 세례명을 굴람 마시흐(Ghulam[slave] Masih)로 받았다. 굴람 마시흐 나아만은 펀잡(Punjab) 지역의 복음전도자가 되어 모진 핍박을 받아가며 가난한 자들에게 복음을 전하며 7년간 복음전도자로 사역한 후 구지란왈라(Gujranwala)에서 신학

---

11   Ghulam Masih Haamaan, 79-82.

을 공부하고 성공회 목사가 되었다. 그리고 그는 한 신실한 간호사와 결혼하여 세 자녀와 함께 온 가족이 그리스도를 섬기고 있다.[12]

---

[12] Ghulam Masih Haamaan, 124.

제3부

이슬람 수피즘 연구

제1장 수피들의 신학
제2장 신비 체험
제3장 수피즘의 인간 신격화 신학의 문제점

'수피'(sufi)라는 개념은 아랍어로 순수한(pure) 또는 털옷이라는 뜻으로서 가난한 사람 내지 영적으로 가난한 사람을 의미하는 퍼커(Fakir, 고행 수도자), 또한 문과 문을 다니면서 음식과 숙소를 구걸하는 수피들인 데르비시(Dervish, 페르시아어로 "문"[door]이라는 의미가 있다), 그리고 하나님 외에는 아무것도 없는 사람을 의미한다.[1]

수피들의 목적과 기대에 관해서 캘리포니아대학교 버클리 캠퍼스의 교수인 휴스턴 스미스(Huston Smith)는 패디먼(J. Fadiman)과 프레거(R. Frager)가 편집한 『수피즘의 본질』(Essential Sufism)의 서문(Foreword)에서 **무슬림(Muslim ibn al-Hajjaj, A.D. 815?-875)은 사후에 하나님을 기대하지만, 수피들은 현재적 삶과 이생에서 하나님을 기대한다**고 가르친다. 보편적으로 이슬람 수피즘은 약 9세기부터 시작되었다고 보며[2] 수피즘의 본질적 요소는 이미 모든 종교들 안에 있다(essential Truths of exist in all religion)고 한다.[3]

수피즘(Sufism, 이슬람 신비주의)은 정통 이슬람의 율법적이고 의례적인 꾸란의 가르침에 의해서 접근이 불가능한 알라의 초월성에 반해서, 인간의 영혼이 알라의 사랑을 갈망하며 인간이 알라에게 가까이 가는 방법을 연구하여 그들 주변의 문화적 샤머니즘이나 범신론 종교들을 흡수해 만든 혼합물이다. 수피들은 '알라의 내재' 신학을 창안하고, 신에게 도달하는 기법을 발견해 내기 시작하였다. 수피들은 그 정통성에 대한 의심과 정죄를 피하여 꾸란에 기록된 구절인 "… 인간의 목에 있는 혈관보다 내가 더 인간에게 가까이 있노라"(Sura 50:16)에 근거하여 그들의 신학을 전개하고 있다.

---

1 J. Fadiman · R. Frager(Edit.), *Essential Sufism* (San Francisco, 1997), 서문.
2 E. Kellerhals, *Der Islam* (Gütersloher, 1978), 65f. "Ich bin die Wahrheit; ich muß verehrt werden durch göttliche Anbetung."
3 J. Fadiman · R. Frager(Edit.), 서문.

알 가잘리(Al-Ghazali, A.D. 1058-1111)는 **무함마드 이후의 가장 위대한 무슬림**이라고 일컬어진 이슬람 신학자로, 일반 철학이나 수피즘에서도 가장 중요한 인물로 알려졌다. 그의 본명은 아부 하미드 무함마드 이븐 무함마드 알 가잘리(Abū Ḥāmid Muḥammad ibn Muḥammad al-Ghazālī)이다.[4] 가잘리의 아버지는 신비주의자였다. 가잘리는 페르시아 투스에서 태어나 바그다드의 니자미야 학교에서 수학하고 그곳에서 교수가 되었다.[5]

알 가잘리는 『철학자의 모순』을 저술하고, 종교상의 번뇌로 한동안 정신적 위기를 겪어 강의도 할 수 없을 정도로 쇠약해졌다. 결국 그는 1095년 11월 출세 길을 버리고 메카 순례를 구실로 학교를 떠나 수피 행자로서 메카와 여러 지방을 다닌 후 고향 투스에 돌아왔다. 그 이후 한때 니샤푸르의 학교에서 다시 교수로 재직하다 은퇴하여 고향으로 돌아와 세상을 떠났다. **가잘리의 가장 큰 공헌**은 전통 이슬람과 신비주의 수피즘을 하나로 연결하는 40권으로 된 그의 저서 『종교학의 부활』에 있다.

그는 **전통 신학을 거부하지 않고도 직관과 초지식적인 신비주의적 경험을 우위에 놓는 데 성공하여, 무함마드의 체험을 따르는 길을 "신비주의의 길"**이라고 주장했다. 그 덕분에 수피즘은 정통 이슬람의 일부로서 인정받을 수 있게 된 것이다.[6] **알 가잘리**는 수피즘의 길을 세 가지로 말한다.

① 사랑의 길(a way of love)
② 헌신의 길(a way of devotion)
③ 지식의 길(a way of knowledge)

---

4 http://100.daum.net/encyclopedia/view/b01g0599a
5 http://blog.naver.com/PostView.nhn?blogId=witewave&dogNo=10045349527
6 http://100.daum.net/encyclopedia/view/b01g0599a

수피즘의 최종 목표를 자기와 하나님 사이의 모든 베일(veil)을 제거하는 것, 자기실현(Self-realization) 또는 자기신화(God-realization)라고 설명한다.[7] 이와 같이 수피즘의 신인합일이라는 범아일체 신앙은 신학적이면서도 그것을 뛰어 넘는 신비 체험적인 요소를 강조한다. 인간을 절대로 신격화할 수 없는 이슬람 경전적 요소와 정면으로 충돌하는 이러한 신학적인 요소를 수피들은 거부하지 않는다.

패디먼은 **신과의 합일**을 추구하는 수피즘을 세 종류로 구별한다.

① 열광주의(Ecstatic): 신에게 취해서 이 세상에 무감각해진 사람(spiritual drunkard). 몸에 경련이 일어나는 경험도 있다.
② 영지적 수피즘(Gnostic Sufism): 선불교나 힌두교의 즈냐나(Jnana) 요가적인 열광주의와 혼합된 수피즘. 직관적인 신지식을 가진다.
③ 사랑의 신비주의: 가장 강렬한 사랑의 감정을 묘사한 시들이 있다. 미국의 라비아(Rabi'a)라는 수피가 있다. 가장 유명한 수피들 중에 하나는 잘랄 앗딘 알 루미(Jalal-al-Din al-rumi) 등이다.[8]

신과의 합일을 추구하는 수피들의 **수행 기법**으로는 터키 코니아(Konya, 이고니온)에 메블라나 잘랄루딘 루미(Mevlana Jalalu'ddin Rumi, A.D. 1207-1273)에 의해 세워진 '**메블라나**' **종단**의 기법을 들 수 있다.

메블라나 수피 종단이 중앙아시아(인도, 파키스탄, 아프가니스탄, 터키) 등으로 확장된 동기는 11세기에 셀주크 튀르크 족이 이란의 북쪽에 도착하였을 때 가즈나(Ghazna)의 통치자 마흐무트(Mahmud)는 신비주의와 루

---

7 J. Fadiman · R. Frager(Edit.), 서문.
8 J. Fadiman · R. Frager(Edit.), 서문.

미에게 관용적이었다. 이슬람은 이란과 아나톨리아(Anatolia, 옛 터키)로 확장되었고, 셀주크 투르크는 이란 문화적으로 혼합되었다.

당시 루미의 아버지는 이성과 철학으로 신에게 다가가는 것을 거부하고 오히려 인간의 직관적 경험과 신의 은총에 의한 길을 추구하였다. 루미는 아버지와 같이 이란의 발크(Balkh)에서 터키의 코니아로 이동하였고,[9] 루미의 아버지가 아나톨리아에 거할 때 **루미는 아나톨리아의 "대가"** (Master, Mevlânâ-yı Rûm)**로 호칭**되었다.[10]

루미의 수행 목적은 낮은 차원에서부터 높은 차원, 즉 하나님의 사랑에 도달하는 길(합일, Unification)을 가르치려는 것이었다. 여행자(traveller)는 마침내 소멸(annihilation, fana) 상태에 도달한다. 이때 인간의 저차원적 자아는 완전히 파괴되고 이러한 자신을 신의 일부(a part of god)라고 본다.[11]

위와 같이 수피즘은 앞이 안 보이는 꽉 막힌 율법주의나 사나운 무기로 성전이나 테러를 일으키는 원리주의도 아닌, 위와 같이 자기 부정과 신비주의를 추구하는 '온건한 이슬람'이라는 이미지를 세상에 보이면서, 9.11 테러 이후 미국에서 수피즘을 장려하였다.

현대 수피즘 내지 이슬람 신비주의는 전 세계 무슬림 인구의 70%를 차지하며 수피 종단들의 회원 수는 세계 이슬람의 1/3 내지 1/2를 차지한다.[12] 이슬람이 수피즘을 통해서 온 세계로 퍼져 나가는 것을 알게 된 이집트 정부와 이집트 알아자르대학교의 학자들은 능력 있는 이슬람 포교사를 배출할 목적으로 여러 개의 '수피학학교'들과 수피즘 학술 센터

9　E. Tuerkman, *The Essence of Rumi's Masnevi* (Konya, Turkiye, 2002), 7.
10　E. Tuerkman, 1f.
11　E. Tuerkman, 347.
12　강재춘, "터키수피즘의 영적 세계 및 수행방법 연구 – Mevlana 종단의 세마춤 수행을 중심으로," (석사학위 논문, 아세아연합신학대학교 대학원, 2005), 29f.

들을 세웠다.[13]

모로코는 수피즘에 뿌리를 둔 나라이며 2010년 모로코 정부가 재정적으로 크게 지원하여 수피 운동을 확산시키고 극단주의와 싸우게 하여 수피즘에 의해 극단주의가 물러난 곳이다.

세네갈에서는 애니미즘과 혼합된 수피즘이 정통 이슬람 세력보다 더 강하고, 모스크의 이맘보다 수피의 마라부트가 더 큰 영향력을 행사한다. 세네갈 수피 아마두 밤바가 창설한 무리디야 종단은 세네갈 인구의 1/3을 차지하고 세네갈의 가장 강력한 정치력과 경제력을 가지고 있다. 이 종단은 세네갈의 두 번째 도시인 투바에 근거지를 세우고 모스크와 종교 학교를 세우고, 농장을 잘 경영하여 부를 획득하였다. 국가는 이곳을 통제하지 못하고 무리디야 종단과 상의하고 권력을 분배한다.[14]

세계 이슬람은 2020년까지 **한국**을 샤리아가 다스리는 이슬람 국가로 만들겠다는 계획 아래 6-7월 사이 라마단 기간 동안에는 세계 무슬림들이 모두 등에 태극기를 수놓은 옷을 입고 한국의 이슬람화를 위해서 기도하고 그 모습을 담은 사진도 SNS를 통해 전파하였다. 2000년 6월 13일에는 주한 이스탄불문화원이 주최한 터키 수피즘인 메블라나 종단의 세마춤 공연이 있었다. 세계 무슬림들이 메블라나 수피들의 공연을 이슬람의 문화 선교를 위한 도구로 사용한 것이다.

메블라나 종단의 창시자인 메블라나 잘랄루딘 루미의 저서들은 현재 서구에서 베스트셀러가 되었고 유네스코는 루미의 출생 800주년을 기념하면서 2007년을 "루미의 해"로 정하였다.[15]

13　공일주, 『이슬람의 수피즘과 수쿠크』 (서울: CLC, 2011), 152-57; *Al-Ahram*, 2010.10.21.
14　공일주, 159-168.
15　공일주, 5, 139.

필자는 이슬람 수피즘의 세계 선교 도전에 직면하여 아직 수피즘의 내용이 한국 교회에 잘 알려지지 않은 정황에서 수피즘의 실체를 소개하며, 수피들의 신학과 신비 체험을 중심으로 간단하게 서술하고자 한다.

▲ 황홀경을 체험하려는 메블라나 수피 종단의 수행 기법

제1장

수피들의 신학

'알라와의 합일'을 추구하는 수피들의 신앙은 수피들의 종파에 따라 샤머니즘 문화와 혼합된 형태와 아시아의 범신론적 고등 종교 철학과 혼합된 신학으로 분류된다. 전자는 성인 숭배 내지 쉐이크(종단 창시자) 숭배와 기복 신앙이고, 후자는 그들의 신앙적 목표인 '알라와의 합일'을 실현하기 위해 고안된 '범신론적인 합일' 신학으로 분류할 수 있다.

이집트엔 1,100-1,500만 명의 수피들이 있는데 수피 종단 창시자(쉐이크)들을 숭배한다. 그들의 묘는 모스크 안에 있고, 수피들은 이들의 묘에 손을 대면 그 복이 자신들에게 온다고 믿는다. 이들의 묘는 기도, 질병 치유, 축복, 물질적 도움을 구하는 순례지이다. 카이로에는 사이다 자이납이라는 후세인의 누이의 묘가 있는 모스크가 있는데, 저녁 늦은 시간에는 동네 여인들이 그 묘에 가서 복을 받으려고 줄을 서 있다고 한다.[1]

---

[1] 공일주, 『이슬람의 수피즘과 수쿠크』 (서울: CLC, 2011), 82, 94, 133.

명지대 교수 조희선은 이슬람 수피들의 '사자(死者) 숭배' 내지 '성인 숭배'에 관해 연구하였다. 그리고 자힐리아 시대에 있던 성인 숭배가 Sura 10:62에서 전수되었다고 보았다.

실로 하나님의 왈리들은 두려움도 슬픔도 없느니라(Sura 10:62).

조희선은 "왈리"를 보호자, 축복 주는 자, 친구라는 뜻을 가지고 있다고 풀이한다. 시아파는 '마지막 예언자'가 죽은 후에 창조자와 인간 사이의 심연을 메워 줄 중개인을 찾고 싶었다. 그래서 알리(Ali, A.D. 601-661)의 후손이 결함이 없는 신성을 가지고 있다고 여기고 그들을 이맘의 자리를 계승시켰다. 이렇게 시아파에 의해서 알리와 그 후손들과 이맘들이 숭배를 받게 되고, 수피즘에 의해서 수피 종단 창단자들이 숭배를 받게 되니, 이에 대해서 정통파인 수니파 무슬림들은 무함마드에게도 그러한 특성을 부여하고 싶었던 것이다.

수니파를 중심으로 한 정통파에서는 무함마드 숭배를 거절할 수 없는 입장이 되었던 것이다. 정통 무슬림들은 무함마드가 "성자"나 "왈리"보다 앞선다는 것을 지키기에 급급하여 메디나의 무함마드의 묘소에서 행하는 신자들의 사자 숭배 행위를 금하지 않았다. 오히려 무하마드 출생일과 사망일에[2] 무함마드 숭배를 합의(ijma)에 의해 인정하였다. 이븐 타이미야(Ibn Taymiyyah, A.D. 1263-1328)는 "예언자의 모스크에서 올린 한 번의 예배가 다른 곳에서 행한 1,000번의 예배보다 나으니라"라고 하고 "예언자에게 인사하도록 하라"고 지시하였다.

---

[2] 조희선, "통합과 융합의 이슬람 문화," 『민속이슬람』 (서울: 예영커뮤니케이션, 2004), 82. 무함마드의 출생일과 사망일은 같은 날 이슬람력 3월 12일이다.

이와 같이 무슬림들은 어떤 거리낌도 없이 무함마드와 토착 성인들과 왈리들과 이맘들을 숭상하게 되었다.[3] 이렇게 무함마드는 수니파에서 숭배를 받게 되고, 무함마드 숭배는 수피즘에 의해서 가중되었다. 수피즘에서 무함마드는 최고 높은 존재로 여겨진다. 그러나 더욱 심한 것은 무함마드와 하나가 되는 것이 19세기 시누이 종단의 종교적 목표가 된 것이다.[4] 그러나 시아파 중에 알레비(Alevi)파는 무함마드보다 알리를 더 우월하게 믿는다.[5]

'유신론적 합일 신학'은 무함마드의 본질과 알라의 본질을 동일시하거나 마흐디가 알라의 유출이라고 주장하는, 동남아시아 지역에서 일어난 "마흐디 운동"에서 찾아볼 수 있다. 파키스탄의 "마흐디 운동"은 이슬람에 한 약속된 메시아, 즉 "마흐디"(mahdi)라는 것이다. 파키스탄에서 나타난 마흐디란 미래적이고 종말적인 메시아가 아니라 역사 속에서 나타나는 한 선생을 말한다.

그 첫 마흐디가 인도 태생으로 하즈라 미르자 굴람 아흐마드(Hazrat Mirza Ghulam Ahmad, A.D. 1835-1908)이다. 그는 펀잡 지방에서 신적 계시를 받았다고 주장하고 자칭 마흐디라고 하였다. 그 추종자들은 그를 무함마드의 형상으로 이해하였다.[6] 그는 알라의 계시가 무함마드 이후에 불가능하다고 하지 말 것을 주장하면서,[7] 무함마드를 "마지막 율법 계시자"로, 그리고 그 자신을 그 주어진 율법을 오염으로부터 정화하기 위해

---

3 조희선, 80-83.
4 공일주, 80f.
5 공일주, 116.
6 E. Kellerhals, 119.
7 Sheikh Sasir Ahmad, *Ahmadiyya* (Verlag der Islam, 1958), 19. "denket nicht, daß der heilige Geist jetzt nicht mehr herabkommen könne."

서 봉사하는 "선지자"로 칭하였다.[8]

굴람 아흐마드는 꾸란을 일점 일획도 달라질 수 없는 불변의 진리로 믿고, 이 땅 위에 오직 하나의 세계종교인 이슬람만이 존재하는 유토피아가 이루어질 것을 목표로 하였다.[9]

그 뒤를 이은 하즈라 알 하즈 마우비 두르 운 딘(Harzat Al-Haj Mauvi Dur-ud-Din, A.D. 1841-1914)은 자신을 첫 번째 칼리프라 하였고, 그 뒤를 이은 칼리프들에 의해서 마흐디 종단 이슬람은 학교와 병원 선교를 통해 전 세계로 확대되어 나가면서 꾸란은 100개의 언어로 번역되었다.[10]

그 밖에 바비즘(Babism)이라는 마흐디 운동의 지도자이며 페르시아인인 미즈라 알리 마함메스(Mirza Ali Mahammes, A.D. 1821-1850)는 자신을 "문"(Báb, gate)이며 "하나님의 숨의 거울"[11] 이라고 주장하고, 자신에게 마흐디의 영과 선지자의 영이 임했다고 주장하였다. 또 바하이즘(Bahaism)의 창설자인 테헤란 출신의 미즈라 후세인 알리 누리(Mirza Hussein Ali Nuri, A.D. 1817-1892)는 자신을 알라의 유출 내지 "알라의 광채"(Beha Al-lah)라 하고, 모든 종교들이 희망하던 마흐디들(재림 그리스도, 크리슈나, 이맘 후세인)의 성취라고 주장하였다.[12]

이 마흐디 운동들은 근본 꾸란이 무함마드 자신을 아흐마드, 즉 "찬양받을 자"의 위치에 올려놓은 데서 시작되었다. Sura 61:6은 예수가 무함

---

8 Sheikh Sasir Ahmad, 3
9 Sheikh Sasir Ahmad, 4-13.
10 Sheikh Sasir Ahmad, 1. 제2대 칼리프: Harzat Mirza Bashir-ud-Mahmud Ahmad(A.D. 1889-1965), 제3대 칼리프: Harzat Hafiz Mirza Nasir Ahmad(A.D. 1909-1982), 제4대 칼리프: Harzat Mirza Tahir Ahmad(A.D. 1928-2003).
11 Spiegel des Hauches Gottes.
12 E. Kellerhals, 120. 그는 이단으로 처형당했다.

마드가 올 것을 예언하였다는 구절이며 그 내용은 다음과 같다.

> 마리아의 아들 예수가, 이스라엘 자손들이여 실로 나는 너희에게 보내어진 선지자로서 내 앞에 온 구약과 내 후에 올 아흐맏이란 이름을 가진 한 선지자의 복음을 확증하노라(Sura 61:6).

마흐디 무슬림 공동체의 제4대 칼리프인 하즈라 미르자 타히르 아흐마드(Hazrat Mirza Tahir Ahmad)에 의해서 출판된 『성 꾸란』(Der Heilige Qur'an)[13]에는 위의 절 "아흐맏"(아흐마드)에 관한 각주가 있다. 그 내용은 아흐마드가 성경의 보혜사(Paraklet)와 동일하고, 그것은 **무함마드가 온다**는 뜻이라고 한다.[14] Sura 7:157의 각주 157-1에는 신명기 18:15의 "나와 같은 선지자"와, 요한복음 14:16의 "또 다른 보혜사"가 바로 무함마드라고 한다.[15]

페르시아의 금욕주의자 **알비스타미**(al-Bistami, A.D. 804-875)는 자신의 마음을 비움(Entwerden)으로써 신과의 일치를 추구하였다. 그는 소위 "범신론적 신비주의자"(pantheistischer Mystiker)로서 "나는 진리다. 나는 신적 경배를 통해서 숭배된다"라고 하였다.[16]

"알라 앞에서 나의 존재는 완전히 사라졌다. 나는 아무것도 아는 바가 없다"[17]라고 하는 그의 논리는 수피즘의 범신론적 합일의 신비론으로서,

---

13 *Der Heilige Qur'an* (Ahmadiyya Muslim Jamaat, 1989).
14 Sura 5:15 각주 5-1에도 보혜사를 아흐마드와 동일시했다.
15 Sura 3:81 각주 81-1에는 신구약 성경에 무함마드가 올 것을 예언해 놓았다고 하고, 그 근거를 역시 신 18:18과 요 14-16장에 두었다.
16 E. Kellerhals, 65f. "Ich bin die Wahrheit; ich muß verehrt werden durch göttliche Anbetung."
17 이현경, "이슬람의 사랑 개념," 『민속이슬람』 (예영커뮤니케이션, 2004), 162-3, 각주 64.

알라는 초월자이고 자아는 알라와 어떠한 관계도 맺을 수 없으므로 자아가 알라의 임재 가운데 거하려면 자아가 죽어야 한다는 것이다. 이 자기 부재(non-existence) 현상은 인간 수피의 모든 의식이 사라지고 아무것도 존재하지 않는 상태를 말한다.[18]

하나님과의 신비적인 일치를 주장하였던 동시대적인 신비주의자 알 할라즈(al-Halladj, 858-922) 역시 백성들로부터 성인으로 숭배를 받던 한 "범신론적 일원론자"(pantheistischer Monismus)이다. 오랜 수련 끝에 그는 "하나님"에게 "나는 당신입니다"(Ich bin du)라고 말함으로써 그는 "하나님"과 하나 됨을 경험하였다고 한다.[19]

일반 종교들의 신비주의는 신과의 합일 내지 신의 사랑과의 합일을 추구하고 신적인 대상에게 전폭적으로 자신을 헌신함으로써 내적인 평화를 경험하려는 목적을 갖고 있다. 이슬람 신비주의 역시 이러한 범주에 속하여,[20] 인간과 접촉 가능성이 없는 초월자 알라에 대한 영적인 갈증을 해갈하고자 하는 것이다. 이슬람 신비주의의 목적은 수피의 영혼과 "알라의 영혼"(divine soul)과 철저히 동일시하고 알라와 절대적으로 하나(absolute oneness)가 되는 것이다. 결국 "내가 존재하는 것이 아니라 신이 존재한다"(I am not, god is)라는 의미의 "알라의 영혼"을 실현하는 것이다.[21]

『이슬람의 수피즘』이라는 책을 쓴 와히드 바크쉬 랍바니(Wahid Bakhsh Rabbani)는 '존재의 유일성'(oneness of being)을 주장한다. 그가 말하는 존재의 유일성이란 온 우주가 신 안에 있다는 뜻이며, 그가 없이는 아무것도

---

18 이현경, 162-3, 각주 64.
19 E. Kellerhals, 65f.
20 A. Th. Kohoury, *Gebete des Islams* (München, 1981), 70-73.
21 Wahid Bakhsh Rabbani, *Islamic Surfism* (Kuala Lumpur, 1995), 132, 138-140.

존재하지 않고 신의 본질이 우주에 표현되었다는 뜻이다.[22] 그것은 바로 온 우주가 신적 존재(god's being)라는 말이다. 그는 이러한 자신의 사상을 "순수한 이슬람적 범신론이며 순수한 이슬람적 유일신론"(pure islamic pantheism and pure islamic monotheism)이라고 칭한다. 신은 어디나 있고 오직 하나이며, 그 외에는 어떤 것도 존재하지 않는다는 것이다.[23]

수피들의 이러한 신비주의 사상은 꾸란과 정통 이슬람과는 아무 상관이 없는, 아시아 고등 종교들의 범아일체 사상과 불교의 열반 상태와 흡사하다. 이러한 수피즘의 범신론적 합일 신학은 아시아 고등 종교적 범신론과 혼합된 것임을 쉽게 간파할 수 있다.

---

22 Wahid Bakhsh Rabbani, 132, 138–140.
23 Wahid Bakhsh Rabbani, 131f.

제 2 장

신비 체험

　필자는 수년 전에 이집트에서 시아파 무슬림들이 후세인 모스크 홀에 가득 차서 관을 만지며 꾸란을 암송하고 선창과 복창을 반복하며 흥분에 휩싸이는 모습을 보았다. 그리고 홀 밖에서는 여러 수피 모임들이 각각 반복적으로 몸을 좌우로 또는 앞뒤로 흔들며 선창과 복창으로 짧은 구절을 쉴 수 없이 반복하다가 템포가 빨라지면서 숨이 가빠지고 흥분하며 쓰러지는 사람들을 보았다. 필자는 이들이 이런 방식으로 '자기 죽음'의 상태를 만들어 내려는 것이 아닌가 하고 의혹한 일이 있다.

　실제로 이렇게 이끌리는 상태에 관해서 **주나이드**(Junayd of Baghdad, A.D. 835–910)는 다음과 같이 말했다.

> 알라가 너로 하여금 네 자신을 죽게 하고 너로 하여금 알라 안에서 살아나게 한다.[1]

---

[1] 공일주, 『이슬람의 수피즘과 수쿠크』 (서울: CLC, 2011), 58.

이러한 계통의 수피 신학자 중에 알라를 추구한 **알 할라즈**(al-Hallaj, 857-922)는 다음과 같이 주장했다.

> 무슬림은 그의 자신 안에서 알라를 통하여 그 신적 존재와 어느 정도 결합을 이뤄야 한다.

이로 인해서 할라즈는 카피르(불신자)로 몰려 처형되었다.

할라즈가 본래적 이슬람 세계관을 멀리 벗어나 인간 신격화의 위험 수준에 이르게 된 후에 외면적인 행동 규범을 위한 이슬람법(샤리아)과 내면적인 갈증을 채우려는 수피즘의 조화를 이루며 양면성을 충족시킨 이슬람의 대학자 **알 가잘리**(Al-Ghazali, A.D. 1058-1111)는 전통적인 샤리아에다 수피즘을 더하였다. 알가잘리는 완전한 인간의 본이 무함마드라고 하였다. 더 나아가 그는 완전한 인간의 마음은 알라의 보좌와 동일시되고, 완전한 인간은 알라의 복사판이라고도 주장하였다. 가잘리의 이러한 '완전한 인간'에 관한 가르침은 무함마드 숭배를 촉진시키는 결과를 초래하였다.[2]

알가잘리 사후 13세기에 시작된 수피학의 존재론적 합일을 추구한 대표적인 스페인 수피 **이븐 아라비**(Ibn Arabi, A.D. 1165-1240)는 피조물의 본질이 무(nothing)가 이루어 질 때 창조주와 합일을 이룬다고 주장하였다.[3] 그는 "영혼을 정화하면 근원으로 회귀한다"는 것이다.[4] 그는 "네가 네 자신을 알 때 … 너와 알라가 하나이고 동일하다는 것을 알게 된다고 하였다."[5]

2　공일주, 58.
3　공일주, 54.
4　공일주, 54. 각주 42.
5　공일주, 60.

2005년에 작성된 강재춘의 "터키수피즘의 영적 세계 및 수행방법 연구"[6]는 수피즘에 대한 한국에서의 연구 가운데 독보적인 것으로 보인다. 그의 연구에 의하면 메블라나 종단의 수행 방법은 '파나'(fana, 자기 소멸), '바카'(baqa, 신과의 합일), '마합바'(mahabba, 신과 사랑의 합일)로 이어지는 것이다. 수피들은 세마춤을 추며 마음속으로 끊임없이 "알라"를 부르면서 자기를 비워간다. 왜냐하면 자기가 소멸(fana)된 그 자리에 알라가 채워진다고 믿기 때문이다. 이 합일의 순간(baqa)에 수피는 잠시 알라와 사랑의 합일(mahabba)을 느낀다는 것이다.[7]

정통 이슬람이 샤리아에 복종함으로써 알라와 합일의 신비를 체험하고자 하는 바와는 달리, 수피즘은 따리카(길, 신과의 합일을 이루는 수행 전체)에 의해 알라에게 도달하고자 한다. 바로 메블라나 종단의 세마춤이 '신과의 합일'을 위한 수행 기법(테크닉)이다. 끊임없이 반복되는 회전무를 통해서 자신의 존재를 망각하게 됨에 의해 알라와의 합일 상태를 이끌어 내려는 것이다.

세마춤의 수피 수행 기법이다.

① 따리카(Tariqah): 신비주의 공동체의 기법과 의례대로 수행하고,
② 디크르(dhikr): 무아지경에 이르기까지 끊임없이 염주를 돌리며 집중하여 알라를 **염송**한다.
③ 수흐바(suhbah): 종단 회원 상호 간의 대화를 통해 서로 비추고 깨닫는다.

---

[6] 강재춘, "터키수피즘의 영적 세계 및 수행방법 연구 – Mevlana 종단의 세마춤 수행을 중심으로"(석사학위 논문, 아세아연합신학대학교 대학원, 2005).
[7] 강재춘, 25, 36f.

④ 세마(sama): 알라와 합일하고 알라의 가르침을 위해 악기 연주, 시낭송, 노래, 춤 등으로 몸을 움직이며 황홀경을 체험하는 기법이다. 신과의 합일을 위해 환각 상태를 유발하려고 마리화나 같은 약물을 복용하기도 한다.[8]

강재춘은 코니아(이고니온)에 위치한 메블라나 종단 센터에서 세마잔(세마춤을 추는 사람)들과의 인터뷰로 메블라나 수피즘의 세마 수행 방법에 관해 알게 된 바를 아래와 같이 설명한다. 필자가 요약하면 아래와 같다.

> 세마춤의 수행은 신비주의 음악으로부터 시작한다. 시작하면 바로 피리(네이) 연주가 세마의 흐름을 이끌어 간다. 피리 연주가 끝나면 이어서 무함마드와 성자들을 존경하며 평안을 염원하며 메블라나가 쓴 시를 독창(나트)으로 부른다. 그 시의 내용은 알라와의 합일을 추구하면서 자기 자신을 잃어버리는 내용이다. 나트가 끝나면 북 연주(쿠뒴)로 이어지는데 북소리는 알라의 명령(Sura 36:82)을 상징한다. 이제 세마잔들이 죽음의 무덤에서 일어나는 것으로 시작한다(세마춤의 복장과 춤은 모두 죽음 이후의 일들이다). 세마춤의 장면과 의미를 요약하면 아래와 같다.
> ① 세마잔들이 자아의 무덤을 상징하는 검은 망토를 입고 입장한다. 이는 자아의 죽음을 고백하는 것이고 현세의 삶을 포기한 것이며, 자아 죽음을 통하여 알라와의 합일을 추구하는 것이다.
> ② 이들은 비석을 상징하는 원통형 모자를 착용하고 있다.
> ③ 입장하면서 바로 긴 시간에 걸쳐 깊이 허리를 굽혀 서로 인사는 하는데, 이러한 인사를 나누는 이유는 상대방의 깊은 깨달음과 합일을 존경

---

8 강재춘, 38-44.

▲ 메블라나 수피 종단의 수행 목표인 "신과의 합일"을 잘 표현하는 책 표지 그림.
E. TuerKmen, *The Essence of Rumi's Masnevi* (Konya, Turkiye, 2002).

하고 사랑한다는 뜻이다. 먼저는 쉐이크(지도자)가 메블라나 잘랄루딘 루미의 표식이 있는 중앙에 위치한 붉은 양탄자 쪽에 가서 루미에게 인사하여 존경을 표하고, 모든 세마잔들과 무트립(mutrib, 음악연주가)들은[9] 각각에게 겸손한 자세로 이와 같은 존경스러운 인사를 나눈다.

④ 세마잔들의 회전무가 시작되기 전에 세마잔은 오른발로 왼쪽 엄지 발가락을 가리고[10] 두 팔로 어깨를 감싼다. 알라와 하나가 된다는 의미이다. 회전은 물질적 영역에서 영적인 영역으로 올라가는 것을 상징한다.

⑤ 검은 망토를 벗는다. 이것은 수피의 자아가 죽은 후에 흙으로 시신을 덮는 것이라고 한다.

⑥ 망토 안에는 흰 겉옷과 흰 조끼를 입고 있다. 이는 수의를 상징하며, 이제 세마잔들이 영적으로 새롭게 태어났음을 의미한다.

⑦ 흰옷을 입은 세마잔들은 두 손을 가슴에 올린 자세로 어깨를 감싸 안고 1자로 선다. 아랍어 숫자로 하나, 즉 1자의 의미는, 알라는 오직 한 분임과, 이미 알라와 하나 됨을 상징한다.

⑧ 본격적으로 회전무를 시작한다. 세마잔들은 회전하면서 "알라 알라 알라 알라 …"를 끊임없이 반복하고, "라 일라하 일라 알라"(la ilaha illa Allah, 알아 외에는 신이 없다)를 암송하기도 하며, 템포는 점차 조금씩 빨라진다. 회전은 4단계로 나누어 멈추었다가 시작한다. 인사는 처음과 나중과 그리고 회전이 멈출 때마다 계속한다.

---

9 강재춘, 92. 알라와의 합일을 느끼는 신비주의 음악가는 아래와 같이 고백한다. 노래는 "내가 하는 것이 아니다. 나와 하나 된 알라가 내 안에서 노래한다." 이는 꾸란적이지도 정통 이슬람적이지도 않다. 오히려 무당적 강신과 병행되는 'Synbiosis'(공생) 현상을 보게 된다.

10 강재춘, 73. 오른발로 왼쪽 엄지발가락을 가리는 유래는 식당의 수행자가 루미에게 음식을 주기 위해 급히 준비하다가 마음이 알라와 멀어지는 것을 느끼는 그 순간 발가락이 타는 것을 느꼈다고 한다. 그래서 수행자들은 아무리 다급한 일이 생겨도 알라를 향한 마음을 놓지지 말아야 한다는 다짐으로서 그 행동을 한다.

⑨ 마침내 최고의 경지에 도달하여 자아는 알라의 사랑 안에서 소멸된다. 자아 소멸은 최고의 경지이다.
⑩ 마무리 단계로서, 본래의 곳으로 돌아간다.
⑪ 모두 높은 소리로 "후!"(hu!)라고 한 후 서로 인사하고 마친다.[11]

위와 같이 터키 수피즘의 메블라나 세마춤은, 자아의 죽음을 통해서 알라와의 합일에 도달하려는 방법이다. 수피들은 알라에 집중하기 위해 "알라"라는 고백을 염불하듯 끊임없이 반복하여 부르고, 돌고 돌다가 자아를 잃어버리는 지경이 되면, 그 자리에 알라가 채워진다거나, 자아가 알라에게 흡수된다고 생각한다. 이 합일의 순간은 힌두교나 불교 등의 요가 훈련을 통해서 범아일체 또는 무아지경을 잠시 체험하는 것과 유사하다. 즉 수피의 자아는 없어지고 알라만 남게 되거나, 자아가 알라 안에 흡수된다는 이론이다.

11　강재춘, 65-75.

제 3 장

수피즘의 인간 신격화 신학의 문제점

위의 유신론 내지 범신론적 합일의 수피 신학과 유사한 힌두교의 요가는 범신론적 합일의 신학을 통해 인간 절대화를 추구하고, 불교는 무신론적 합일의 신학을 통해 그러하다. 이 합일의 순간을 힌두교 철학은 범아일체를 실현한 것이라고 하고, 불교 철학은 열반을 실현한 것이라고 한다.

자아는 없어지고 알라만 남게 된다고 주장하는, 신인 융합을 이루려는 수피 기법들은 힌두교가 그 범신론적 절대자인 브라만과 아트만(인간 속에 내재한 브라만)과의 융합하려는 것과 유사하고, 불교가 멸아 내지 열반이라고 하는 '무아'를 실현하기 위한 요가 기법들을 사용하는 것과 그 목적과 방법에 있어서 상당히 동일하다.

힌두교의 요가는 힌두교의 역사만큼이나 오래된 수행 기법이고, 요가 수행의 목표는 인간의 자아라는 아트만을 우주의 실재라는 브라만과 합일하려는 목표 도달을 위해 황홀경이나 최면의 상태를 만들어 내는 수단이다. 요가의 사상적 기초는 인도에서 가장 알려져 있는 우파니샤드(Upanishaden) 철학적 범아일체 사상이며, 이를 달성하기 위해서 마음의 움직임을 다 멸하는 테크닉이 요가이다.

『마이트라니 우파니샤드』(*Maitrayani Upanishad*)는 숨 조절, 명상, 감각 기관의 차단, 사고 기능 고정, 몰두 등과 같은 방법과 기술을 통하여 참된 자아를 깨달음으로써 브라만과의 합일을 이루는 길을 제시하고 있다.[1] 요기들은 초능력이나 마법 열을 얻기 위해서 마취제나 마약, 아편, 최면제를 사용하여 의례적으로 도취한다. 요가의 거장 파탄잘리(Patanjali)도 황홀경(ecstasy)를 유도하는 마약 및 약초를 초능력 성취 수단으로 여긴다.[2]

19세기 불이론(不二論)적 베단타 철학자로서 유명한 뱅갈의 라마크리슈나(Ramakrishna, 1836-1886)는 기독교까지 체험적으로 합일하고 싶었다. 그는 1874년 11월 성모 마리아와 아기 예수의 그림을 응시하던 중, 그 그림에 사로잡혔다. 그는 "문득 성모 마리아와 아기 예수의 그림에 시선을 멈추었다. 신선한 감동이 그를 사로잡았다. 그가 응시하고 있던 형상들은 생기를 띠었고 그 얼굴에서 나온 빛줄기들이 그의 영혼 속으로 꿰뚫고 들어왔다." 그 때 그는 "오 어머니 제게 무엇을 하십니까?"라고 외쳤다. 이 순간 그는 "그리스도"가 그의 영혼을 소유했다고 느낀 것이며, 그리스도와 영원한 합체를 이루었다고 느꼈다. 이 신비 체험으로 그는 그리스도의 본질을 알게 되었다고 말한다.[3]

위에서 알 수 있듯이 힌두교의 구원론은 죄의 문제에 대한 해결 없이 어떤 테크닉을 통해서 구원을 성취하고자 하는 무신론적 자력 구원이다. 힌두교 철학은 모든 복수(단수)의 근거를 '하나'의 근원자(프리마 카

---

1 K. Hoppenworth, *Neue Heilswege aus Fernost* (Bad Liebenzell, 1978), 50. 극소량의 산소로 장시간 견딜 수 있는 능력.
2 M. 엘리아데, 『요가』, 정위교 역 (서울: 고려원, 1989), 326f.
3 S. 르메트르, 『라마크리슈나』 (서울: 대원사, 1988), 83-105.

우사, prima causa)에게서 발견하려는 일원론적이고 범신론적인 사상적 체계를 지니고 있고, 그들의 '구원'이란 '복수'의 대립을 없애고 무이(無二) 또는 불이(不二)의 신비에 몰입하는 것이다.

힌두교의 구원 방법이 '유신론적인 합일'의 방법이든 '범신론적인 합일의 방법'이든 어느 방법을 통해서든지 그 목표가 자기 신격화 내지 자기 절대화임을 알 수 있다. 즉 인격적인 신과 동화되든, 비인격적인 브라만과 합일되든, 그 내용은 인간의 본질을 절대자와 동일시하는 것이다.

이러한 자기 신격화와 자기 확대에 관하여 썬다 싱(Sundar Singh)은 위험성을 직시하고 창조에 속해 있는 인간이 하나님께 불순종하고 자기를 신화(vergottet)했다고 하면서, **참 구원**이란 자기를 신격화하는 것도, 자아를 멸하는 것도 아니라고 하며, 오히려 이기심(Selbstsucht)을 멸하는 것이라고 말한다. 그는 '이기적 자아'가 하나님을 대항해서 하나님의 뜻을 거스렸음으로 인해 "마지막 심판"을 받게 될 것이라고 한다. 썬다 싱은 자아에 대한 기독교적인 자기 긍정은 힌두교의 신격화한 자아에 대한 부정이라고 날카롭게 지적하고 있다.[4]

불교의 요가는 열반에 도달하려는 테크닉이다. 열반이란 "바나"(불다)에 "니르"(부정사)가 붙어 있는 단어로서 "불어서 끈다"라는 의미의 동사이다. 즉 번뇌의 불꽃을 불어 꺼버린 것과 같이 '탐, 진, 치'(貪, 瞋, 癡)와 모든 번뇌의 불길이 꺼지고, 일체의 고(苦)에서 벗어난 상태이다.[5] 이 상태를 멸(滅), 적(寂), 적멸(寂滅)이라고 한다.

열반은 생존 시의 열반과 죽음에 의한 열반이 있다. 전자는 불완전한 열반, 후자는 완전한 열반이라 칭하고, 석가모니의 죽음을 입멸(入滅)이

---

4 F. Melzer, *Christus und die indischen Erlösungswege* (Tübingen, 1949), 32f.
5 대세계백과사전 12 (서울: 태극출판사, 1991), 239f.

라 한다. 입멸은 등잔불을 끄듯이 괴로움을 느끼는 감각 기관과 의식을 완전히 멸한 상태이다.[6] 독일의 모리츠 빈테르니츠(M. Winternitz)는 이 열반을 "강경중적 마비"(Kataleptische Starre)로,[7] 알프레드 포르케(A. Forke)는 "완전최면"(vollständige Hypnose) 상태로,[8] 스즈키(D. T. Suzuki)는 "영적 자살"(geistiger Selbstmord)로[9] 해석하고 있다.

석가모니의 열반에 이르는 수행법 '8 정도'의 마지막 단계인 '정정'(正定)과 같이 수도자가 최후의 '삼매'(samaj)를 준비하는 단계는 모든 감각과 의식을 끊어 일체의 분별심을 제거하는 것이다. 그때 마음은 무소유처(無所有處)에 머물러, 실재하는 것은 아무것도 없게 된다. 더 이상 생각과 상상이 없다. 그러므로 어떤 것도 일어나지 않는다. 이것이 적멸(寂滅)이다. 일체 의식과 지각이 멈춘 상태이다(멸진정, 滅盡定).[10]

그러나 요가 수련 중에 황홀경이나 최면에 빠지기 쉬우므로 촛불을 이용해서 의식을 일깨우며 위치 바꿈을 하기도 한다. 숨(들숨과 날숨)에 집중하면서 대상물에 의탁하여 '코끝 → 심장 → 배꼽'의 순서로 옮겨가며 몰입한다.[11] 이때 세계를 실체로 보는 의식이 점점 약해진다. 이것이 열반에 도달하는 길이다.[12]

원효(元曉, A.D. 617-686)의 통불교적 중심 개념도 역시 "일심"이며, 그

---

6 D. 요시로, 『열반경의 세계』 (서울: 현암사 1991), 191.
7 M. Winternitz, *Der ältere Buddhismus nach Texten des Tripitaka*, Religions-geschichtliches Lesebuch, Heft11., hg. v. A. Bertholet (Tübingen 1929), 25, Anm. 60.
8 A. Fork, *Geschichte der mittelalterlichen chinesischen Philosophie*, Abhandluugen aus dem Gebiet der Auslaudskunde, Bd 41 (Hamburg, 1934), 187.
9 D. T. Suzuki, *Leben aus dem Zen* (München, 1953), 168.
10 M. 엘리아데, 『요가』, 169f.
11 M. 엘리아데, 189-192. 이때에 도덕한 요소를 지니게 되나 이것을 배제해야 한다.
12 M. 엘리아데, 192f.

도 일심을 불성과 동일시하였다.[13] 이기영은 원효의 "일심"을 "포괄자" 또는 "무이"라 하며, 주체와 대상이 구별되지 않은 하나의 마음 또는 전체의 마음으로 설명했다. 내 마음과 타인의 마음이 본래 다르지 않다(일심동체)는 말이다.[14] 원효는 일심을 "무소유"라 하여 "머무는 곳이 없는 것"으로 설명하며, "일심"은 모든 지식과 개념과 의미를 멸함으로써 도달할 수 있고, 이것이 바로 "열반"이며[15] 이 열반의 상태를 "멸아"라고 한다.[16]

스즈키(D. T. Suzuki)는 사람의 마음이 '공'(空)한 상태가 불성의 상태이며, 주체와 대상이 통일된 상태가 열반이라고 한다.[17] 중국의 고승 황벽이 "나는 절대자 안에 거하고 절대자는 내 안에 거한다," "나는 절대자다"라고 고백한 것과 같이 인간을 신격화한 상태가[18] 바로 열반이고 일심이다.

힌두교가 자아와 우주와의 합일을 추구한다면, 불교는 인생의 고(苦)에서 탈출하려는 무신론적 현실 해결주의에 기울어졌다. 또 힌두교가 3억 3천의 신을 숭배한다면, 불교는 처음부터 철저한 무신론이다. 그 구원관은 속죄의 사실과 역사적 근거를 가진 하나님과의 화해를 의미하는 것이 아니라, 고(苦)와 업보로부터 스스로 탈출해야 하는 자력 구원관이다. 불교는 원죄와 창조론을 거부하는 무신론 종교이기 때문에 구원자도 없고 구원도 없다.

불교는 하나님을 찾는 종교가 아니라, 자아를 찾는 종교이고, 불교는 철저한 무신론에 빠지게 되어, '참 자아'라는 '무아'를 실현하고 또 그것

---

13 이기영, 『한국불교연구』 (서울: 한국불교연구원, 1982), 136, 427, 558.
14 이기영, 130-134, 441-450, 487, 535, 583.
15 이기영, 130-131, 422.
16 황패강, 『신라 불교 설화연구』 (서울: 일지사, 1980), 119.
17 D. T. Suzuki, 170-172.
18 Huang-Po, *Die Zen-Lehre des Chinesischen Meisters Huang-Po* (Weilheim, 1960), 20-25.

과 동일시하는 무신론 형태의 자기 절대화를 추구하는 종교이다. 불교는 하나님의 은혜를 받기 위한 회개도 없고, 용서도 없고, 구원도 없고, 천국도 없는 무신론 종교이다. 이들의 구원이라는 해탈 또는 열반의 상태란 참다운 구원이 아니라, 그들의 말 그대로 '멸아'이다.

위에서 고찰한 바와 같이 세마잔들의 체험에는 큰 위험이 동반한다.

첫째, 알라와의 합일 신학이나 무아지경의 체험에는 인간 신격화의 신학이 전제되어 있어서 꾸란에 의하면 신성 모독에 해당된다.

둘째, 세마잔들이 알라라고 하는 그 대상은 참 알라가 아닐 수 있다. 왜냐하면 세마잔이 자아를 잃어버린 무아 상태에서는 영적인 분별력이 없다. 대상에 대한 어떤 저항도 할 수 없는 상태에 있기 때문에, 수피가 어떤 대상을 접하는지를 알지 못한다. 메블라나 종단 수피들은 회전무에 의해 도달하는 곳에서 만난 대상을 무조건 알라라고 믿는 것으로 보인다. 더 근원적인 문제는, 이슬람과 꾸란에 영 분별 개념이나 거짓 영내지 거짓 선지자 개념이 없고, 영 분별 신학도 없다는 것이다.

모든 종교 창립자들과 이단 설립자들과 샤먼들은 신비 체험을 바탕으로 새로운 종교들을 세웠다. 이슬람 수피들은 오직 신비 체험을 **진리의 기준**으로 여긴다. 그러나 인간의 체험은 진리의 기준이 될 수 없다.

회전무를 통해 무아에 이르려는 수피즘이나, 요가를 수행해서 브라만과 융합하려는 힌두교나, 요가를 수행해서 열반에 들어가려는 불교가 모두 사탄의 권세 아래 놓이게 되는 이유는 그들이 창조주를 부인하고 자기를 신격화할 뿐 아니라, 그리스도를 거부하여 항상 용서받지 못한 죄인으로 남아있기 때문이다. 사람은 테크닉을 통해서 스스로 구원할 수도 없을 뿐 아니라, 죄 문제를 스스로 해결할 수도 없다. 실제로 인간의 죄성에 대해서 수피즘이나 힌두교나 불교가 깊게 다루지 않는다.

그러나 하나님의 심판은 인간의 죄악과 죄성 때문에 실행된다. 그러므로 타락한 인간의 죄성이 변화되지 않고는 천국을 기대할 수 없으며, 용서받지 못한 작은 죄라도 지니고 있는 사람 역시 천국에 들어갈 수 없다. 그러나 어떤 죄악도 스스로 제거하지 못하는 것이 인간이다. 죄의 용서 없이 구원은 불가능하며, 구원은 이슬람의 회전무나 힌두교나 불교의 요가 행위 같은 테크닉에 의해서가 획득할 수 없다. **성경적**으로는 오히려 위와 같은 수피즘의 신인 융합 사상이 인간이 하나님과 같이 되고자 했던 타락한 아담의 욕구과 병행되는 가장 큰 죄악으로 판정된다(창 3:5).

참된 신앙적인 신비는 오직 기독교 안에 있다. 그것은 오직 대속의 십자가와 부활을 믿고 회개하는 신자에게 체험적으로 일어나는 것이다. 하나님이 예수 그리스도의 이름으로 회개하고 죄 사함을 받은 자에게 주시겠다고 약속하신 대로 성령[19](하나님 자신의 영)을 부어 주심으로(행 2:38), 그 때로부터 성령은 우리 안에 내주하시고, 우리는 영원히 하나님의 사랑 안에 거하며 인격적인 교제를 하고(요 14:16f.) 구원을 확신하게 되는 것이다(고후 13:5; 요 3:5). 성령을 받은 사람이 기도나 예배 중에 자아를 소멸하는 법이 없다.

성령은 한 번 강림하면 그 영혼을 떠나지 않고 영원히 함께 계신다(요 14:16). 성경은 성령(예수 그리스도의 영)이 그 안에 계시는 영혼만 구원을 받는다고 선언한다(고후 13:5). 그렇지 않은 사람은 천국에 들어가지 못한다(요 3:5).

이 사실은 참 그리스도인들의 보편적인 체험이고, 세상에서 가장 큰 신비이며, 하나님이 주시는 최대의 선물이다. 성령은 결코 인간의 선행과 업적으로 받는 것이 아니라, 오직 예수 그리스도를 믿고 죄 사함 받은 자에게 하나님이 선물로 주시는 것이다(행 2:38).

---

19 욜 2:28f.(행 2:17f.); 겔 36:26f.; 행 1:4f., 8; 눅 11:13; 24:49; 요 14-16장.

제4부

내부자 운동의 번역 성경과 상황화 신학의 문제

제1장 꾸란의 생성
제2장 무슬림의 성경관
제3장 유일신 종교의 신 명칭
제4장 내부자 운동 번역 성경의 신 명칭
제5장 내부자 운동 번역 성경의 "메시아-예수"
제6장 두려움의 영과 성령
제7장 내부자들의 상황화 공동체
제8장 내부자 운동의 세계관에 대한 변증과 결론

필자는 그동안 이슬람 세계관에 해당되는 논문을 여러 차례 발표하였다. 그러므로 "이슬람 세계관"이라는 주제와 "이슬람 내부자 운동의 번역 성경"이라는 주제를 연결시켜, 20세기 후반에 이슬람권에서 확장되는 내부자 운동과, 그 내부자들을 위한 번역 성경이 기독교 세계관을 잘 전달하고 있는지에 관해서 선교 신학적으로 변증하고자 한다.

기독교 신앙의 토대를 이루고 있는 성경이 왜곡되지 않게 본문 그대로 잘 전달되지 않는다면, 그것은 점차 기독교와 이슬람을 혼합한 제3의 종교나 이단으로 발전할 수 있기 때문이다. 복음 전달로 인해 발생하는 영적 충돌과 진리 대결은 선교 현장에서 피할 수 없는 현실이며, 선교사들이 문화적 충돌을 최소화하기 위해 노력하는 것은 정상이다. 그렇지만 타문화권 선교로 인한 영적 충돌 과정에서 성경적 세계관이 수립되지 못하면 혼합주의 이단과 우상 세력이 그 안에서 곧 무성해지기 마련이다.

문제는 현대 종교다원주의 시대에서 기독교적 거대 기구인 WCC와 가톨릭이 점차 우상의 개념을 상실해 가고 반개종주의적으로 기울어지는 상황에 병행해서,[1] 이슬람권에서도 내부자 운동을 통하여 점차 사도

---

[1] 이슬람에 대해 무비판적으로 열린 **가톨릭교회**의 바티칸 공의회의 문헌 내용은 무슬림들의 입장과는 대조적이다. 『제2차 바티칸 공의회 문헌』(한국천주교중앙협의회, 1990), 609의 내용은 아래와 같다. "교회는 또한 회교도들도 존경하고 있다. … 예수를 하느님으로는 인정하지 않지만 예언자로는 공경한다. 동정 성모를 공경하며 때로는 그의 도움을 정성되이 청하기도 한다. 또 하느님께서 모든 사람을 부활시키시고 갚아 주실 심판 날을 기다린다. 여기서 그들은 윤리 생활을 존중하며 특히 기도로써, 또는 애긍시사와 재계로써 하느님을 섬긴다."
이와 같이 바티칸 공의회는 타 종교가 기독교와 같은 구원의 길이라고 명시한 것은 아니지만 교회 밖에는 구원이 없다는 배타주의를 포기하고 타 종교들을 진리와 해방의 길로 인정함으로써 공식적으로 종교다원주의의 입장을 취하게 된 것이다. 구원은 오직 믿음으로 말미암아 받는다는 성경적인 제시나 우상 숭배에 대한 하나님의 경고는 더 이상 남아 있지 않게 됐다. 20세기 후반기에 들어 세계교회협의회(WCC)에서 개신교도 위에 못지않게 이슬람을 포함한 타 종교들을 인정하기 시작했다. 1970년, "대화 프로그램"(Dialogue-Program, 1971년 설립)의 초대 책임자 사마르타(S. J. Samartha)는 이제는 교회 연합(Ökumene der kirche)에 대한 관심이 아니라 인류 연합(Ökumene der Menschen)에 대한 목적을 가지고, 과거적인

적이고 성경적인 복음이 상실되고 이슬람권 교회들이 반개종주의적이고 종교통합적인 공동체로 변질되지나 않을까 우려가 된다(갈 1:6-10).

이슬람에 대한 새로운 선교 방법을 주창한 내부자 운동 중에는 MBB(Muslim Background Believer)들의 상황화 신앙 형태를 C1-C6로 분류한 **존 트라비스**,[2] 내부자 운동의 주창자 **케빈 하긴스**,[3] 낙타전도법을 시작한 **케빈 그리슨**,[4] 복음서와 사도행전 번역자 **마즈하르 말루히**[5] 등은 과거에 믿던 이슬람을 버리지 않은 채 예수를 믿고자 하는 운동을 전개하였다. 이들은 기독교와 이슬람의 서로 다른 세계관을 포용할 뿐만 아니라,[6] 오히려 **삼위일체 하나님** 대신 **알라**를, **아버지 하나님** 대신 **주님**을, **하나님의 아들** 대신 **메시아**를 믿고, **교회** 대신 **모스크**에 모이도록 한다.

이러한 상황화론은 1990년에 처음으로 등장한 'C1-C6 그펙트럼'이라는 인도네시아 자바섬 지역 무슬림들을 위한 전략에서 시작되어, 1998년에 기독교 기독체를 소위 6가지 상황화된(contextualize) 형태로 분류했고, 필 파샬에 의해 더욱 견고해졌다. 혼합적 포용적 세계관은 C5와 C6 공동

교회들 간의 대화를 넘어서 이제는 타 종교와의 대화를 통해 세계 공동체를 위한 목적으로 모든 종교인들의 협력하자고 요청했다. 그리스도인들은 이제부터 "인간 실존의 신비에 이르는" 다른 종교들의 '진리'를 거짓된 길로 여기지 말 것과, 성경적인 진리 개념과 "존재"(Sein) 또는 "상태"(Zustand)로서 파악해야 하는 힌두교적인 진리의 개념을 서로 보충해야 한다고 주장하였다. 이러한 종교다원주의는 2013년 제10차 부산 총회에 이르기까지 WCC 선교 신학의 유행이 되었다.

[2] 로저 딕슨, "C1-C6 그펙트럼의 극복,"『크리슬람』, 조수아 링겔 외 저, 전호진 역 (종교문화연구소, 2014), 154-158; 제프 모튼, "내부자 운동: 부적절한 선교학,"『크리슬람』, 232, 243, 249f.

[3] 제프 모튼, "종교신학적 문제: 예수께서 이슬람교에서 사역했다면 굳이 십자가에 못 박혔을까?,"『크리슬람』, 205.

[4] 에밀 케너, "내부자 운동의 연옥 사상: 낙타전도법,"『크리슬람』, 257-261.

[5] 조수아 링겔, "성경의 이슬람화: 내부자 운동과 성경 번역들,"『크리슬람』, 283.

[6] 로저 딕슨, "C1-C6 그펙트럼의 극복,"『크리슬람』, 52.

체에서 발견되어진다.⁷ 우리가 연구하게 되는 신학은 C5 상황화 신학에 관한 것이다.⁸

C5 상황화 신학 중에 케빈 그리슨의 **"낙타전도법"**은 목사를 "이맘"이라 칭하고, 그리스도인을 "이사리 무슬림"이라고 부른다. 그리슨은 **알라와 삼위일체 하나님을 동일시**하고, "알라가 내린 완전한 계시"가 초기 성경에 계시되었다고 말한다.

역사적으로 현재까지 2천 년간 성경이 온 세계 방언으로 번역이 되었지만 성경 내용을 고친 역사는 없다. 그러나 내부자 운동 지도자들은 무슬림들이 어떤 증거도 없이 "성서의 백성들"(기독교와 유대교)이 "알라의 계시"를 왜곡해서 믿지 못할 경전이 되게 했다는 주장에 대해 변증하지 않는다.

또한 그들은 모세오경이 이슬람이 전파되기 전에 이미 사라졌다고 주장하는 **유스프 알리**와 모든 무슬림들이 **기독교 성경**을 변질된 문서로 잘못 알고 있다고 주장하는 것에 대해 침묵으로 수긍하는 것 같다.⁹ 내부자 운동 지도자들의 이러한 성경에 대한 태도는 엄청난 잘못으로 발전할 수 있다.

케빈 그리슨은 오히려 꾸란에 대해서 "하늘의 영원한 소망을 주는 놀라운 진리"라고 좋은 평가를 내린다. 그는 Sura 3:42-55이 예수의 신성을 증명한다고 주장하고, 예수는 직접 알라로부터 왔으며, "말씀"으로 불리우는 예수는 알라 자신의 한 부분이라고 하면서 성경과 꾸란의 혼합주의

---

7 로저 딕슨, "C1-C6 그펙트럼의 극복,"『크리슬람』, 153-156. 존 트라비스의 C1-C6 스펙트럼은 다음과 같다. C1: 외부인의 언어를 사용하는 전통적 교회, C2: 내부인의 언어를 사용하는 전통적 교회, C3: 전형적인 그리스도 중심 사회, 내부자 언어를 말하고 문화적으로는 내부자 문화에 중립적 자세, C4: 전형적인 그리스도 중심 사회, 내부자 언어를 말하고, 성경적으로 이슬람 문화를 수용하는 자세, C5: 그리스도 중심 사회, 메시아를 믿는 무슬림으로써 예수를 구주로 영접한 자, C6: 소규모 그리스도 중심 조직, 비밀/지하 단체 성도들.
8 로저 딕슨, "C1-C6 그펙트럼의 극복,"『크리슬람』, 167.
9 제프 모튼, "내부자 운동: 부적절한 선교학,"『크리슬람』, 241f.

를 추구한다.[10]

내부자 운동 신학자들의 공통점은 위와 같이 꾸란을 긍정적으로 해석하고 **꾸란이 강력하게 주장하는 반 삼위일체적이고 반 기독적인 구절들에 관해서 침묵**하고 있다는 점이다.

필자는 이 주제를 다루면서 가장 최근 작품이고 신앙적으로나 신학적으로 가장 정통 신앙적 안목으로 조슈아 링겔(Joshua Lingel)과 제프 모턴(Jeff Morton)과 빌 니키데스(Bill Nikides)에 의해 편집된 『크리슬람』(Chrislam)을 특별히 참고하였다. 필자는 내부자들의 새 성경 역본을 입수하지 못하고 위의 책을 재인용하게 된 점과, 실제로 내부자 운동가들을 접하지 못하고 문서에 의해서만 연구하게 됨을 죄송스럽게 생각한다. 그러나 필자는 이 자료들을 신뢰한다. 본문에서 이용된 꾸란은 『성 꾸란 의미의 한국어 번역』(파하드 국왕 꾸란 출판청, 1999)이다.

필자는 이슬람에 관한 변증적인 글을 쓰면서 무슬림 구도자들도 이 글을 읽어주기를 바라는 마음으로 꾸란 구절만이 아니라 성경 말씀도 본문에 많이 인용하였다.

---

10 에밀 케너, "내부자 운동의 연옥사상: 낙타전도법," 『크리슬람』, 257-261.

제1장

꾸란의 생성

무슬림들의 기본 신앙 고백 6개 중 세 번째 항목은 **경전**에 관한 고백이다. 그 경전은 모세의 구약성서(타우라트), 다윗의 시편(자부르), 예수의 신약성서(인질), 무함마드의 성 꾸란이다. 그러나 무슬림 영혼 구원을 위한 기독교 변증가 존 길크리스트는 꾸란이 인정하고 있는 **토라**와 **인질**이 실제로 구약과 신약을 뜻한다고 한다.[1] 실제로 성경을 파는 모든 이슬람 서점에서 토라를 구하면 구약성경을, 인질을 구하면 신약성경을 준다.

그런데 모든 무슬림들은 구약성서와 신약성서는 원형이 없고, 그리스도인들이 원형을 변질시킨 책이며 후세의 신자들이 만들어 낸 해설서에 불과하다고 믿고 있다. 반면 이슬람의 교리문답집은 꾸란을 알라가 무함마드에게 23년간 걸쳐 계시한 것이고, 무함마드가 그의 생애 중에 손수 쓰고 정돈한 것으로서, 아랍어 원형 그대로 보존되어 온 것이라고 설명한다.[2]

---

1 존 길크리스트, 『꾸란과 성경의 비교연구』, 전병희 역 (서울: 서로사랑, 2010), 85.
2 무함맏 압둘 아렘 시디끼, 『이슬람 교리문답』, 하지 사브리 서정길 역 (이슬람 선교성, 트리폴리, 주한 리비아 국민사무소, 1983).

그러나 오늘날 유일하게 남아 있는 **우스만의 꾸란**이 역사적인 사실로는 여러 개의 꾸란 원본들 중에 하나였다고 알려져 있다. 그것들은 무함마드가 죽은 후에 첫 번째 칼리프인 **아부 바크르가 편집한 꾸란**과, 두 번째 칼리프 우마르의 딸이며 무함마드의 처들 중에 하나인 **하프사가 편집한 꾸란**, 그리고 그 후에 이전 꾸란들이 모두 불타고 유일하게 남은, 제3대 칼리프 **우스만의 꾸란**이다.

이미 알려진 이슬람의 "계시"와 **꾸란의 생성**에 관해 요약하자면, 꾸란은 610년 무함마드가 히라산 동굴에서 이름 모를 영으로부터 소위 "계시"를 받기 시작하여 622년 메디나로 이주하여 632년 그가 사망하기까지 23년 동안 지속적으로 받은 "알라"의 율법들이다. 꾸란의 단어들 중에 3/4은 성경에서 가져온 단어들이고 미쉬나와 탈무드에서 전승된 것들도 포함되어 있다. 무함마드는 문맹이었기 때문에 스스로 쓴 것은 하나도 없었고, 그의 비서들이 받아 쓴 것들이다. 그들 중에 이슬람으로 개종한 압둘라 마수드(Abdulla B. Masud)와 우바이 캅(Ubai B. Kab)이 있다.[3]

이와 같이 꾸란은 몇 개의 원본들을 가지고 있었다. 알 부카리는 대추야자, 흰 돌들, 사람들의 가슴에서 꾸란을 수집했다고 기록하고,[4] 첫 번째 꾸란은 첫 칼리프였던 아부바크르 때에 자이드 타벳(Zaid ibn Tabet)의

---

3   무함맏 압둘 아렘 시디끼, 171.
4   존 길크리스트, 44-53. 인터넷에 홈페이지에 기록된 꾸란 편집론은 다음과 같다. "… 꾸란은 무함마드가 610년경 유일신 알라의 계시를 받은 뒤부터 632년 그가 타계할 때까지 간헐적으로 계시된 계시를 모은 것이다. … 계시된 무함마드의 말은 초기의 사도들에 의해 기억되어 양피나 낙타의 골편(骨片), 야자나뭇잎, 암석의 파편 등에 불완전한 문자로 기록했는데 세월이 흐름에 따라 전승이 다양해져 그의 집성, 통일이 필요하게 되었다. 이리하여 [꾸란]의 편찬이 이루어졌는데 초대 칼리프 아부바크르(Abu Bakr)가 시작하여 본격적인 편찬은 제3대 칼리프인 오스만(Uthman, 644-656 재위) 치세 때 이루어져 현재까지 내려오고 있다"(http://blog.daum.net/mokryeon/4498248?srchid=BR1http%3A%2F%2Fblog.daum.net%2Fmokryeon%2F4498248(2008. 10. 3).

꾸란 수집에 의해 편집된 것이다(Al Hadis, Vol. 3, 707). 이 **아부 바크르의 꾸란**은 두 번째 칼리프인 우마르 카탑에게 전해졌고 우마르는 죽을 때 이 자료를 그의 딸이며 무함마드의 부인이었던 하프사에게 주었다.[5] 이 **우마르의 꾸란 원본**은 634년에 편집된 것이다.

650년에는 세 번째 칼리프였던 우스만 아판(Uthans b. Afan)에 의해 편집된 꾸란 원본이 있었다. 그러나 이 꾸란 원본들이 일치하지 않아서 우스만은 자신의 것만 남기고 다른 원본들을 모두 불태웠다. 알 부카리는 다른 꾸란 원본들을 불태우라는 우스만의 명령에 관해서 다음과 같이 진술한다. 우스만은 무슬림이 필사한 사본 중 하나를 모든 나라에 보냈고, 게다가 편집된 모든 것 또는 원본 중에 그 필사한 사본을 제외하고는 모두 불태우도록 명령을 내렸다(Al Hadis, Vol. 3, 708).[6] 그래서 시아파는 현재의 꾸란을 무함마드의 꾸란이 아니고 **우스만의 꾸란**이라고 비난하였다.[7]

그러므로 오늘날 사용하는 꾸란이 "**무함마드의 꾸란**"이라고 하는 무슬림들이 고백은 사실상 역사적 근거가 없는 것이다. 현재의 **우스만 꾸란** 안에는 많은 모순들이 보이지만 우스만의 이러한 극단적 처사로 말미암아 무슬림들은 꾸란 원본들 간의 차이를 전혀 알 수 없게 되었다. 게다가 꾸란은 그 속에 있는 모든 모순에 대해 질문하지 못하게 금하고 있다(Sura 5:101f.).

> 믿는 자들이여 분명한 것은 묻지 말라 했으니 그것이 오히려 해롭게 하느니라. 또한 꾸란이 계시되는 것을 묻는다면 이는 더욱 너희들에게 해

---

5 존 길크리스트, 45–47. 꾸란 수집가 자이드 이븐 타벳(Zaid ibn Tabet)는 자이드 이븐 사벳(Zaid ibn Sabet)이라고도 불린다.
6 존 길크리스트, 49.
7 압 둘 미시흐, 『무슬림과의 대화』, 이동주 역 (서울: CLC, 2001), 171.

> 악이라 … 너희 이전의 한 무리가 그러한 질문을 하였으니 그들은 그로 인하여 불신자들이 되었노라(Sura 5:101-2).

무슬림들은 꾸란의 절대성을 믿는데, 그 이유는 **알라의 최종 계시**라는 꾸란 "계시"의 최종성 그 자체를 진리의 표준으로 믿기 때문이다. 또 이슬람 교리 중에는 꾸란의 모순을 해결하는 **'만수크 교리'**가 있다. 그것은 나중 계시가 이전 계시를 무효화할 수 있는 것이다. 이 교리에 의해 꾸란 보다 먼저 기록된 신·구약적 계시가 무효화 되고, 나중에 받은 무함마드의 '메디나 계시'에 의해 먼저 받은 '메카 계시'가 무효화하여 모든 교리적인 모순과 충돌을 제거하는 것이다.

제 2 장

무슬림의 성경관

위와 같은 전제를 가진 무슬림들은 성경도 그와 같은 줄로 알고 **성경 변질론**을 주장한다. 꾸란과 일치하지 않거나 모순되고 충돌되는 성경 구절들은 유대인과 그리스도인들이 성경 원본의 내용들을 고쳐서 변질시킨 부분이라는 것이다.

그러나 성경을 변질시킨 흔적은 세상 어느 곳에도 없고, 어떤 무슬림도 그러한 주장을 입증하지 못한다. 왜냐하면 성경 변질론이 역사적 사실이 아니기 때문이다. **꾸란조차도 성경 변질론을 부정하고** 하나님의 말씀은 아무도 고칠 수 없음을 보이고 있다.

> … **하나님의 말씀을 위조 할 수 있는 자 아무도 없었으며** …(Sura 6:34).
>
> … **하나님의 말씀을 변조치 아니하니** …(Sura 10:64).

꾸란은 다만 아래와 같이 유대인들에 대해 말한다.

① 알면서도 진리를 왜곡하고 숨기지 말라(Sura 2:42).
② 그들은 하나님의 말씀을 듣고 이해하면서도 그 말씀을 왜곡한다 (Sura 2:75).
③ 그들이 진리를 알고 있으면서도, 그들이 알고 있는 사실을 숨기고 있다(Sura 2:146).
④ 성서의 백성들이 진리는 알고 있으면서도 그 진실을 감추려 한다 (Sura 3:71).
⑤ 그들은 성서를 잘 알고 있으면서도 낭독할 때에 발음을 정확하게 하지 않아 왜곡하며, 그것이 성서로부터 온 것처럼 말하나, 그것은 성서로부터 온 것이 아니다(Sura 3:78).
⑥ 그들은 손으로 성서를 써서 값싸게 팔려고 했다(Sura 2:79).

이 내용들을 간추리면, 일부 유대인들이 무함마드를 속이려고 하였다는 것(Sura 2:75, 146; 3:78)과, 유대인들이 올바로 인도함을 받고, 성경적 진리를 알고도 그 교리를 무효화했다는 것(Sura 4:46)과, 무함마드에게 성경을 제대로 가르쳐주지 않았다는 것(Sura 2:41, 79)과, 유대인들이 잘못 발음해서, 몇 낱말을 무슨 말인지 이해할 수 없었다는 것(Sura 5:13)과, 유대인들이 성경을 베꼈다는 것들이다.

이와 같이 무함마드가 비판한 이 유대인들은 무함마드 주변인들이었고 전체 유대인들이 아니었다. 그리고 꾸란은 유대인들이 성경 정품을 가지고 있었고 또 그 내용을 알고 있었다고 진술하고, 유대인들이 토라를 고쳤다고는 주장하지 않는다. 꾸란은 결코 성경의 변질에 관해 이야기하고 있지 않다.[1]

---

1   압 둘 미시흐, 『무슬림과의 대화』, 이동주 역 (서울: CLC, 2001), 142-144.

꾸란이 Sura 5:47에서 신약의 백성들로 하여금 "하나님이 계시한대로 판결하게 하라"고 한 바와 같이 꾸란은 성경을 변질시키지 않았음을 증거하고 있다.

사실상 성경을 변질시킨 것은 유대인이나 그리스도인들이 아니라, 오히려 이슬람의 경전 꾸란이다. 꾸란의 성경 변질 행위 중에 대표적인 예는 아래와 같이 Sura 61:6에서 '보혜사 성령'을 무함마드와 동일시하는 것이다.

> 마리아의 아들 예수가, 이스라엘 자손들이여 실로 나는 너희에게 보내어진 선지자로서 내 앞에 온 구약과 내 후에 올 아흐맏이란 이름을 가진 한 선지자의 복음을 확증하노라(Sura 61:6).

Sura 3:81의 각주 81-1은 신구약 성경에 아흐마드(무함마드)가 올 것을 예언해 놓았다고 하고, 그 근거를 신명기 18:18과 요 14-16장에 두었다. 요한복음 14장 이하에, 예수께서 십자가를 지시기 전, 공생애의 마지막 날 밤에 보혜사 성령 '파라클레토스'(παράκλητος)를 보내주실 것을 거듭 약속하신 말씀에 대하여, 꾸란은 본래 예수께서 약속하신 것은 '페리클뤼토스'(περικλύτος, 찬양 받은 자), 즉 아흐마드(무함마드)인데, 그리스도인들이 성경을 왜곡하여 **무함마드에 관한 예언을 성경에서 삭제하고** 그 단어의 모음을 바꾸어서 보혜사(παράκλητος)라는 단어로 대체했다는 것이다.

꾸란은 예수께서 보혜사가 아니라 무함마드가 올 것을 예언했다는 것이다. 그러나 이러한 주장은 역사적 사실로나 문맥상으로나 터무니없는 거짓이다.

온 세상을 심판하실 하나님의 아들 예수께서(요 5:22f.) 무슨 이유로 죄인 무함마드(Sura 47:19; 48:2)가 올 것을 예언하겠는가?

여기서 꾸란이 진리에 관해 전혀 알지 못한다는 사실이 드러난다. 요한복음 14:16f.에 예수께서 "또 다른 보혜사"를 보내주실 것을 약속하셨는데 한 보혜사는 요한일서 2:1에 나오는 보혜사(παρακλήτος, 아버지 앞에 계신 "대언자," 의로우신 예수 그리스도)이고, 다른 하나는 요한복음 14-16장에서 예수 그리스도의 공생애 마지막 날에 제자들에게 다섯 차례나 약속하신, 아버지께서 보내주실 하나님 자신의 영인 보혜사 '성령'을 일컫는다.

성자 하나님(요일 1:2)과 성령 하나님(요 14-16장)을 가리키는 이 '파라클레토스'는 하나님 자신의 영을 가리키지만, 무함마드를 가리키는 '페리클뤼토스'는 기독교와 아무 상관이 없다.

성경은 '성령'의 감동으로 기록된 말씀임을 아는 모든 성경 번역가들은 하나님이 말씀하신 그대로 전달하기 위해서 모두 성령 충만해야 했다.

> 모든 성경은 하나님의 감동으로 된 것으로 교훈과 바르게 함과 의로 교육하기에 유익하니 이는 하나님의 사람으로 온전하게 하며 모든 선한 일을 행할 능력을 갖추게 하려 함이라(딤후 3:16f.)

꾸란의 증거와는 상반되게, 성경은 변질되지 않았고 성경은 성경 자체가 진리임을 증거하는 성령의 증거에 의한 자증성이 있어서(아우토 피스티, *auto pisti*), 성경을 읽기만 해도 진리를 깨닫고 구원을 받는다. 성경은 전혀 불경이나 우파니샤드나 꾸란에 의해서 해석되지 않는다. 오직 성령에 의해서 해석된다. 사본들에 작은 차이들이 있다 해도, 그 영향은 아주 미미하고, 보편적인 메시지에 상충되거나 영향을 미치지 않는다.[2]

---

2 존 길크리스트, 『꾸란과 성경의 비교연구』, 전병희 역 (서울: 서로사랑, 2010), 57.

이것들 가운데서 빠진 것이 하나도 없고 제 짝이 없는 것이 없으리니
이는 여호와의 입이 이를 명하셨고 그의 영이 이것들을 모으셨음이라
(이사야 34:16).

위의 말씀과 같이, 성경이 기록된 이래 이단 외에는 아무리 유명한 사람도 성경을 쓰거나 일부를 빼버리지 않았다. 우리는 사도 요한을 통해 성경 말씀을 가감하는 자들에게 내리신 하나님의 경고를 듣고 있다.

내가 이 두루마리의 예언의 말씀을 듣는 모든 사람에게 증언하노니 만일 누구든지 이것들 외에 더하면 하나님이 이 두루마리에 기록된 재앙을 그에게 더하실 것이요, 만일 누구든지 이 두루마리의 예언의 말씀에서 제하여 버리면 하나님이 이 두루마리에 기록된 생명나무와 및 거룩한 성에 참여함을 제하여 버리시리라(계 22:18f).

우리는 사도 바울을 통해 성경의 핵심 복음(신론, 기독론, 성령론, 구원론, 교회론, 종말론 등의 교리)을 변질시키는 이단들에게 경고하는 하나님의 음성을 듣는다.

그리스도의 은혜로 너희를 부르신 이를 이같이 속히 떠나 다른 복음을 따르는 것을 내가 이상히 여기노라. 다른 복음은 없나니 다만 어떤 사람들이 너희를 교란하여 그리스도의 복음을 변하게 하려 함이라. 그러나 우리나 혹은 하늘로부터 온 천사라도 우리가 너희에게 전한 복음 외에 다른 복음을 전하면 저주를 받을지어다. 우리가 전에 말하였거니와 내가 지금 다시 말하노니 만일 누구든지 너희가 받은 것 외에 다른 복음을 전하면 저주를 받을지어다. 이제 내가 사람들에게 좋게 하랴 하나님께 좋

게 하랴 사람들에게 기쁨을 구하랴 내가 지금까지 사람들의 기쁨을 구하였다면 그리스도의 종이 아니니라(갈 1:6-10).

우리는 기독교와 유일신 종교들의 관계가 연속성인가 불연속성인가에 관해서 정확한 판단을 내려야 한다. 유대교의 경전인 **구약성경**은 기타 타 종교들과는 달리 기독교도 사용하고, 구약의 예언들은 **신약성경**에서 그대로 다 이루어졌기 때문에 서로 **신앙적인 연속성**이 있다. 그러므로 기독교와 유대교와의 관계는 우상 숭배라는 불연속성에 있지 않고, 구약과 신약, 언약과 성취라는 연속성에 있다.

그러므로 **구약의 여호와 하나님**은 **신약의 삼위일체 하나님**과 동일시 될 수 있으나, 유일신이라는 **꾸란의 알라**와는 동일시될 수 없다. 꾸란 자체가 기독교의 '삼위일체 하나님'을 삼신(三神)으로 왜곡하여 부정하면서 기독교 신관을 거부하는 불연속성에 서 있다(Sura 5:116f.).

우리는 하나님을 결코 이슬람의 반삼위일체적인 알라와 동일시해서는 안 되고, 또 하나의 피조물이며 의미 없는 꾸란의 "메시아 예수"를 결코 성경의 예수와 동일시해서도 안 된다. 또 꾸란의 영은 그리스도의 신성을 부정함으로 인하여 적그리스도의 영이 되었다(요일 2:22-25; 4:1-5). 무슬림들은 꾸란이 성경처럼 성령에 의해 기록된 것이 아니라 가브리엘의 "계시"에 의해 기록되었다고 믿는다. 무함마드와 꾸란은 소위 가브리엘과 관계했다고 하지만, 진리의 영인 성령과 관계한 일은 없다. 성경과 꾸란의 세계관과 교리는 철저히 불연속성이다.

그러므로 모스크 안에 갇혀 있는 내부자들은 거기서 나와 교회의 품으로 돌아와야 한다. 이는 두 종교 간의 신앙 대상과 그 본질이 전혀 일치하지 않기 때문이다.

제 3장

유일신 종교의 신 명칭

성경 말씀을 선교 현지에 정확하게 전달하기 위해서 고심하는 번역 선교사들의 임무는 선교 신학적으로 가장 중요한 사역 중에 하나이며, 선교사는 번역 도중에 발생하는 큰 영적 싸움으로 인해 희생되기도 한다.

필자는 내부자 지도자들에 의해 번역된 새 성경이 기독교 하나님의 본성과 본질에 대해 바로 제시하고 있는지를 성경적으로 검토할 필요를 느낀다.

구약성경적 **하나님의 이름**은 이사야 42:8에 계시되었다.

> **나는 여호와이니** 이는 내 이름이라 나는 내 영광을 다른 자에게, 내 찬송을 우상에게 주지 아니하리라(사 42:8).

위의 말씀에서 밝혀진 바와 같이, 하나님은 이름을 가지신 분이다.

> 그러므로 너희가 동방에서 여호와를 영화롭게 하며 바다 모든 섬에서 이
> 스라엘의 하나님 여호와의 이름을 영화롭게 할 것이라(사 24:15).

위의 말씀이 증거하는 바와 같이, **열국이 예배할 하나님**은 이스라엘의 하나님 **여호와**이지 아랍의 **알라**가 아니다. 비록 "유일신"으로 일컬어지기는 하지만, 여호와와 알라는 아랍인들도 전혀 동일시하지 않는다. 알라는 구약적 신 명칭인 '여호와'와 같지 않고, 구약과 신약을 경전으로 지니고 있는 기독교의 삼위일체의 하나님과도 같지 않다. 위와는 달리 성경은 **'삼위일체 하나님'의 이름**은 **세례**를 베푸는 이름이고, 교회에서 **축복**하는 이름이다. 그리고 삼위일체의 하나님은 선교 사역의 명령자이다.

> 그러므로 너희는 가서 모든 족속을 제자로 삼아 아버지와 아들과 성령의
> 이름으로 세례를 베풀고(마 28:19).

위의 성경 원문은 부활하신 예수 그리스도께서 승천하시기 전, 제자들에게 주신 단 한 가지 유언이며 그 내용은 모든 족속을 제자로 삼고 그들에게 아버지와 아들과 성령의 이름으로 세례를 베풀라는 명령이다. 그 '이름'이라는 그리스어 중성 명사는 **삼인칭 단수 명사 "그 이름"**(토 오노마, τὸ ὄνομα)로 되어 있다. 즉 성부와 성자와 성령은 세 분의 하나님이 아니라 **유일신 하나님**임을 확인하는 명사이다.

이슬람의 알라는 아들도 없고 성령도 없는 신이다. 그러므로 기독교의 신 명칭은 반삼위일체적 이슬람의 신 명칭으로 대체할 수 없다.

그러나 이미 중동에서 기독교의 하나님을 이슬람의 알라와 같은 단어로 사용하고 있으니 선교사들의 사역이 얼마나 더 힘들겠는가?

필자는 이슬람권에서 기독교 신 명칭을 반삼위일체적인 **"알라"**로 칭한

것이 복음 증거를 위한 큰 장애물 중에 하나라고 생각한다.[1]

꾸란은 기독교의 삼위일체 하나님을 대적하여 아래와 같이 선포한다.

> 하나님과 선지자들을 믿되 삼위일체설을 말하지 말라 너희에게 복이 되리라. 실로 하나님은 단 한 분이시니 그 분에게는 아들이 있을 수 없노라 (Sura 4:171).[2]

> 하나님이 셋 중의 하나라 말하는 그들은 분명 불신자라. 하나님 한 분 외에는 신이 없거늘 만일 그들이 말한 것을 단념치 않는다면 그들 불신자들에게는 고통스러운 벌이 가해지리라 …(Sura 5:73).

> 하나님께서 '마리아의 아들 예수야 네가 백성에게 말하여 하나님을 제외하고 나 예수와 나의 어머니를 경배하라 하였느뇨' 하시니, '영광을 받으소서 결코 그렇게 말하지 아니했으며 그렇게 할 권리도 없나이다. 제가 그렇게 말하였다면 당신께서 알고 계실 것입니다.' …(Sura 5:116-117).[3]

꾸란은 알라 외의 모든 존재는 예수를 포함하여 다 피조물이며, 모든 피조물과 하나님과의 관계가 오직 주인과 노예의 관계일 뿐(Sura 19:93)

---

1 이와 대조적으로 유교, 천도교, 샤머니즘적 종교 문화권에 토착화된 **한국의 기독교 신 명칭인 "하나님"**은 재래 문화적인 신 명칭인 "하늘," "한," "한울," "한울님"과 같은 유교적, 천도교적, 범신론적 신 개념을 벗어나서 온전히 성경적인 신 개념으로 잘 토착화(상황화)된 개념이다. 한국의 모든 그리스도인들은 성경적으로 오류가 없는 삼위일체 하나님을 예배하고 있고, 교회는 반삼위일체론자들을 이단으로 정죄하고 있다.
2 본문에서 인용된 꾸란은 사우디아라비아 메디나에서 출판된 최영길의 『성 꾸란 의미의 한국어 번역』 (파하드 국장 성 꾸란 출판청, 1999)이다.
3 꾸란은 예수 그리스도가 십자가에서 죽지 않고 살아 있던 채로 승천했다고 한다.

이고, 예수 그리스도 역시 알라의 노예라고 증거한다(Sura 4:172). 종에게는 아버지가 없다. 또 아들을 부인하는 자에게도 아버지도 없다(요일 2:23). '종'은 하나님을 오직 무서워하고 하나님의 하는 일을 알지 못한다고 하였다(요 15:15). 그들은 하나님의 자녀도 아니고, 용서 받은 일이 없는 죄의 종으로서, 하나님의 무서운 심판을 기다려야 하는 것이다.

이미 잘 알려진 바와 같이 **삼위일체 교리**'에 관해 교회사에 가장 기여한 니케아 신조(*Nicaeno-Constantinopolitanum*)는 삼위일체 하나님의 본질을 '우시아'(οὐσία)라는 개념으로 표현하고 삼위를 구별하기 위해서 '위포스타시스'(ὑπόστασις)라는 개념을 채택했다. 이 '위포스타시스'는 "본질"이라고 번역하지 않고 "인격"이라고 번역하게 된다.

'미아 우시아 트레이스 위포스타시스'(μία οὐσία, τρείς ὑποστάσεις)로 표시된 '삼위일체' 하나님은 "파괴할 수 없는 일체"와 동시에 "파괴할 수 없는 구별"이며 그 전자가 후자를 지양하지 않고, 그 후자가 전자를 지양하지도 않는다. 그리고 아버지와 아들과 성령의 위는 서로 바뀔 수 없는 하나의 본질이시며 세 인격이시다.

삼위일체적인 하나님의 "자기 구별"(Selbstunterscheidung)이란 뜻은 "자기 분리"가 아니다. 하나님이 삼위일체이기 때문에 사랑의 하나님이실 수 있으며(요일 4:16), 인간에게 오시며 우리와 관계하신 하나님, 즉 "우리를 위한 하나님"(Gott für uns)으로 체험될 수 있는 것이다.[4]

니케아(325)와 콘스탄티노플(381)에서 열린 공의회는 채택한 신론에 대하여 "하나님의 비밀이나 하나님의 본질을 규정하려고 한 것이 아니라, 오히려 예수 그리스도 안에서 참으로 하나님을 만나며 성령 안에서 하나

---

4 E. Jüngel, *Entsprechung*: *Gott—Wahrheit—Mensch* (München, 1980), 270–275; *Gottes Sein ist im Werden* (Tübingen, 1976), 105–122.

님이 교회에 현재하시는 것"을 말하고자 한다고 설명했다.

하나님의 삼위일체적인 계시는 로제(Lohse)가 말한 것처럼, 하나님의 본질에 대한 계시가 아니라 하나님의 구원에 대한 계시이며,[5] 하나님은 먼저 그의 보내신 아들에 의하여, 그 다음에는 이어서 보내신 성령에 의하여 자기를 계시하신 것이다(요 16:7-14).

하나님의 계시의 순서는 '하나님 - 아들 - 성령'이지만, 우리의 인식 순서는 성령의 증거로 예수 그리스도를 알고 믿게 되고, 예수 그리스도가 계시하신 하나님을 만나게 된다. 그러므로 성령을 받아들이지 않고는 하나님을 알 수도 없고, 하나님께 갈 수도 없다. 성령을 받는 방법은 사도행전 2:38에 기록된 바와 같이 회개 외에는 다른 길이 없다.

기독교의 **하나님 호칭**은 예수께서 제자들에게 가르쳐 주신 기도문에서와 같이 **"아버지"**이다. 기도를 시작하며 하나님을 부를 때 예수께서는 우리에게 "하늘에 계신 우리 아버지"로 호칭하도록 한 것이다(마 6:9). 예수 그리스도로 말미암아 하나님은 우리의 아버지가 되어주신 것이다. 성육신으로 이 땅에 오신 **하나님의 아들을 영접하는 자는 "하나님의 자녀"**로, 더 정확히 말하면 **"하나님의 양자"**로 인정되었으므로(롬 8:15) 하나님을 아버지라 부를 수 있는 **권세**가 주어진다(요 1:12).

"하나님의 자녀"란 무슬림들의 생각과 같이 하나님과 생물학적으로 관련되는 것도 아니고, 인간의 신격화도 아니고, 오직 하나님의 아들의 대속하심을 통해 속죄함 받은 성도들과 하나님 간의 새로운 **관계** 개념이고 **친밀성 개념**이다. 아버지도 없고 아들도 없고 아들에 의한 대속도 부인하고 성령도 알지 못하는 이슬람에 의해서는 절대로 하나님의 자녀가 될 수 없다. 하나님을 아버지라고 부를 수 있는 하나님의 자녀가 되는 일

---

5 B. Lohse, *Epochen der Dogmengeschichte* (Stuttgart, 1974), 72.

에는 반드시 하나님 자신의 영인 **성령이 개입해야** 된다.

> 무릇 하나님의 영으로 인도함을 받는 사람은 곧 하나님의 아들이라. 너희는 다시 무서워하는 종의 영을 받지 아니하고 양자의 영을 받았으므로 우리가 아빠 아버지라고 부르짖느니라 성령이 친히 우리의 영과 더불어 우리가 하나님의 자녀인 것을 증언하시나니(롬 8:14-16).

구약에서 성경은 신명기 32:5-6에서 하나님을 아버지라고 가르친다. 우리 창조된 인간과 하나님 간의 본래적인 관계는 '아버지'와 '자녀'라는 친밀한 인격적인 관계로 맺어져 있다. 이사야도 하나님은 우리의 아버지이고, 하나님은 피조물인 우리를 "내 영광을 위해서 창조한," "내 아들들," "내 딸들"이라고 호칭한다(사 43:6f). 또 딸 시온(사 1:8), 딸 애굽(렘 46:11), 딸 바벨론(렘 50:42), 딸 암몬(렘 49:1-4) 등으로 호칭하고 있다.

신약에서도 마찬가지로 하나님과 타락한 피조물 사이를 아버지와 죽은 자녀의 관계로(눅 15:24), 하나님과 새로운 피조물 사이를 아버지와 자녀의 관계로(요 1:12; 요일 3:1) 일컫기도 한다. 그리고 성도를 종이 아니라 자유한 아들로(갈 4:28-31), 하나님의 양자로(롬 8:15), 징계받는 아들로(히 12:5-9), 신랑을 기다리는 처녀로(마 25:1), 아내로(계 10:7) 대우하고 있다. 이러한 관계 묘사는 인간 신격화의 관계나 물리적인 개념이 아니라 오직 영적인 친밀성 개념이다. 아래 말씀과 같이, 우리 피조물은 하나님의 아들과 딸로 묘사된다.

> 영접하는 자 곧 그 이름을 믿는 자들에게는 하나님의 자녀가 되는 권세를 주셨으니 이는 혈통으로나 육정으로나 사람의 뜻으로 나지 아니하고 오직 하나님께로부터 난 자들이니라(요 1:12-13).

하나님과 회복된 피조물이 "하나님께로부터 난 자"(요 1:13) 또는 하나님의 자녀가 되는 것은 인간이 신적 본질을 얻게 되었다는 의미가 아니라, 12절 말씀과 같이 사랑의 하나님이 모든 성도들에게 사랑의 아버지가 되어 주시는 놀라운 권세라는 것이다(요 3:16). 즉 하나님이 새로운 피조물이 된 성도들을 하나님의 자녀들같이 대해 주시는 것이며(히 12:7), 피조물인 인간을 하나님이 양자로 삼아 주시는 것이다.

> 너희는 다시 무서워하는 종의 영을 받지 아니하고 양자의 영을 받았음으로 우리가 아빠 아버지라고 부르짖느니라(롬 8:15).

> 너희가 참음은 징계를 받기 위함이라 하나님이 아들과 같이 너희를 대우하시나니 어찌 아버지가 징계하지 않는 아들이 있으리요(히 12:7).

하나의 피조물이 하나님의 자녀가 되는 권세는 구약과 신약에 약속된 대로 오순절에 강림하신 성령의 증거로 알게 되는 것이다(욜 2:28-29; 행 2:38; 요 14:16f.). 하나님 아버지에 대한 신앙과 아들에 대한 신앙도 오직 성령의 조명에 의해서만 가능하다.

삼위일체 신론을 파괴하려면 신론이나 기독론이나 성령론 중에 하나만 부정하면 된다.

기독교의 **신론**은 이슬람의 신론처럼 아들을 부인하고 아버지를 부인하는 "유일신론" 신앙에 의해서 파괴될 수 있다. 성경은 이러한 파괴적인 영을 '적그리스도'라고 가르친다(요일 2:22f.).

기독론이 파괴되려면, 이슬람의 예수론과 같이, 아들의 '성육신'을 부인하고 '동정녀 탄생'만 시인하여 예수의 피조성을 주장하는 것이다. 성경은 이러한 영을 '적그리스도의 영'이라고 가르친다(요일 4:2f.). 예수의 인성을 부정하는 도케티즘(docetism, 가현설) 역시 기독론을 왜곡시킨다.

성령론을 부정하려면, '하나님 자신의 영'인 성령을 부인하고, 성령을 일종의 피조물로 왜곡시키는 이슬람의 영이나 기(氣)와 같은 범신론적인 영과 동일시하는 것이다.

제4장

내부자 운동 번역 성경의 신 명칭

우리는 무슬림 영혼을 구원하고자 하는 '내부자 운동'의 성경 번역이 장차 꾸란적 신앙을 불러들이지나 않을까 하는 우려를 표명하게 된다.

내부자 운동 지도자 **마즈하르 말루히**가 번역한 아랍어 번역 성경 『그리스도 복음의 정확한 의미』(The Correct Meaning of the Gospel of Christ, Dar al-Farabi, Beirut, Lebanon, 2008)에는 **하나님 아버지라는 단어가 없다**. 예를 들면 그는 다음과 같이 번역한다.

① 마 5:16, "하늘에 계신 너희 아버지"
   ➔ "너희의 최고 수호자이신 하나님"
② 마 5:45, "하늘에 계신 너희 아버지의 자녀들"
   ➔ "하나님의 수호자들"
③ 마 5:48, "하늘에 계신 너희 아버지"

➡ "가장 높으신 하나님"[1]

④ 눅 6:36, "너희 아버지의 자비로우심 같이"
　　➡ "하나님의 자비로우심 같이"

⑤ 눅 11:13, "너희 하늘 아버지께서"
　　➡ "세상의 주께서"

⑥ 눅 22:29, "내 아버지께서"
　　➡ "지극히 높으신 하나님께서"

⑦ 눅 22:42, "아버지여 만일 아버지의 뜻이어든"
　　➡ "오 주여 … 당신의 뜻이어든"

⑧ 눅 23:46, "아버지 내 영혼을 아버지 손에 부탁하나이다"
　　➡ "오 주여, 내 영혼을 주의 손에 부탁하나이다"

⑨ 눅 24:49, "내가 아버지께서 약속하신 것을 너희에게 보내리니"
　　➡ "내가 성령을 너희에게 보내리니"

⑩ 마 28:19, "아버지와 아들과 성령의 이름으로"
　　➡ "하나님과 메시아와 성령의 이름으로"[2]

위와 같이 번역함으로써 우리의 아버지 되신 하나님을 모두 빼고, 꾸란의 반삼위일체적 신 개념으로 대체하고 있다.

위클립프 성경 번역 선교회가 동의하는 벵갈어 번역 성경인 『**사도들의 삶**』과 『**선지자들의 삶**』과 이라크 방언의 "예수 영화"에서도 아버지로서의 하나님과 하나님의 아들로서의 예수 그리스도가 삭제되고, 하나님 아버지

1　조슈아 링겔, "성경의 이슬람화: 내부자 운동과 성경 번역들," 『크리슬람』, 조슈아 링겔 외 저, 전호진 역 (종교문화연구소, 2014), 283.
2　아담 심노위츠, "내부자 운동이 사역에 미치는 영향: 개인적 고찰," 『크리슬람』, 351f.

는 알라로, 하나님의 아들은 메시아로 대체된 사실들이 발견된다.[3]

말루히가 위와 같이 성경의 구원론적 신 명칭을 임의로 조종하고 하나님 아버지의 이름을 삭제한 것은 기독교 역사 이래 없었던 반역적인 번역으로 판단된다.

내부자 운동 지도자들이 성경 내용을 무모하게 고침으로써 차세대에 이르러 점차 세계 **심판자인 하나님의 아들**(요 5:22f.)[4]을 알지 못하게 되고, 구원 받은 자녀들이 누리는 하나님의 **자녀가 되는 관계의 엄청난 축복**을 누리지 못하는 결과를 초래하는 것은 하나의 실수가 아니라 무서운 죄악으로 보인다.

실로 요한일서 4:15에 "**누구든지 예수를 하나님의 아들이라 시인하면 하나님이 그의 안에 거하시고 그도 하나님 안에 거하느니라**"라고 하신 말씀과 같이, 성경에 하나님의 자녀가 되지 못한 자의 구원은 약속되지 않았다. 내부자 운동 지도자들이 내부자들의 하나님을 아버지로 알리지 않고, 내부자들도 하나님의 자녀가 아닌 상태로 버려두면 그들의 구원은 보장되지 않는다. 사도 요한은 **성경 말씀을 기록하는 목적**을 "오직 이것을 기록함은 너희로 **예수께서 하나님의 아들 그리스도이심을 믿게 하려 함**이요 또 너희로 이 이름을 힘입어 생명을 얻게 하려 함이니라"(요 20:31)라고 확실하게 밝히고 있다.

이와 같이 성경 말씀의 한 단어 한 단어가 지니고 있는 지극히 심오한 뜻을 경히 여기고 아버지와 아들 하나님의 칭호를 성경에서 제하는 것은 받아들일 수 없는 것이다. 성경 역사상 지금까지 성경을 고치거나 성경에서 말씀을 빼거나 더한 적은 이단 외에 정통 기독교에서는 단 한 번도

---

3 아담 심노위츠, "내부자 운동이 사역에 미치는 영향: 개인적 고찰," 『크리슬람』, 341f.

4 요 5:22-23, "아버지께서 아무도 심판하지 아니하시고 심판을 다 아들에게 맡기셨으니 이는 모든 사람으로 아버지를 공경하는 것 같이 아들을 공경하게 하려 하심이라. 아들을 공경하지 아니하는 자는 그를 보내신 아버지도 공경하지 아니하느니라."

없었다.[5]

현대 고등 문서 비평이 연구한 필사본 연구들은 빠진 절이나 삽입구 같은 문제를 제기했으나 복음의 내용은 변한 적이 없고, 그 영향도 극히 미미하며, 메시지가 상충되지 않고 서로 보충적이다.[6] 지금까지 모든 성경 번역가들이 항상 성경 사본들에 충실한 번역을 하기 위해 기도하면서 성령의 인도함을 받고, 온 힘을 다해 번역함으로써 우리가 어떤 번역 성경과 어느 지역 언어로도 다 함께 같은 하나님을 믿고 경배하고 찬양하는데 모순이 없다.

그런데 이제 무슬림들이 내부자들이 번역한 성경을 읽게 된다면, 이미 성경을 읽고 그리스도인들에게 신성 모독 죄를 씌우며 핍박을 가해 왔던 무슬림들이 그 번역 성경을 그리스도인들이 정말로 성경을 왜곡하고 변질시킨 증거로 제시할 것이 아니겠는가?

---

5 독일에서 에큐메니칼 신학자 도로테아 죌레가 20세기 후반에 여성적인 시각에서 성경을 다시 쓰려고 한 적이 있었으나 이루어지지 않았고, 한국에서 영성 신학자들이 영성적인 시각으로 성경을 다시 쓰려고 했으나 이루지 못하였다.
6 존 길크리스트, 『꾸란과 성경의 비교연구』, 전병희 역 (서울: 서로사랑, 2010), 56–61.

제 5 장

내부자 운동 번역 성경의 "메시아–예수"

이슬람은 꾸란을 무함마드가 받은 알라의 계시로 믿고, 모든 계시를 가브리엘 천사를 통해 받은 것으로 믿고 있다. 그런데 성경과 꾸란의 가브리엘은 예수 그리스도에 관해서 상반된 주장을 한다. **성경의 가브리엘**은 예수 그리스도를 **하나님의 아들**이라고 계시하였고(눅 1:26-35). 성경보다 4-5백 년 늦게 기록된 **꾸란의 "가브리엘"**은 예수가 하나님의 아들이 아니라고 주장한다(Sura 4:171; 5:75; 19:88-93). 꾸란은 예수의 어머니 마리아처럼 양식을 먹었기 때문에 예수가 **하나님의 아들이 아니라고** 강력히 주장한다(Sura 5:75). 이러한 문제에 직면하면, 어떤 그리스도인도 꾸란적 가브리엘의 진정성을 인정하지 않을 것이다.

이러한 충돌 상황에서 내부자 운동 성경 번역가들은 예수를 누구라고 호칭하겠는가?

Sura 3:45에 꾸란은 예수를 '**메시아 예수**'로 호칭하고 있다.

> 천사들이 말하길 마리아여 하나님께서 너에게 말씀으로 복음을 주시니 마리아의 아들로서 그의 이름은 메시아 예수이니라. 그는 현세와 내세에서 훌륭한 주인이시요 하나님 가까이 있는 자 가운데 한 분이라(Sura 3:45).

Sure 4:171과 같이 예수는 **마리아의 아들**이지 결코 **하나님의 아들**이 아닙니다. 무슬림들은 성경을 접하기 전에 이미 예수가 메시아라고 외우고 있다. 그러나 하나님의 아들 메시아 예수가 아니라, **마리아의 아들 메시아 예수**이고, 그 메시아는 십자가에서 죽지도 않고 부활도 하지 않고, 대속의 역사, 즉 구원의 역사도 이루지 않은 알라의 피조물이며 하나의 선지자이다.

> 실로 예수 그리스도는 **마리아의 아들**이자 하나님의 선지자로서 마리아에게 말씀이 있었으니 이는 주님의 영혼(a sprit[루흐, ruh])이었노라 (Sure 4:171).

꾸란은 예수를 피조물 중에 하나인 영(a spirit)이라고 묘사하고, 알라의 말씀이라고 하지만, Sura 5:116-117에서도 알라 앞에 올라간 예수의 입을 통해서 예수의 **신성을 부정**하도록 하고 있다.

> 하나님께서 '마리아의 아들 예수야 네가 백성에게 말하여 하나님을 제외하고 나 예수와 나의 어머니를 경배하라 하였느뇨' 하시니, '영광을 받으소서 결코 그렇게 말하지 아니했으며 그렇게 할 권리도 없나이다. 제가 그렇게 말하였다면 당신께서 알고 계실 것입니다. 당신은 저의 심중을 아시나 저(예수)는 당신의 심중을 모르나니 당신은 숨겨진 것도 아시는 분이십니다. 당신께서 저에게 명령한 것 외에는 그들에게 말하지 아니했으니 나의 주님이요 저희들의 주님인 하나님만을 경배하라 하였으며 제가

> 그들과 함께 있음에 저는 그들에게 증인이 되었고 당신이 저를 승천한
> 후에는 당신께서 그들을 지켜보고 계셨나니, 당신은 모든 것의 증인이십
> 니다'(Sura 5:116-117).

Sura 3:59은 예수를 흙으로 지음 받은 아담과 똑같은 피조물이라고 설명 한다.

> 하나님께서 아담에게 그랬듯이 예수에게도 다를 바가 없도다. 하나님이 흙
> 으로 그를 빚어 그에게 말씀하셨다. 있어라, 그리하여 그가 있었느니라.[1]

실제로『이슬람 교리문답』에 기록된 이슬람의 기본 신앙 고백 중에 첫 번째 항목이 "하나님은 한 분임을 믿습니다"라는 알라의 유일신에 관한 고백이다. 그 아래에는 다음과 같은 고백이 있다.

> 하나님 같은 다른 분이 또 있을 수 없고, 하나님은 동반자가 없으며, 하나
> 님은 자식을 생산하지도 않으며, 생산되지도 않고, 인간의 모습으로 나
> 누어져서 땅에 내려오지도 않습니다.[2]

---

[1] 꾸란에는 "마리아의 아들 예수"의 '동정녀 탄생'에 관한 이야기도 있지만, 마리아의 어머니 **"이므란의 여성"** 에 의한 **마리아 탄생**에 관한 이야기도 나온다. Sura 3:35-36은 다음과 같다. 35절, "이므란의 여성이 말하길 주여 저의 태내에 있는 것을 당신에게 바치겠나니 이를 받아주소서. 당신은 모든 것을 들으시며 알고 계시나이다." 36절, "그녀가 분만하고서 말하길 주여 저는 여자아이를 분만하였나이다. 하나님은 그녀가 분만한 것을 잘 아시도다. 남자가 여자와 같지 아니하나 그녀의 이름을 마리아라 하였나이다. 그녀와 그녀의 자손을 사탄으로부터 보호할 것을 명하였노라." 그리고 위 35절 구절의 각주 35-1에는 성모 마리아의 아버지가 모세와 아론의 아버지인 아므란이고 또 성모 마리아의 어머니는 아므란의 부인이고 그 이름은 한나라고 한다. 즉 성모 마리아의 부모는 아므란과 한나였다는 것이다. 여기서 꾸란과 "가브리엘 천사"라는 계시자가 얼마나 황당한 거짓을 "계시"하고 있는지 볼 수 있다.

[2] 무함만 압둘 아렘 시디끼,『이슬람 교리문답』, 하지 사브리 서정길 역 (이슬람 선교성, 트리폴리, 주한 리비아 국민사무소, 1983).

무슬림들은 기독교의 삼위일체 하나님에 대해서, 인간이나 동물처럼 자식을 생산하고, 아메바가 세포 분열을 하듯 나뉘어져서 삼신(三神)을 이루는 하나님으로 가르친다.

이 얼마나 성경의 유일신 하나님을 우스꽝스러운 존재로 설명하는가? Sura 19:88-93에서 예수가 '**하나님의 아들**'임을 **부인**하는 명확한 문장이 있는데, 『성 꾸란 의미의 한국어 번역』은 "아들"을 "자손"으로 번역하였다.

> 그들은(유대인과 그리스도인)[3] 하나님이 아들을 낳았으니 그분께 찬미를 드리라고 말하나 그렇지 않노라 …(Sura 2:116).

> 또한 하나님께서 자손을 두셨다 말하는 자들이 있으니 실로 너희들은 불결한 주장을 함이라. 그 때에 하늘이 떨어지려 하고 대지가 갈라지며 산들이 산산조각이 되려 하였으니 이는 그들이 하나님께 자손이 있다고 불결한 말을 했기 때문이라. 하나님은 자손을 가질 필요가 없으시매 천지의 모든 것이 종으로서 하나님께로 오기 때문이다.[4]

이에 더하여 Sura 4:157의 내용을 『성 꾸란 의미의 한국어 번역』은 다음과 같이 **십자가에서의 죽음을 부정**하여 예수 그리스도를 통해 하나님이 이룩하신 유일한 속죄의 길과 구원의 길을 막아버렸다.

> 마리아의 아들이며 하나님의 선지자의 예수 그리스도를 우리가 살해하

---

3   Sura 2:116 각주 116-1
4   Sura 5:75에서는 예수는 그의 어머니 마리아처럼 양식을 먹었기 때문에 하나님이 아니라고 주장한다.

였다라고 그들이 주장하더라. 그러나 그들은 그를 살해하지 아니하였고 십자가에 못 박지 아니했으며 그와 같은 형상을 만들었을 뿐이라. 이에 의견을 달리하는 자들은 의심이며, 그들이 알지 못하고 그렇게 추측을 할 뿐 그를 살해하지 아니했노라.[5]

『성 꾸란 의미의 한국어 번역』 3:54-55은 예수 그리스도의 죽음과 승천의 시간적 순서를 그 번역문에서 뒤바꿔서 십자가의 죽음을 숨기고 있다.

(54) 그들이 음모를 하나 하나님은 이에 대한 방책을 세우셨으니 하나님은 가장 훌륭한 계획자시라. (55) 하나님이 말씀하사 예수야 내가 너를 불러 내게로 승천케 한 너를 다시 임종케 할 것이라. 불신자들로부터 세제하며 너를 따르는 자 부활의 그 날까지 불신자들 위에 있게 하리라(Sura 3:54-55).[6]

같은 Sura 3:54을 영어 꾸란은 다음과 같이 올바르게 번역하였다.[7]

And **they plotted** (to kill Isa), and **Allah plotted too**. And **Allah is the best of those who plot**.

---

5 이와 같은 예수 그리스도의 죽음을 부정하는 구절과 모순되게 꾸란에는 예수의 죽음을 예언하는 또 한 구절이 있다. Sura 19:33에는 금방 내어난 신생아 예수가 요람에서 자기가 죽을 때와 부활할 때에 관해서 예언한다. "제가 탄생한 날과 제가 임종하는 날과 제가 살아서 부활하는 날에 저에게 평화가 있도록 하셨습니다."
6 이 구절은 최영길의 『성 꾸란 의미의 한국어 번역』 (파하드 국장 성 꾸란 출판청, 1999)의 번역 내용이고 예수님의 죽으심과 올리우심의 언어 순서를 뒤바꾸어 번역하였다.
7 *The Noble Quran, English Translation of the meanings and commantary* (Madinah Munawwarah, K. S. A.) 성경에서 가장 간교한 자는 아담과 하와를 꼬이던 뱀이며(창 3:1), 온 천하를 꾀는 옛 뱀이고 사탄이다(계 12:8).

그리고 Sura 3:55 아랍어 원문 꾸란은 "내가 너를 죽게 만들었다"(mutawaffika)가 먼저 쓰여 있고 그 다음에 이어서 "그리고 너를 올리었다"(warafiuka)로 되어 있다. 그러나 최영길은 순서를 바꿔서 먼저 승천시키고 그 다음에 이어서 임종시킨다고 번역하였다.

… 예수야 내가 너를 불러 내개로 승천케 한 너를 다시 임종케 할 것이라 …(55절).

이렇게 하여 번역하면서 예수 그리스도의 십자가의 대속적 죽음의 흔적을 도말하였다.[8]

그리스도인들이 예수 그리스도가 **하나님의 아들**이라고 고백하는 것을 **무슬림들은 하나님이 자식을 생산한다는 생물학적인 의미**로 받아들이고 예수 그리스도가 하나님과 **동일한 본질**이라는 성경적인 진술을 절대 부정한다. 예수를 하나님의 아들이라고 고백하는 것은 신성 모독이라는 중죄에 해당되고 극형을 받는다.

이런 이유로 내부자 운동이 예수를 하나님의 아들이라고 가르치지 않고 메시아라고만 가르치면 하나님의 아들이 아니고 구원자도 아닌 '꾸란적 메시아'와 동일시된다.

예수를 알지 못했던 **바울**은 살기가 등등하여 예루살렘에서 예수 믿는 사람들에게 큰 해를 끼치고, 그가 만나는 모든 예수 믿는 자를 결박하여 대제사장들에게 끌어가려던 중에 홀연히 하늘로부터 빛이 둘러 비취며

---

[8] 『성 꾸란 의미의 한국어 번역』, 95. 'makaru'(그들이 음모하다), 'makarallahu'(알라가 방책을 세우다), 'makirina'(알라는 가장 훌륭한 계획자), 'makara'(3인칭 단수 능동 완료동사, "속이다," "기만하다," "간교하다," "교활하다."

"네가 어찌하여 나를 박해하느냐? … 나는 네가 박해하는 예수라"라는 그리스도의 음성을 들었다. 그때로부터 회개하고 돌이킨 **사도 바울**은 "**즉시로 회당에서 예수가 하나님의 아들이심을 전파**"하였다(행 9:1-20).

예수가 **하나님의 아들**이라는 신앙이 얼마나 큰 핍박을 받는 일인지를 누구보다도 잘 아는 바울이 무엇 때문에 그와 같은 위험을 자초하는 일에 목숨을 걸었을까?

이와는 대조적으로 비슷한 상황에서 내부자 운동 지도자들은 '**벵갈어 번역본**'과 『**선지자들의 삶**』이라는 제목의 **누가복음 번역**에서 **예수 그리스도가 하나님의 아들**임을 모두 삭제하고 그 자리에 "메시아" 또는 "그리스도"라는 용어로 대체하였다. 예를 들면, 아래와 같이 왜곡하여 번역하였다.

① 누가복음 1:32, "**지극히 높으신 이의 아들**이라 일컬을 것이요"
   → "**영원히 다스리실 기다리던 그리스도**라 증거될 것이다"(『선지자들의 삶』)
   → "**전능자의 메시야**라 불리울 것이며"(벵갈어 번역본)
② 누가복음 1:35, "… 나실 바 거룩한 자는 **하나님의 아들**이라 일컬으리라"
   → "장치 태어날 그 아들은 거룩할 것이요, 그는 **메시야**라 불리울 것이다"(벵갈어 번역본)
③ 누가복음 4:3, "네가 만일 **하나님의 아들**이어든"
   → "네가 참으로 **가장 높으신 하나님의 메시야**라면"(『선지자들의 삶』)
   → "네가 **하나님의 메시야**라면"(벵갈어 번역본)
④ 누가복음 4:9, "네가 만일 **하나님의 아들**이어든"
   → "네가 만일 참으로 **하나님의 메시야**라면"(『선지자들의 삶』)
   → "만일 네가 **메시야**라면"(벵갈어 번역본)
⑤ 누가복음 8:28, "… 지극히 높으신 **하나님의 아들 예수여**"
   → "오 가장 높으신 **하나님의 메시야시여**"(『선지자들의 삶』)

➡ "전능하신 **하나님의 메시야 예수여**"(벵갈어 번역본)

⑥ 누가복음 9:35, "이는 **나의 아들**, 곧 택함을 받은 자니"

➡ "이 사람은 내가 보낸 **사랑받는 메시야**이다"(『선지자들의 삶』)

➡ "이는 **나의 메시야** 나의 택함을 받은 자니"(벵갈어 번역본)

⑦ 누가복음 22:70, "네가 **하나님의 아들**이냐?"

➡ "네가 **하나님의 메시야**이냐?"(『선지자들의 삶』)

➡ "그러면 네가 **메시야**이냐?"(벵갈어 번역본)[9]

위의 꾸란적인 반기독론적 증언과 내부자 지도자들의 번역 성경과는 달리 **성경**의 하나님은 예수께서 세례를 받으실 때와 제자들과 함께 변화산에서 계실 때, 친히 예수 그리스도를 **하나님의 아들**이라고 계시하셨다. 아래 두 구절은 예수 그리스도의 세례 시에 예수께, 그리고 변화산 상에서 세 제자들에게 직접 말씀하신 계시이다.

> … 너는 내 사랑하는 아들이라 내가 너를 기뻐하노라(눅 3:22).

> … 이는 내 사랑하는 아들이요 내 기뻐하는 자니 너희는 그의 말을 들으라 …(마 17:5).

> 내가 아버지께로부터 너희에게 보낼 보혜사 곧 아버지께로부터 나오시는 진리의 성령이 오실 때에 그가 나를 증언하실 것이요(요 15:26).

성령은 예수 그리스도를 증거하는 영이므로, 우리가 성령을 받아야 그

---

9 조슈아 링겔, "성경의 이슬람화: 내부자 운동과 성경 번역들,"『크리슬람』, 284f.

의 증거로 인하여 비로소 예수께서 하나님의 아들임을 알 수 있게 된다(고전 12:3; 요 15:26; 행 1:8).

우리가 성령을 받으면 먼저 예수를 '**하나님의 아들**'이라고 고백하게 된다. 성령이 예수를 '하나님의 아들'로 증거하며 그리스도로 믿게 하기 때문이다. 그리스도인의 믿음은 성령의 증거에 의해서만 발생한다(고전 12:3; 요 14-16장).

그러므로 3년 동안 예수 그리스도를 따라 다니던 제자 시몬 베드로가 비로소 예수를 "주는 그리스도시요 살아 계신 하나님의 아들"이라고 고백하였을 때, 예수께서는 "바요나 시몬아 네가 복이 있도다 이를 네게 알게 한 이는 혈육이 아니요 하늘에 계신 내 아버지시니라"라고 칭찬하시면 인간의 지혜나 지식으로 예수를 그리스도요 하나님의 아들이라고 고백할 수가 없고, 오직 하나님이 알게 해 주셔야만 알게 된다는 것을 친히 설명하신 것이다(마 16:16-17).

Truth Distorted by Islam

제6장

두려움의 영과 성령

무함마드가 체험한 소위 계시는 두려움의 영으로 임하였다. 610년 무함마드가 히라 동굴에서 만난 이 무명의 영은 그 후 메카 "계시" 12년 동안 자신의 정체를 밝히지 않은 채 무함마드를 두렵게 하며 사로잡고 짓밟으며 무서운 고통을 주었다.

이 책 제1부 제3장에서 전술한 바와 같이, 무함마드는 갑자기 예고 없이 나타난 한 영에게서 소위 "계시"를 받을 때 심히 가혹한 폭력적인 경험과, 그가 오직 두려움에 사로잡혔었던 상태를 알부카리 하디스와 사히흐 무슬림 하디스는 정확하게 전하고 있다.

무함마드에게 임한 이름 없는 두려움의 영은 메카에서 계시를 받는 12년 동안 계시자 자신의 이름을 밝히지 않았다. 그러나 무슬림들은 그를 가브리엘 천사라고 호칭한다. 메디나로 이주한 후 732년에 사망하기까지 무함마드는 10년간 27회나 선두 지휘하여 전쟁과 약탈을 일삼았던 것은 잘 알려진 사실이고, 그의 성품은 이 두려움의 영이 지배한 후에 거룩하게 변화되지 않았다.

이슬람 창시 때부터 두려움의 영으로 나타난 이 영은 불신자를 죽이고 개종자를 죽이며 온 세상이 이슬람의 종교가 지배하기까지 성전하라고 가르친다.

> 내가 불신자들의 마음을 두렵게 하리니 그들의 목을 때리고 또한 그들 각 손가락을 때리라(Sura 8:12).

> 금지된 달이 지나면 너희가 발견하는 불신자들마다 살해하고 그들을 포로로 잡거나 그들을 포위할 것이며 그들에 대비하여 복병하라…(Sura 9:5).

> 너희가 전쟁에서 불신자들을 만났을 때 그들의 목들을 때리라. 너희가 완전히 그들을 제압했을 때 그들을 포로로 취하고 그후 은혜로써 석방을 하던지 아니면 전쟁이 종식될 때까지 그들을 보상금으로 속죄하여 주라… (Sura 47:4).

꾸란은 이와 같이 무슬림들의 무력과 불신자 살해를 조장한다. 이슬람을 떠난 **개종자** 역시 **알라의 배신자**로 정죄 받고 극형을 받게 된다.

> 그들이 배반한다면 그들을 포획하고 그들을 발견하는 대로 살해할 것이며 친구나 후원자를 찾지 말라(Sura 4:89).

> 그들을 살해한 것은 너희가 아니라 하나님께서 그들을 멸망케 하였으며 그들에게 던진 것은 그대가 아니라 하나님께서 던지셨음이라(Sura 8:17).

위와 같이 꾸란의 후기 계시는 **배교자들**만이 아니라 비무슬림들(**불신자들**)에 대한 무조건적 공격과 살해를 명령한다. Sura 8:39에 다음과 같이 기록되어 있다.

> **박해가 사라지고 종교가 온전히 하나님만의 것이 될 때까지 성전하라**
> (Sura 8:39).

이처럼 꾸란은 온 세계가 이슬람화되기까지 "성전"이 계속될 것을 가르치고 있다. "성전하라"라는 아랍어 '까아탈라'의 의미는 불신자들을 "죽이라"는 알라의 명령이다. 아래 구절에서 목들을 "때리라"고 번역한 것들은 목들을 (칼로) 쳐서 살해하라는 뜻이다.

무슬림의 세계관은 무슬림의 지역인 "평화의 집"(Dar al-Islam)과 비무슬림 지역인 "전쟁의 집"(Dar al-Harb)으로 나누어진다. 온 세계가 알라만의 것이 될 때까지 "성전"하는 것이 바로 세계 선교 방법이다. 그리고 무슬림이 알라를 위해 싸우다 적인 비무슬림들을 죽이는 것이 알라의 명령이고, 자신이 죽게 되면 알라는 그 영혼의 죄악을 저울에 달아보지 않고 그대로 천국으로 직행한다고 약속한다.[1]

---

[1] 그리고 "성전" 중에 살해한 것은 알라의 뜻이고, 알라 대신에 행한 살해자는 아래와 같이 무죄로 인정한다. Sura 8:17, "그들을 살해한 것은 너희가 아니라 하나님께서 그들을 멸망케 하였으며 그들에게 던진 것은 그대가 아니라 하나님께서 던지셨음이니라." 또한 성전하다 전사한 것을 무슬림들은 "순교"라고 하는데, 이 순교자들에게 알라가 모든 죄악을 "속죄"해주고 그 보상으로 강이 흐르는 천국으로 직행하게 해준다고 한다. 필자가 UAE를 방문했을 때 현지 여성들에게서 받은 첫 번째 질문은 "당신 무슬림이세요?"였다. 그 질문은 모든 무슬림들은 모든 사람은 무슬림이어야 한다는 세계관을 가지고 있다는 것이다.
 Sura 3:169, "하나님의 길에서 순교한자가 죽었다고 생각치 말라. 그들은 하나님의 양식을 먹으며 하나님 곁에서 살아 있노라."
 Sura 3:195, "… 나의 길에서 수고한자 성전하였거나 살해당한 그들을 속죄하여 줄 것이며 강이 흐르는 천국으로 들어가게 하리니 이것이 하나님으로부터 받을 보상이라…."

하나님의 길에서 살해당했거나 죽었다면 하나님으로부터 관용과 자비가 있을지니 이는 생전에 축적한 것보다 나으니라. 만일 너희가 죽었거나 살해당했다면 너희는 하나님께로 돌아가니라(Sura 3:157-158).

현상학적으로 보면 무함마드가 체험한 이 영은 결코 성경에서 약속한 하나님 자신의 영인 성령이 아니다. 참 하나님의 영인 **성령을 받은 사람**은 무함마드가 경험한 무서운 고통 같은 것을 체험하는 것이 아니고, 말할 수 없는 **하나님의 사랑**(요 3:16; 요일 4:10)과 **평강과 희락을 체험**하고(롬 14:17) 하나님의 거룩한 새 사람으로 변화를 받아 성령의 열매인 사랑과 희락과 화평과 오래 참음과 자비와 양선과 충성과 온유와 절제의 열매를 맺는다(갈 5:22). 성령을 받은 사람만이 날마다 행복을 고백하고, 날마다 하나님과 함께함을 고백하며 찬송한다.

나를 믿는 자는 성경에 이름과 같이 그 배에서 생수의 강이 흘러나오리라 하시니 이는 그를 믿는 자들이 받을 성령을 가리켜 말씀하신 것이라(요 7:38-39).

우리 주 **예수 그리스도의 가르치심**과 비교하는 사람은 참 하나님의 영과 거짓 영을 분별 할 수 있게 된다. 예수께서 다음과 같이 말씀하셨다.

새 계명을 너희에게 주노니 서로 사랑하라 내가 너희를 사랑한 것 같이 너희도 서로 사랑하라. 너희가 서로 사랑하면 이로써 모든 사람이 너희가 내 제자인줄 알리라(요 13:34-35).

너희 원수를 사랑하며 너희를 핍박하는 자를 위하여 기도하라(마 5:44).

이런 가르치심은 무함마드가 지시하는 명령과 얼마나 대조적인가?

그리스도인이 위의 사랑을 행할 수 있는 원천은 그리스도인 자신에게 있는 것이 아니라, "우리에게 주신 성령으로 말미암아 하나님의 사랑이 우리 마음에 부은 바 됨"(롬 5:5)에 있는 것이다. **아들을 증거하는 영은 하나님 자신의 영인 성령이다.**

성령은 예수 그리스도의 영이고(갈 4:6) 하나님의 영이다(롬8:9f.). 그는 진리의 영이며(요 16:13; 14:17), 예수 그리스도를 증거하고(행 1:8; 요 15:26), 그리스도께 영광을 돌리게 하며(요 16:14) 그리스도를 믿게 한다(고전 12:3). 그는 우리가 '**하나님의 자녀**'임을 증거하는 영이다.

> 무릇 하나님의 영으로 인도함을 받는 그들은 곧 하나님의 아들이라. 너희는 다시 무서워하는 종의 영을 받지 아니하였고 양자의 영을 받았음으로 아바 아버지라 부르짖느니라. 성령이 친히 우리 영으로 더불어 우리가 하나님의 자녀인 것을 증거하시나니(롬 8:14-16).

> 너희가 아들인고로 하나님이 그 아들의 영을 우리 마음 가운데 보내사 아바 아버지라 부르게 하셨느니라. 그러므로 네가 이후로는 종이 아니요 아들이니 아들이면 하나님으로 말미암아 유업을 이을 자니라(갈 4:6-7).

이와 같이 타락한 **피조물이 하나님의 자녀**가 되는 사건은 하나님의 사랑에 근거한 것이다(요 3:16). 하나님이 인간 역사 속에 들어오신 목적은 하나님과 인간이 화목하고 임마누엘의 친밀성을 회복하기 위해서이다(롬 5:10-11; 2:2; 고후 5:16-19). 이 친밀성은 오순절에 강림하신 성령이 그리스도인 안에 머물러 있기 때문이지(행 2:38; 요 14:16f.) 피조물이 하나님의 신성을 가지게 되었기 때문이 아니다. 성령 강림으로 인하여 죄의 종 또는 진노의 자녀(엡 2:3) 또는 마귀의 자녀(요일 3:10)가 변하여 "하나님의 자녀"가 이루어진 것이다.

하나님의 자녀라는 호칭은 혈통 개념이 아니고, 약속에 의한 것이며(갈 4:28; 롬 9:8) **입양의 의미**이다. 하나님의 아들 예수께서 흠 없는 자기의 피로 정결케 하여 타락한 피조물을 양자로 삼은 것이다. 그러므로 하나님의 자녀가 된 것은 오직 새로워진 하나님과의 **관계 개념**이며(요 1:12-13) 하나님이 주신 **권세**이다(롬 8:21; 9:8). 이는 오순절에 그리스도인들에게 강림하신 **성령으로 말미암아 이루어진 것**이다(행 2:38; 요 14:16f.).

빌립보 가이사랴에서 고백한 '하나님의 아들'에 대한 베드로의 고백(마 16:16f.)이 성령 하나님에 의한 것이며, 고린도전서 12:3의 기독론적 고백도 성령에 의한 것이다. 이와 같이 우리의 아버지에 대한 신앙과 아들에 대한 신앙도 오직 성령의 조명에 의해서만 가능하다.[2]

꾸란에는 성령이라는 단어는 없고, 무함마드와 무슬림들은 성령에 관해서 알지 못한다. 성경적 성령의 개념과는 달리 일반 번역 꾸란에서 언급되는 "성령"은 알라의 한 피조물이다. 만일 그 영이 알라 자신의 영이라면 그것은 '알-루흐 알-꾸두스'(al-ruḥ al-qudus),[3] 또는 '알-루흐 알-일라히'(al-ruḥ al-ilahiy, the divine spirit)[4]라고 써야 한다. 그러나 꾸란의 영은 아랍어로 관사가 없는 명사 '루흐 알-꾸두스'(ruḥ al-qudus), 즉 "거룩함의 영"(Geist des Heiligen)으로 풀이된다. 일반적으로 꾸란의 '루흐 알-꾸두스'는 가브리엘 천사라는 뜻에서 "성령"이라고 번역했다. 이 "성령"은 신적 본질이 없다.

---

2 참조, E. Jüngel, *Gott als Geheimnis der Welt* (Tübingen 1982), 52f.
3 Muhammad Ali Alkhuli, *A Dictionary of Islamic Terms* (Swaileh-Jordan, 1989), 48.
4 Amatullah Armstrong, *Sufi Terminology* (Karachi, 1995), 199.

인간이 접하는 영들에게서 우리는 큰 현상학적 차이를 발견할 수 있다. 내부자 운동 지도자들은 새 번역 성경에 "성령"이라는 단어를 성경사본과 똑같이 번역하였다. 그러나 이들의 번역 성경은 비록 "성령"이라는 단어를 사용할지라도, 아버지의 영도 아니고, 아들의 영도 아니고, 하나의 피조물인 가브리엘과 동일시된 꾸란적 전제를 가지고 있다.

그런 무슬림들이 하나님 자신의 영인 '성령 하나님'을 어찌 영접할 수 있게 하겠는가?

그리고 보혜사(파라클레토스, παρακλήτος)가 무함마드(페리클뤼토스, περικλύτος)라는 전제를 담은 단어인 성령을 어찌 하나님 아버지의 영일 수 있으며, 하나님의 아들의 영인 삼위일체의 영이라고 증거할 수 있겠는가?

제 7 장

내부자들의 상황화 공동체

하나님을 경배하고 찬양하며 복음을 전하는 기독교와는 달리, 이슬람은 정교일치의 종교이고, 그들의 모스크는 예배, 정치 경제, 사회, 교육, 사법 등 모든 삶의 중심지이다. 그러므로 내부자 운동 지도자들이 모스크를 기독교의 교회와 같은 기능으로 생각하는 것은 적합하지 않다.

내부자 운동가들의 상황화 이론은 "하나님이 각 사람을 부르신 그대로 행하라"라는 성경 말씀(고전 7:17, 20, 24)을, 예수를 따르는 무슬림들은 무슬림의 문화 속에 그대로 머물라는 뜻으로 해석한다. 또 바울이 더 많은 사람을 얻고자 다음과 같이 행했다(고전 9:19-23).

① 유대인과 같이 된 것
② 율법 아래 있는 자같이 된 것
③ 약한 자와 같이 된 것
④ 율법 없는 자같이 된 것
⑤ 여러 사람에게 여러 모습이 된 것

내부자 운동의 지도자들은 위의 바울의 모범을 적용하기를, 무슬림을 선교하는 기독교 선교사들이 "무슬림처럼 되는 것"이라 한다. 그리하여 내부자 신도들을 기존 교회에 연결하지 않고, 그들이 현지 모스크에 머물며 알라에게 절하고, '샤하다'를 고백하며 성지 순례를 하도록 허용한다.

'**샤하다**'의 뜻은 "알라 외에는 다른 신이 없고, 무함마드는 알라의 사도(전령)"라는 것을 알고 이것의 증인이 되겠다는 것이다. 샤하다는 이슬람의 다섯 기둥 중에서 가장 중요한 항목이고 이슬람의 근본이다. 이 샤하다를 반복함으로써 이 깨달음이 각자의 존재 속으로 파고들어가게 하는 것이다.[1] 이렇게 해서 내부자들은 이슬람을 떠나지 않게 되는 것이다.[2]

위와 같은 내부자 운동의 상황화 이론은 크게 잘못된 것이다. 하나님이 "아버지"이심을 제거하고, 예수 그리스도가 "하나님의 아들"이심을 제거하여, 비슷한 하나님과 비슷한 예수를 전하는 일은, 비록 좋은 의도로 시행했을지라도 크게 잘못을 저지른 것이다.

상황화란 성경적 기독교의 핵심 신앙인 **하나님**을 아는 것과 **그의 아들** 예수 그리스도를 믿는 것을 왜곡해도 된다는 말이 아니다. **갈라디아서 1:6-10**의 말씀은 비록 복음을 기록한 사도들 자신일지라도 **복음 자체를 변질시키면 저주를 받는다**는 무서운 선포이다.

> 그리스도의 은혜를 너희로 너희를 부르신 이를 이같이 속히 떠나 다른 복음을 따르는 것을 내가 이상히 여기노라. 다른 복음은 없나니 다만 어떤 사람들이 너희를 교란하여 그리스도의 복음을 변하게 하려 함이라.

---

1 김정위 편, 『이슬람 사전』 (서울: 학문사, 2002), 360f.
2 제이 스미스, "내부자 운동 원리의 피러다임에 대한 평가," 『크리슬람』, 조수아 링겔 외 저, 전호진 역 (종교문화연구소, 2014), 481-483.

> 그러나 우리나 혹은 하늘로부터 온 천사라도 우리가 너희에게 전한 복음 외에 다른 복음을 전하면 저주를 받을 지어다. 우리가 전에 말하였거니와 내가 지금 다시 말하노니 만일 누구든지 너희가 받은 것 외에 다른 복음을 전하면 저주를 받을지어다(갈 1:6-10).

이에 대한 반론으로 대표적인 입장은 내부자 운동가이며 종교다원주의자인 **케빈 하긴스**[3]의 것인데, 그는 이방 "**주술사 발람**이 하나님과 대화 내지 교제를 한 것"과 같이, 무슬림도 하나님을 경배할 수 있고 축복 받을 수 있다고 주장한다.[4]

그러나 발람은 모압 왕 발락이 하나님의 뜻을 거스려 이스라엘을 저주하려고 하였을 때 하나님이 막으심을 알아차리고 억지로 순종한 것이다. 그러나 그는 결국 이스라엘에 올무를 놓아 바알브올에 부속시키고 우상의 제물을 먹게 하고 행음하게 함으로 이스라엘이 하나님께 큰 화를 당하게 하였다(민 31:16; 계 2:14).

성경에도 증언된 바와 같이 모든 악한 영들과 더러운 귀신들도 하나님이 계심을 인정한다. 예수를 '하나님의 아들'로 먼저 알아본 것도 악한 귀신이었다(막 5:7). 문제는 악한 영들도 하나님을 알고 떨지만 그를 사랑하거나 그를 섬기지 않는 것이다(약 2:22).

케빈 하긴스는 바울이 아덴에서 행한 **아레오파고 연설**(행 17장)에 관해서 아래와 같이 주장한다.

---

[3] 제프 모튼, "종교신학적 문제: 예수께서 이슬람교에서 사역했다면 굳이 십자가에 못박히셨을까?,"『크리슬람』, 205.

[4] 빌 니키데스, "무슬림을 위한 성경 번역: 내부자 운동과 성서해석,"『크리슬람』, 86f.

> 다른 종교를 믿으면서 전정한 하나님을 만날 수 있다. 하나님께서 세상 만민에게 서로 다른 문화를 주시면서 그들 모두 하나님을 구하고 만나도록 하셨다. … 아테네인들이 서로 다른 제단을 만든 것은 하나님의 뜻이다. 언젠가 그들이 참된 하나님을 찾고 만나게끔 하나님께서 그렇게 미리 계획하신 것이다.[5]

하긴스는 또 사마리아인들이 자신들의 **사마리아 신전**에서 하나님을 섬겼다고 하며(요 4장), 이와 같이 그리스도인들도 이슬람신전에서 하나님을 섬길 수 있다고 주장한다.[6]

그러나 우리가 알 것은 성경에는 사마리아인들이 예배한 장소는 명시되지 않고 다만 사마리아인들이 하나님의 말씀을 받았다고 하였다. 베드로는 사마리아 교회에 속한 세례 교인 **주술사 시몬**에게 "이 도에는 네가 관계도 없고 분깃될 것도 없다"라고 하며 시몬의 주술 신앙과의 불연속성을 확실하게 선포하며 책망하였다(행 8:4-25).

교회는 원래 예수 그리스도에 대한 바른 고백에 의해 세워진 것이다. 베드로가 마침내 예수를 "살아 계신 하나님의 아들"이라는 개념으로 "그리스도"이심을 고백함으로써 교회가 세워졌던 것이다(마 16:16-18).

독일어로는 교회를 '키르헤'(Kiche)와 '게마인데'(Gemeinde)로 구별하여 칭한다. 성경적인 "교회"는 '게마인데,' 그리스어로 '에클레시아'(ἐκκλησία)이며, 이 단어는 원래 건물과 제도를 의미하기보다는 하나님이 이 세상에서 불러내어 그리스도의 지체가 된 '공동체'를 의미한다.

모든 종교인들이 추구하는 "신들"을 하나님이 "참 하나님을 섬기도록

---

5 빌 니키데스, "무슬림을 위한 성경 번역: 내부자 운동과 성서해석," 『크리슬람』, 90.
6 빌 니키데스, "무슬림을 위한 성경 번역: 내부자 운동과 성서해석," 『크리슬람』, 87.

예비하신 것"이라고 보는 **케빈 하긴스**에게는 영 분별이란 개념이 존재하지 않는다. 그는 아레오파고에서 바울이 다가오는 하나님의 심판을 앞두고 모든 사람에게 **회개**를 명한 것을 간과하고 있다. 성경적 개념의 **회개**는 우상과 함께 하나님을 섬기거나, 하나님을 우상과 동일시하는 것이 아니라 모든 **우상을 제거하고 하나님께 돌아오는 것**이다.

무슬림이 모스크에 머물면서 전통적인 교회와는 분리된 채 이슬람 문화적 종교 행사에 두루 참여하는데, 그들이 회개하고 하나님께 돌아왔다고 볼 수 있겠는가?

예수께서 성육신으로 오신 것과 그의 대속의 보혈을 거부하고 예수를 하나의 피조물이며 선지자 중의 하나로 여기는 무슬림들에 대하여 성경에 기록된 하나님의 말씀은 아래와 같이 경고한다.

> 하물며 하나님의 아들을 짓밟고 자기를 거룩하게 한 언약의 피를 부정한 것으로 여기고 은혜의 성령을 욕되게 하는 자가 당연히 받을 형벌은 얼마나 더 무겁겠느냐 …(히 10:29).

모든 무슬림 영혼을 사랑하는 우리는 모든 구도자 무슬림들이 구원을 받을 수 있다는 기쁜 소식 전달해 주어야 한다. 하나님께 범죄함으로 말미암아 하나님과의 관계가 비참하게 끊어져 버렸으므로, 불지옥으로 던져져 멸망할 수밖에 없는 모든 무슬림들을 포함한 세상 사람들에게, 하나님이 구약과 신약에 거듭 약속하신 이 큰 구원의 선물을 시급히 알려야 한다.

참 사랑의 하나님이 주시는 이 구원의 선물은 누구든지 받기를 간절히 원하는 구도자마다 다 받을 수 있다(요 3:16). 그 선물은 하나님을 떠난 사람들에게 하나님이 친히 찾아오시며, 모든 원하는 사람들에게 친히 다가 오셔서 죄악과 마귀의 쇠사슬을 풀어주시는 것이다. 왜냐하면 예수 그리스도께서 몸소 십자가에서 그 죄의 대가를 받아주셨기에(막 10:45), 죄인 당사자는 더 이상 지불해야 되는 죄 값이 남아 있지 않고, 죄악과 마귀의 종에서 풀려나 영원히 자유한 하나님의 자녀가 되었기 때문이다.[7]

---

[7] 그리스도의 **제사장적 직분**은 사 53장에 묘사되어 있으나 유대인들이 싫어하는 배척하는 직무이다. 예수 그리스도의 제사장적 직무는 세례 요한이 "보라 세상 죄를 지고 가는 하나님의 어린 양이로다"라고 선포한 내용과 같이(요 1:29), 우리의 허물과 죄악을 짊어지고 속건제물(guilt offering)로 드려져서 우리의 죄 값을 담당하는 직무이다. 예수 그리스도는 선지자 이사야의 예언을 그대로 성취한 메시아이다. 구약 시대의 속죄제물이었던 희생 짐승으로 드리는 예배는 온전하고 바른 예배가 되지 못하기에 하나님은 이를 폐하시고, 우리 죄를 위하여 예수 그리스도가 자기 몸을 영원한 제물로 드리심으로 우리를 죄에서 자유하게 하신 것이다(히 10:1-18). 히브리서는 속죄의 원리를 가르치면서 "율법을 따라 거의 모든 물건이 피로써 정결하게 되나니 피흘림이 없은즉 사함이 없느니라"고 확언하고 있다(히 9:22).

제8장

내부자 운동의 세계관에 대한 변증과 결론

　내부자 운동가들은 성경 번역을 위해 기독교 복음의 핵심 개념들을 꾸란의 내용과 개념으로 대체하므로써, 내부자들의 2세나 3세 혹은 무슬림 구도자들이 꾸란적 전제를 가지고 내부자 성경을 읽는다면 꾸란적인 개념으로 이해될 수 있는 혼합주의적인 성경을 창작한 것이다. 이 성경을 통해서 차세대가 접하게 되는 하나님은 삼위일체 하나님이 아니라 "알라"이며, 예수 그리스도는 "하나님의 아들"이 아니라 알라의 종이고 선지자일 뿐이다.

　그러하니 내부자 운동의 지도자들은 아버지와 아들의 이름을 제거하고 어떻게 성부와 성자와 성령의 이름으로(마 28:19) 세례를 베풀 것인가?

　또 전통적인 교회와 단절된 상태에서 항상 모스크에 거하는 그들에게 세례를 수행할 필요를 느끼겠는가?

　내부자들의 번역 성경과는 대조적으로 **성경**은 절대적으로 강조하기를, **하나님이 "아버지"이심**을 우리에게 드러내시고 알게 하시려고 메시아를 보내셨다고 한다.

아버지여 아버지께서 내 안에 내가 아버지 안에 있는 것 같이 그들도 다 하나가 되어 우리 안에 있게 하사 세상으로 아버지께서 나를 보내신 것을 알게 하옵소서(요 17:21).

세상 중에서 내게 주신 사람들에게 내가 아버지의 이름을 나타내었나이다. 그들은 아버지의 것이었는데 내게 주셨으며 그들은 아버지의 말씀을 지키었나이다(요 17:6).

예수께서 이르시되 내가 곧 길이요 진리요 생명이니 나로 말미암지 않고는 아버지께로 올 자가 없느니라(요 14:6).

아버지께서 나를 세상에 보내신 것 같이 …(요 17:18).

나더러 주여 주여 하는 자마다 다 천국에 들어갈 것이 아니요 다만 하늘에 계신 내 아버지의 뜻대로 행하는 자라야 들어가리라(마 7:21).

예수께서 이와 같이 말씀하였는데, 하나님의 아들과 관계없는 자가 어떻게 아들에게 다가갈 것이며, 아들의 영을 받을 것인가?
로마서 8:14-17 말씀이다.

무릇 하나님의 영으로 인도함을 받는 사람은 곧 하나님의 아들이라 너희는 다시 무서워하는 종의 영을 받지 아니하고 양자의 영을 받았음으로 우리가 아빠 아버지라고 부르짖느니라. 성령이 친히 우리의 영과 더불어 우리가 하나님의 자녀인 것을 증언하나니 자녀이면 또한 상속자 곧 하나님의 상속자요, 그리스도와 함께 한 상속자니 우리가 그와 함께 영광을 받기 위하여 고난도 함께 받아야 할 것이니라(롬 8:14-17).

또한 갈라디아서 4:4-7에도 이와 같은 가르침이 있다.

때가 차매 하나님이 그 아들을 보내사 여자에게서 나게 하시고 율법 아래에 나게 하신 것은 율법 아래에 있는 자들을 속량하시고 우리로 아들의 명분을 얻게 하려 하심이라. 너희가 아들이므로 하나님이 그 아들의 영을 우리 마음 가운데 보내사 아빠 아버지라 부르게 하셨느니라. 그러므로 네가 이 후로는 종이 아니요 아들이니 이들이면 하나님으로 말미암아 유업을 받을 자니라(갈 4:4-7).

요한일서 3:1의 증거대로 "보라 아버지께서 어떠한 사랑을 우리에게 베푸사 하나님의 자녀라 일컬음을 받게 하셨는가?"라고 탄복하며 감사할 뿐이다. 우리에게 이와 같이 대우하시는 하나님의 사랑은 측량 할 수 없는 것이다.

내부자 신앙인들은 하나님을 **아버지**로 알지 못하고, 하나님 아버지와 관계를 맺지 못하고, 예수를 하나님의 아들로 시인하지 못하기 때문에 하나님의 아들과 관계를 맺지 못하게 되는 사실은 치명적이다.

매일 모스크에서 샤하다(무슬림 신앙 고백)를 거듭 고백하며 반삼위일체적인 유일신과 반기독론적 메시아를 고백하는 내부자 신앙인들의 고백에 의해서 구원을 받을 수 있겠는가?

앞에서 보았듯이, 예수께서 친히 하신 말씀들을 결단코 소홀히 여길 것이 아니다.

그런데 예수께서 하나님의 아들이라는 고백조차 하지 못하고 어떻게 구원을 받을 것인가?

누구든지 예수를 하나님의 아들이라 시인하면 하나님이 그의 안에 거하시고 그도 하나님 안에 거하느니라(요일 4:15).

이 말씀과 같이, 모든 진실한 성도들이 받는 성령의 임재 조건을 내부자들은 성경 번역을 통해 분명히 알려야 한다.

내부자 운동 지도자들은 성경적인 세계관을 가지고 있을 것이지만, 하나님을 아버지와 아들을 전하지 않음으로 인해 더 이상 하나님의 자녀들이 태어나지 않게 된다. 더욱이 위험스러운 것은, 새 신자들이 기존 교회와 관계를 가지지 못하고, 모스크에 남은 자칭 "무슬림"이라고 하는 분별력 없는 2세나 3세들은 이슬람의 영적 분위기 속에서 이슬람적 고백을 하고, 이슬람의 의식을 행하며, 이슬람의 가르침을 받으며, 그들의 딸들은 무슬림 남자들과 결혼할 것이며, 그들은 이렇게 점진적으로 순수 무슬림들이 되어갈 것이다.

그들은 이슬람법에 의해 한 번 무슬림이 된 사람은 영원히 그리고 대대로 무슬림이 되어야 하는 운명에 처하게 된다. 게다가 꾸란은 알라의 배신자를 죽이도록 명하고 있으니(Sura 4:89), 복음적 신앙이 생명보다 귀하다는 것을 깨닫지 못하는 차세대가 순교적인 신앙으로 개종에 이르기는 쉽지 않을 것이다.

상황화 이론에 있어서 고린도전서 9:19-23의 **문화다원주의**와, 갈라디아서 1:6-10의 **진리의 유일성**을 혼돈하면 안 될 것이다. 문화의 의식과 예식과 윤리는 다원적일 수 있겠으나, 성경적인 진리인 신론, 창조론, 기독론, 인간론, 성령론, 구원론, 교회론, 종말론과 같은 진리들은 타협할 수 없는 항목이다. 갈멜 산에서 엘리야가 외친 바와 같이 여호와가 하나님인지 바알이 하나님인지를 구별해야 한다. **아버지**(성부)와 **아들**(성자)의 **신적 본질**을 숨기면서 무슬림들의 영혼을 구원하려고 하는 처사는, 성경적 진리를 기준으로 판단할 때, 불가능한 일이다.

이미 **꾸란**은 무수히 기독교 경전을 이용하여 그 본래적인 핵심 내용을 분쇄하였고, 기독교 삼위일체 신관에 대해서는 반 신적이며, 예수의 신성에 대해서는 반 기독적이며, 아버지와 아들의 영인 성령을 받아들이지 못하게 하는 반 영적 문서이며, 십자가와 부활을 부정하여 구원의 길을 차단해 버린 반 구원적 이단 서적이다.

또 꾸란은 예수 그리스도 위에 교조를 올려놓고 그를 최종시하는 "기독교 이단들"의 특징을 모두 지니고 있다. 이슬람은 보통 종교 중의 하나가 아니라, 기독교를 파괴하는 세계에서 가장 큰 이단이며 적그리스도의 영이다(요일 2:22-23).

필자는 꾸란적 신앙 고백과 유사한 내부자 운동을 위한 새 성경 번역들이 존재하지 말았어야 한다고 생각한다. 그렇지 않으면 내부자 운동의 다음 세대는 우상과 함께 거하며 마음이 둔해지고 분별력이 없어져 점차 이슬람의 지배를 받고 그 영혼들이 죽게 된다(롬 1:19-32). 모든 무슬림들은 어린 양이신 하나님의 아들 예수 그리스도의 사랑과 대속함을 받아들이고 하나님의 자녀로 거듭나야 할 것이다. 하나님이 계시하신 성경 말씀대로 믿고 회개할 때 약속대로 성령이 강림하시고 그들은 그리스도인으로 새 사람이 되고 성경적인 세계관을 가지게 된다.

아버지와 아들이 없는 반삼위일체적 교리로는 **마음의 변화**를 경험하지 못하고 새 사람이 되지 못한다. 따라서 결코 성령도 받지 못한다. 하나님이 구약에 약속하시고, 십자가를 지시기 직전에 또 약속하시고, 부활 승천하시기 전에 다시 약속하신대로 그 성령을 받는 사람은 혼합주의자가 아니라 예수 그리스도의 보혈로 대속함을 받은 철저히 회개한 사람이다(행 2:38).

회개란 과거의 비기독교적 유산을 끌고 기독교에 들어오는 것이 아니고, 기독교를 타 종교 속으로 끌고 들어가는 것도 아니다. 회개는 우상과 죄악과 인본주의를 철저히 파쇄하는 것이고, 하나님의 말씀인 성경적 가르침과 불연속성(discontinuity)을 이루는 타 종교의 세계관과 철저히 분리하는 것이다.

영혼 구원을 위한 진리 대결에서 진리가 타 종교들의 이론과 충돌할 때, 성령께서 개입하심으로써 진리가 승리하게 된다는 것을 고린도후서 10:4-5이 말하고 있다.

> 우리의 싸우는 무기는 육신에 속한 것이 아니요 오직 어떤 견고한 진도 무너뜨리는 하나님의 능력이라 모든 이론을 무너뜨리며 하나님 아는 것을 대적하여 높아진 것을 다 무너뜨리고 모든 생각을 사로잡아 그리스도에게 복종하게 하니(고후 10:4-5).

이슬람 세계관의 특징은 물질적이다. 첫 사람 아담 이래 보편적으로 타락한 죄인들이 문화적 유산에 의해 인간의 타락도, 회심도, 성령과 성령 강림도 알지 못한다. 그들은 신앙인의 인격적인 변화가 일어나지 않는 오직 물질적인 천국과 구원을 기대하고 있는 것이다. 꾸란은 천국을 일부다처의 세계(Sura 37:48-49; 38:52; 44:54; 52:20; 56:37)이며, 술과 강물이 흐르는 곳으로 소개하고 있다.

"계시 수령자"였던 무함마드 역시 하나님의 특성인 거룩성을 담지 않아 수년 사이에 27회나 전쟁과 약탈을 일삼고, 아내를 10명 이상이나 둔 육적인 사람이었으며, 죄인이었다.[1] 무함마드는 구원 수여자가 아니라 구원

---

1 Ibn kaiyim al-Jawziwa, *The Soul* (beirut, 1997), 17, 44, 179.

을 기다리는 다른 무슬림들과 동일한 위치에 처해있었다. 꾸란은 무함마드의 죄를 지적하고, 그는 자신의 죄악 때문에 알라에게 기도해야 했다.

> 그러므로 하나님 외에는 신이 없음을 알라 그리고 그대의 잘못과 믿는 남성과 믿는 여성의 과오를 위해 구하라 …(Sura 47:19).

> 그것은 하나님께서 지나간 그대의 과오를 용서하고 그대에게 그분의 은혜를 충만케 하며 그대를 올바른 길로 인도하시며(Sura 48:2).

아델 테오도르 코우리(Adel-Theodor Khoury)의 저서『이슬람의 기도들』(Gebete des Islams)에는 무함마드가 알라에게 자신의 죄에 대한 용서를 구하는 무수한 기도문들이 수집되어 있다.[2]

Sura 33:56에서 "… 믿는 자들이여 그분께 축복을 드리고 정중한 인사를 하라"고 하여, 무슬림들은 이미 죽어 오래된 무함마드에게 평안을 빌어주어야 한다. 모든 "경건한 무슬림"의 서적들에서도 무함마드의 이름이나 선지자라는 칭호만 나오면 그 때마다 죽은 무함마드를 축복하는 문구, 즉 "알라의 복과 평화가 당신에게 있기를"(May the blessing and peace of Allah be upon him)을 읽을 수 있다.[3]

무함마드는 하나님의 자녀도 아니고 성령의 사람도 아니고 아래의 꾸란의 구절과 같이 평생 사탄의 유혹과 영마의 유혹을 두려워하며 살았던 평범한 아라비아 베두인이었다.

---

[2] A. Th. Khoury, *Gebet des Islams* (Mainz-Grünewald, 1981), 44-48.
[3] A. Th. Khoury, 44-48.

창조된 사악한 것들의 재앙으로부터 보호를 구하며 어둠이 짙어 가는 밤의 재앙으로부터 보호를 구하며 시기하는 자의 재앙으로부터 보호를 구하노라(Sura 113:2-5).

인간의 흉중에 도사리는 사탄의 재앙을 인간의 가슴속에서 유혹하는 사탄의 유혹을 영마와 인간의 유혹으로부터 보호를 구하나이다(Sura 114:4-6).

위의 꾸란의 구절들에서 알 수 있듯이, 무함마드를 포함하여 무슬림들은 주변 문화적인 '진'(jinn)에 대한 공포와 그것들의 지배에서 해방 받지 못한 사실을 알 수 있다.

내부자 운동의 위험성은 바로 이러한 이슬람과 기독교를 다 끌어안고 **진정한 회개를 하지 못하는 데** 있다. 이러한 혼합주의 신앙 안에는 위와 같은 '진'들이나 거짓 영들이 역사하기 마련이다.

이슬람에는 '진'이라는 마귀 개념은 있어도, 거짓 영이나 거짓 선지자라는 개념은 없다. 따라서 진정으로 회개한 사람에게 임하시는 거룩한 영(성령)을 알지 못하고(행 2:38) 하나님의 나라를 선취하여 맛보는 기쁨과 감사와 평강도 경험하지 못한다(롬 14:17).

회개는 영적 전쟁을 동반하고 이슬람은 세상 무기로 개종자들에게 다가오지만, 회개를 통해 예수께 나아온 자들은 영적인 무기로 공중의 악한 권세자들과의 영적 싸움을 싸워 이기게 된다(엡 6:10-18). 회개한 사람은 성령의 사람이 되고(행 2:38), 마귀의 통치에서 벗어난다. 그는 영적인 변화로 하나님의 자녀가 되는 권세를 받고 항상 하나님의 인도하심과 은혜의 통치를 받으며, 율법을 지킬 수 있게 되고, 사랑의 사람이 된다.

이러한 기독교 세계관과는 대조적으로, **내부자 운동**은 혼합주의로 말미암아 기독교 중심 진리를 분실하게 된다. 내부자 운동이 하나님에게서 **부성을 제거한 호칭**을 사용하고, 예수 그리스도에게서 **신성을 제거한 호칭**을 사용하는 것은 **삼위일체 하나님의 이슬람화**이며 **메시아의 이슬람화**이다. 그리하여 내부자 운동의 차세대는 결국 **꾸란의 알라와 꾸란의 메시아**를 믿게 되는 위험에 노출 되었다.

내부자들은 아들이 없는 자에게는 아버지도 없다는 말씀(요한일서 2:22f.)을 명심하고, 무슬림들이 하나님 아버지와 관계를 맺고, 하나님의 아들과 친밀한 관계를 이루는 신앙인들과 그 후예들이 되도록 내부자 성경을 정통적인 성경 사본들과 똑같이 번역해야 될 것이다. 성경 말씀은 절대로 가감하면 안 된다(계 22:18f.).

예수 그리스도를 "하나님의 아들"로 고백하는 것은 **복음적 신앙의 입문**이고 초신자 세례의 조건이다. 예수 그리스도가 "하나님의 아들"이라는 지식은 예수 그리스도의 세례식 때(마 3:17)와 변화산 상에서 하나님 아버지께서 직접 계시하심에 의한 것이다(마 17:5). 하나님의 계시가 아니었다면 누구도 예수 그리스도를 하나님의 아들이라고 고백하지 못했을 것이다.

성경 말씀에 비추어 **회개**하는 것은 천국에 들어가는 조건이다. 회개는 예수 그리스도의 **첫 설교 메시지**이고(마 4:17), 또 **마지막 선교 명령**이다(눅 24:47). 회개와 개종은 성령의 능력으로만 발생하고 구원 받는 사람들의 자연스러운 변화이다.

내부자 운동 속에 들어온 이슬람 세계관 극복의 길은 '회개'뿐이다. 이슬람 문화 및 종교와의 연관이 끊어지지 않고 회개가 일어나지 않은 상태의 신자는 구원과 거리가 멀다. 회개로 인하여 이루어지는 구원은 이전 종교와의 불연속성을 체험하고 하나님의 아들 안에서 하나님의 '양자'인 '하나님의 자녀'가 되는 것이고, 하나님 자신의 영인 성령을 받고 그와 동행하는 것이다.

구원 받은 자의 세계관은 꾸란적인 이슬람 세계관에서 **성경적인 세계관**으로 바뀐 것이고, 이러한 사건과 경험은 우리의 목숨보다 귀중한 일이다(행 10:44-48; 11:18). 무슬림들이 구원을 받으면 오순절에 강림하신 **성령을 받고** 거듭나서 새로운 세계관, 즉 하나님 아버지가 알게 하신 성경적 세계관을 가질 수 있게 된다(요 14-16장). 이때로부터 이들도 하나님의 자녀가 되고, 하나님 아버지께 진실한 찬양을 올려드리게 된다. 이렇게 되는 것이 하나님의 창조 목적이고 우리가 복음을 전하는 목적이다(사 43:21).

결론

다른 고등 종교들과는 달리 이슬람은 신·구약 성경을 가장 많이 인용하여 기독교와 유사하게 보이는 유일신 신앙을 가졌지만, 기독교 복음의 핵심을 의도적으로 왜곡하여 가장 크게 파괴하며 기독교에 대해서 적그리스도적으로 활동하는 종교 집단이다. 자칭 어떤 류의 기독교라고 하지 않는 이슬람을 "반기독 운동" 내지 "적그리스도 운동"으로 취급하게 되는 이유는 다음과 같다.

앞에서 살펴본 바와 같이 이슬람은 기독교 삼위일체 신관에 대해서 반신적이며, 예수의 신성에 대해서 반기독적이며, 십자가와 부활을 부정하기에 반구원론적이다. 이슬람은 보통 종교 중의 하나가 아니라, "메시아 예수"보다 "선지자 무함마드"를 더 높이고, 아래의 성경 말씀과 같이 "적그리스도 운동"을 전개하고 있는 것이다.

거짓말하는 자가 누구냐 예수께서 그리스도이심을 부인하는 자가 아니냐 아버지와 아들을 부인하는 그가 적그리스도니 아들을 부인하는 자에게는 또한 아버지가 없으되 아들을 시인하는 자에게는 아버지도 있느니라(요일 2:22-23).

사랑하는 자들아 영을 다 믿지 말고 오직 영들이 하나님께 속하였나 분별하라 많은 거짓 선지자가 세상에 나왔음이라 이로써 너희가 하나님의 영을 알지니 곧 예수 그리스도께서 육체로 오신 것을 시인하는 영마다 하나님께 속한 것이요 예수를 시인하지 아니하는 영마다 하나님께 속한 것이 아니니 이것이 곧 적그리스도의 영이니라 오리라 한 말을 너희가 들었거니와 지금 벌써 세상에 있느니라(요일 4:1-3).

이슬람은 이슬람 경전의 계시자를 가브리엘 천사라고 한다. 그 가브리엘은 성경의 가브리엘과 정반대의 모습으로 나타나서 정반대로 예언하며, 기독교의 가장 핵심이 되는 예수 그리스도의 정체성을 적그리스도적으로 반박하였다. **성경**은 동정녀 마리아에게 나타난 가브리엘 천사가 그녀에게 잉태할 아들의 이름을 **예수**라고 하고, 그 예수를 "**지극히 높으신 이의 아들**" 또는 "**하나님의 아들**"이라고 계시하였음을 말한다(눅 1:26-35). 반면에 **꾸란**에 "나타난 가브리엘 천사"는 **예수**를 하나의 **피조물**이라고 선언한다.

하나님께서 아담에게 그랬듯이 예수에게도 다를 바가 없도다. 하나님이 흙으로 그를 빚어 그에게 말씀하셨다. 있어라, 그리하여 그가 있었느니라(Sura 3:59).

꾸란을 계시한 "가브리엘"은 마리아가 잉태한 예수를 "그리스도" 내지 "메시아"라고 칭하면서도 **예수 그리스도의 신성을 철저하게 부정**한다.

> 실로 예수 그리스도는 마리아의 아들이다. 하나님의 선지자로서 마리아
> 에게 말씀이 있었으니 이는 주님의 영혼(a sprit[루흐, ruh])이었느니라. 하
> 나님과 선지자들을 믿되 삼위일체설을 말하지 말라하니 이는 너희에게
> 복이 되리라. 실로 하나님은 단 한 분이시니 그분에게는 아들이 있을 수
> 없음이니라(Sura 4:171).

메카에서 12년 동안 무함마드에게 계시한 영은 이름 없는 "그 영"(Sura 97:4) 또는 "우리의 영"(Sura 19:16-22)이었다.[1] 그러나 초기 계시에 속하는 Sura 97:4의 그 영(al-ruh)을 『성 꾸란 의미의 한국어 번역』은 "가브리엘 천사"로 번역하였다. 그렇지만 사실상 꾸란은 첫 "계시"로부터 메카 계시 12년간 그 영의 이름이나 정체를 밝히지 않았다.

이슬람의 반기독적 **계시자의 성품** 역시 **성경적 가브리엘 천사의** 성품과 판이하게 다르다. **성경**은 가브리엘이 계시 대상에게 나타나서 **하나님의 은혜와 평안을 선포해 주었다**(눅 1:26-38). 그러나 이슬람의 "가브리엘"은 계시 대상이 두려워 죽을 정도로 강제로 압박하고 계시 상대자에게 나타나 몹시 고통스럽게 했다.[2] 하디스는 그 영에 대해 다음과 같이 말한다.

> 인기척 없는 적막한 사막의 동굴로 예고 없이 나타났다가 돌연히 사라져
> 버린 이 방문자는 악령의 통념적인 관념과 혼합이 되어 그를 경악시켰

---

1 *The Noble Quran*, Sura 97:4은 아랍어 원서와 같이 그 "계시자"를 '루흐'(Ruh)로 설명한다. "Therein descend angels and the Ruh (jibril) by Allah's permission with all Decrees (Al-malaikatu wa-al-ruhu)." 가브리엘(Gabriel)은 괄호 안에 묶였다. "Sie waren von starkem Schweißausbruch und von glockenähnlichen Getöse begreitet. Er fiel dabei zu Boden wie ein Betrunkener und brullte wie ein Kamelhohlen."

2 메카 계시 12년간에는 '그 영,' '한 영' 등으로 일컬어지는 이름 없는 영이 계시하였으나, 메디나 계시에서 비로소 그 "계시자"가 "가브리엘(Sura 2:97-98; 66:4)이라는 이름으로 소개된다.

고, 그런가 하면 여러 가지 형상으로 변모해서 사생활을 해롭게 간섭하는 정신상태에 사로잡히게 했다.³

알 부카리(Al Bukhari)는 아이샤가 전한 또 다른 "계시"의 장면을 다음과 같이 설명하였다.

> 때때로 그것은 벨이 울리는 소리처럼 나타났다. 이러한 형태의 자극은 가장 견디기 힘들었고 이 상태가 지나면 나는 그 받은 자극에 사로잡혀 있었다. 때로는 그 천사가 인간의 모습으로 와서 나에게 말하였고 그가 무슨 말을 했던지 나는 그 말에 사로잡혔다.

무함마드는 쇼크는 받은 상태에서 돌아와 그의 첫째 부인인 카다자에게 말하였다.

"나를 덮어주시오! 나를 덮어주시오! 나에게 일어날 일이 무섭소!"

그래서 그들은 그의 공포가 극복되기까지 그를 덮어주었다고 설명하였다.⁴ 무함마드가 계시 받던 장면을 아흐마드 이븐 한발(Ahmad ibn Hanbal)은 다음과 같이 묘사했다. 계시 받을 때 그는 새끼 낙타 같이 색색거렸고, 땀이 이마에 맺히며, 가끔 그의 입에서 거품이 나오며, 의식불명처

---

3 『하디스』, 하지 사브리 서정길 편저 (한국이슬람교 중앙연합회, 1978), 60, 68.
4 *The Translation of the Meaning of Sahih al-Bhkari*, vol. 1. (Lahore, 1979), 3. "무함마드는 그때의 경험을 첫째 부인 카다자에게 설명하기를, 그가 한 "천사"(the angel)를 보게 되었다고 하였다. 그 천사는 무함마드에게 다가와서 "읽어라"라고 명하였다. 그래서 무함마드는 "나는 읽을 줄을 모릅니다"라고 대답하였더니, 그 천사는 그를 강제로 잡고(caught me forcefully) 눌러서 그를 더 이상 견디지 못하게 하였다. 그런 다음 그 천사는 그를 떼어놓고 재차 읽으라고 하였다. 이런 사태가 똑같이 세 번 반복된 다음에 그 "천사"는 다음과 같이 말하였다. "읽어라! 너의 주의 이름으로! 그는 응혈(clot)로 사람을 창조하였느니라."

럼 땅에 누워 있었다.⁵ 또 다른 문서에 의하면 다음과 같이 묘사되었다.

> 그가 가까이 올 때 나는 벌들이 내 머리 주위에서 윙윙거리는 소리나, 종이 울리는 소리나, 쇠붙이가 부딪치는 소리를 듣는다. 그러면 나는 곧장 말이나 낙타에서 내려와 바닥에서 내 머리를 덮어야 한다. 그러면 그가 와서 바닥으로 나를 내리누르고 나를 큰 힘으로 가슴이 으깨지도록 내리누르거나 때려서, 내가 이러다 죽겠구나하고 생각한다. 그 다음에 그는 나에게 말씀하고 내가 절대로 잊지 않도록, 그리고 후에 너희에게 정확하게 읊도록 그의 말씀을 내 마음에 새겨 넣는다.⁶

『무슬림 하디스』(*Muslim Hadith*) 역시 자비르 압둘라(*Jabir b. Abdullah*)의 전승에 의한 무함마드의 계시 장면을 "It was terror-stricken till I fell on the ground"라고 묘사하고 있다.⁷ 계시 받던 때에 무함마드는 동굴 안에서 시끄러운 종소리와 같은 환청을 경험하고 한 영을 보게 되었다고 한다.⁸ 무함마드 자신은 처음에 이 무서운 방문자를 악령(Jinn)으로 생각하였다. 서구 학자들은 무함마드의 인격에 관하여 기만자, 간질 환자, 히스테리 환자, 도취자, 선지자라는 등의 여러 견해를 가지고 있다.⁹

---

5   E. Kellerhals, *Der Islam* (Gühtersloh, 1978), 27.
6   Abd al-Mashih, *Wer ist der Geist von Allah im Islam*? (Villach, Osterreich, 1997), 117-118; K. Hoppenworth, *Islam contra Christentum gestern und heute* (Bad-Liebenzell, 1976), 117-118 footnote 80-81. 참조. E. Kellerhals, 27.
7   Imam Muslim, *Sahih Muslim*, trans. Abdul Hamid Siddiqi, Riyadh, 99.
8   E. Kellerhals, 27. "Sie waren von starkem Schweissausbruch und von glockenähnlichem Getöse begleitet, Er fiel dabei Boden wie ein Betrunkener und brüllte wie ein Kamelfohlen."
9   E. Kellerhals, 36f.

그러나 꾸란은 무명의 계시자 '**루흐**'(ruh)와 동일시 한 "**가브리엘**"을 성경적인 하나님 자신의 영인 "**성령**"과 일치시킨다. 즉, 꾸란은 하나님 자신의 거룩하신 영을 피조물 가브리엘 천사와 동일시하는 어처구니없는 사실을 빚고 있다. 그러나 무함마드가 이렇게 무서운 영을 만나면서 극심한 고통을 당한 것과는 판이하게, **하나님 자신의 영인 성령**을 받은 모든 그리스도인들은 말할 수 없는 하나님 크신 사랑(요 3:16; 요일 4:10)과, 의와 평화(요 14:27; 롬 8:6)와, 기쁨을 경험한다(롬 14:17).

실제로 무함마드를 지켜본 그의 삼촌 아부탈립과 메카의 여러 부족들은 그의 가르침을 배척하였다. 무함마드는 마술사, 거짓말쟁이, 사기꾼으로 몰리게 되었다. 결국 그는 615년 남자 11명과 여자 44명과 함께 몰래 아비시니아로 피난을 떠나야 했고, 그 이후에도 무함마드는 메카부족에게 여전히 받아들여지지 않아서, 메카에서 북쪽으로 300마일 떨어진 곳에 놓인, 후에 '메디나'(Medinat-ul-nabi)라고 불릴 야트립(Jathrib)으로 이주해 갔다.[10]

꾸란의 거짓된 진술들은 영적인 것만이 아니라, **역사적인 사실까지 왜곡**하고 있다. 꾸란은 이스라엘의 역사적 사건이었던 B.C. 14세기 전에 살았던 아므람의 딸이며 모세의 누이인 **미리암과 '동정녀 마리아'를 동일시**하는 무지한 일을 범하였다(Sura 66:12; 3:35-36).

그리고 또 결코 예수 그리스도의 신성을 인정하지 않기 때문에 예수 그리스도의 대속적이고 역사적인 죽음도 인정하지 않았다. 꾸란은 누구에게나 자명한 역사적인 사건이었던 예수 그리스도의 십자가와 부활을 부인하면서 다만 살해되지 않은 예수의 승천만을 주장한다.

---

[10] 『하디스』, 하지 사브리 서정길 편저, 63-66, 75.

마리아의 아들이며 하나님의 선지자의 예수 그리스도를 우리가 살해 하였다라고 그들이 주장하더라. 그러나 그들은 그를 살해하지 아니하였고 십자가에 못 박지 아니했으며 그와 같은 형상을 만들었을 뿐이라. 이에 의견을 달리하는 자들은 의심이며, 그들이 알지 못하고 그렇게 추측을 할 뿐 그를 살해하지 아니했노라. 하나님께서 그(예수)를 오르게 하였으니 하나님은 권능과 지혜로 충만하심이니라(Sura 4:157-158).

이와 같이 이슬람은 꾸란을 통하여 의도적으로 그리스도의 죽음을 부인하고 속죄 행위를 부정하는 전형적인 적그리스도의 모습을 띄고 있다.

그러나 기독교 복음의 독특성은 **구원의 역사적 사실성**이다. 하나님은 역사의 주인으로서 역사 속에 **먼저 예언**하여 알리시고 **후에 실행**하신다(암 3:7). 구약에서 예언된 하나님의 말씀이 신약에서 이루어진 것들 중 가장 중요한 예언은 다음과 같다.

첫째, 하나님 자신이 타락한 피조물의 역사 속에 들어오신다. 즉 그리스도께서 강림하신다(사 53장; 미 5:2).

둘째, 예수 그리스도의 대속적 희생을 통해 구원 받는 성도들에게[11] 하나님이 자신의 영인 **성령을 부어 주심**으로 인치시고 성도들과 동행(임마누엘)하시는 것이다.[12]

그래서 그리스도인들을 성령의 전, 즉 성전이라고 한다.[13] 그리고 역사 속으로 구원자 예수 그리스도와 성령이 강림하심으로 인하여 신약의

---

11 롬 3:23; 벧전 2:24; 3:18; 히 9:22; 요일 2:2. 우리 죄의 진노를 자신에게 돌리심(요 6:60).
12 사건과 오순절 이래 오늘날까지 모든 그리스도인들이 성령을 받는다.
13 고전 3:16; 엡 2:21.

백성들에게 '삼위일체 하나님'이라는 지식이 생겼다. 하나님이 역사 속에 강림하심은 사실이고, 속죄함을 받은 모든 그리스도인들이 체험하는 것이다. 성령은 예수 그리스도의 대속에 의해서 정결함을 받은 사람에게만 주어진다(행 2:38). 성경에 기록된 바와 같이, 어린 양 '예수 그리스도'의 희생[14]에 의한 '속죄'와 '성령'을 받은 성도들은 새 사람이 되어(고후 5:17) 하나님과 화목하고 하나님과 사랑의 교제를 누린다.

그러나 메카에서 무함마드가 만났던 한 무명의 영은 예수 그리스도가 하나님의 아들임을 철저하게 거부하였다. 무함마드는 성령을 알지도 못했고 받지도 못했다. 오히려 적그리스도적인 영에 사로잡혀 예수가 하나님의 아들임을 부인한 사람이었다(요일 2:22-23). 꾸란은 무함마드가 죄인이라고 증거하고(Sura 47:19; 48:2), 무함마드 자신도 그것을 부정하지 않았으며, 자신이 성령에 관해서 알지 못함도 고백했다.

> 그들이 성령이 관해서 그대에게 물으리라 일러 가로되 성령은 주님 외에는 알지 못하는 것이며 너희가 아는 것은 미량에 불과하니라(Sura 17:85).

위에서 연구한 바와 같이 메카에서 12년이나 무함마드를 지배한 꾸란의 가브리엘은 참 성령도 아니었고, 하나님이 보내신 참 가브리엘 천사도 아니었다. 무함마드가 본래 체험하며 느낀 그 "계시자"는 무함마드가 생각했던 것같이 그리고 그가 경험했던 현상과 같이 베두인의 상식에 상응하는 영이었다.[15] 그러므로 하나님의 영을 알지도 받지도 못한 꾸란적

---

14 사 53:7; 요 1:36; 벧전 1:19; 계 5:6-8.
15 『하디스』, 하지 사브리 서정길 편저, 60. "인기척 없는 적막한 사막의 동굴로 예고 없이 나타났다가 돌연히 사라져 버린 이 방문자는 악령의 통념적인 관념과 혼합이 되어 그를 경악시켰고, 그런가 하면 여러 가지 형상으로 변모해서 사생활을 해롭게 간섭하는 정신 상태에

무슬림들은 기독교의 핵심 교리를 철저하게 왜곡한 것이다.

무슬림들에게 하나님과의 화목(롬 5:10-11; 2:2; 고후 5:16-19)과, 성령으로 말미암은 "임마누엘"(하나님이 우리와 함께하신다)과 같은 체험은 일어나지 않는다. 무슬림들은 하나님을 만날 수 없고, 은혜도 없고, 화해도 없고, 하나님과의 친교도 없고, 하나님과 사랑의 교제도 할 수 없다. 물론 칭의[16]도 없고, 성화도 없다. 이슬람에는 아무것도 없다.

이슬람에는 나름대로 구원론이 있지만 위에서 살펴본 바와 같이, 자기 공로와 자기 속죄에 의한 행위 구원뿐이고, 그 외에 죄인이 구원을 받을 만한 알라의 은총이나 사랑에 근거한 구원은 제시된 바가 없다. 꾸란은 오히려 Sura 8:39에 기록되어 있는 바와 같이 "박해가 사라지고 종교가 온전히 하나님만의 것이 될 때까지 성전하라"라고 하며 온 세계가 이슬람화되기까지 "성전"이 계속 진행할 것을 명하고 있다. 꾸란에는 비무슬림에 대한 무조건적 공격과 살해 명령들이 수 없이 많다.[17]

그리고 "성전" 중에 살해한 것은 알라의 뜻이고 알라 대신에 행한 것이므로 알라는 그 살해자를 아래와 같이 무죄로 인정한다.

사로잡히게 했다." 이 증언은 반드시 먼저 예언하시고 후에 성취하시는(암 3:7) 기독교의 하나님의 성품과 완전히 대치된다.

16 예수 그리스도의 대속의 보혈로 죄 사함을 받은 사람들에게 의롭다고 판정해 주시는 하나님의 판정(롬 8장).

17 Sura 8:12, "내가 불신자들의 마음을 두렵게 하리니 그들의 목을 때리고 또한 그들 각 손가락을 때리라."
Sura 9:5, "금지된 달이 지나면 너희가 발견하는 불신자들마다 살해하고 그들을 포로로 잡거나 그들을 포위할 것이며 그들에 대비하여 복병하라 …."
Sura 47:4, "너희가 전쟁에서 불신자들을 만났을 때 그들의 목들을 때리라. 너희가 완전히 그들을 제압했을 때 그들을 포로로 취하고 그후 은혜로써 석방을 하던지 아니면 전쟁이 종식될 때까지 그들을 보상금으로 속죄하여 주라 …."
Sura 4:89, (배교자에 관해서는) "포획하고 그들을 발견하는 대로 살해할 것이며 친구나 후원자를 찾지 말라."

> 그들을 살해한 것은 너희가 아니라 하나님께서 그들을 멸망케 하였으며 그들에게 던진 것은 그대가 아니라 하나님께서 던지셨음이니라
> (Sura 8:17).

꾸란은 특별히 비무슬림들과 전쟁하다가 전사한 사람들을 알라가 구원해 준다고 믿는다. 무슬림들은 전쟁하다 죽은 전사자를 "순교자"라고 하는데, 이 순교자들에게는 알라가 모든 죄악을 "저울에 달아" 보지도 않고 즉시 "속죄"해 주며 그 보상으로 강이 흐르는 천국으로 직행하게 해준다고 믿는다.[18] 그러므로 극단적이고 꾸란적인 무슬림들은 자신이 구원 받기를 열망하여 성전이라고 생각하는 테러를 감행하여 무고한 비무슬림들을 죽이고 자신이 구원을 받는다고 믿는다. 그리고 그들은 온 세상을 알라의 것이 되도록 점점 더 난폭해진다.[19]

이와 같이 이슬람은 기독교를 파괴하려는 의도로 설립되었고, 점차 전 세계적으로 기독교와 투쟁을 벌이는 적그리스도적 운동 단체로 등장할 것이다.

그러므로 우리는 이 잃어버린 무슬림들의 영혼들도 간절히 사랑하시

---

[18] Sura 3:157-158, "하나님의 길에서 살해당했거나 죽었다면 하나님으로부터 관용과 자비가 있을지니 이는 생전에 축적한 것보다 나으니라. 만일 너희가 죽었거나 살해당했다면 너희는 하나님께로 돌아가니라."
Sura 3:169, "하나님의 길에서 순교한자가 죽었다고 생각치 말라. 그들은 하나님의 양식을 먹으며 하나님 곁에서 살아 있노라."
Sura 3:195, "… 나의 길에서 수고한자 성전하였거나 살해당한 그들을 속죄하여 줄 것이며 강이 흐르는 천국으로 들어가게 하리니 이것이 하나님으로부터 받을 보상이라 …."
Sura 61:11-12, "… 너희 재산과 너희 생명으로 성전하는 것으로 너희가 알고 있다면 그것이 너희를 위한 복이라. 하나님께서 너희의 과오를 용서하사 강물이 흐르는 에덴의 천국 안에 있는 아름다운 거주지로 인도하시리니 그것이 위대한 승리라."

[19] 참조, 2000년 이후 대형 테러 일지. http://www.yonhapnews.co.kr/bulletin/2017/06/04/0200000000AKR20170604030900009.HTML?input=1179m.

는 하나님과 합한 마음을 더욱 품고, 무슬림들도 구원하시기 위해서 짊어지신 그 험한 대속의 십자가와 부활의 복음과, 하나님 아버지의 그 놀라운 사랑을 17억의 무슬림들에게 속히 전해 주어야 할 것이다.

참고문헌

서론

노니 다르위시. 『이슬람의 인권과 여성 – 숨겨왔던 샤리아의 진실』. 장성일 역. 4HIM, 2013.

샘 솔로몬·엘리아스 알 막디시. 『이슬람의 이주 정책 – 이슬람의 세계정복을 위한 주요전략』. 도움번역위원 역. 인천: 도움, 2016.

『성 꾸란 의미의 한국어 번역』. 최영길 역. 파하드 국왕 꾸란 출판청, 1999.

「알아라비」. Kuwait, 2007.8.16., 114-121.

압 둘 미시흐. 『무슬림과의 대화』. 이동주 역. 서울: CLC, 2001.

한기총 제작 DVD, "이슬람을 경계하라." 2006.

Abd al-Masih. *Gesetzgebung im Qur'an*(*Die Qur'ansische Schari'a*), *Der heiliger Krieg im Islam – Traum oder Wirklichkeit?*. EUSEBIA gGmbH, 2000.

http://blog.naver.com/9hunter9/220615588178

https://www.youtube.com/watch?v=rvQSgvgSwXs&feature=youtu.be

https://www.youtube.com/watch?v=oPVrwlu8IJ4&feature=youtu.be

http://news.kukinews.com/news/article.html?no=341671

https://www.youtube.com/watch?v=MsZHoKfcSlA

https://www.youtube.com/watch?v=epeN9WYA0Vo

제1부 | 무슬림도 받을 수 있는 하나님의 사랑

공일주. 『아랍교회에 부흥 있으라』. 서울: 예루살렘, 2000.
『기독교 대백과사전』 4. 서울: 기독교문사, 1985.
김정주. 『바울의 성령 이해』. 서울: CLC, 1997.
무함맏 압둘 아렘 시디끼. 『이슬람 교리문답』. 하지 사브리 서정길 역. 이슬람 선교성, 트리폴리, 주한 리비아 국민사무소, 1983.
『성 꾸란 의미의 한국어 번역』. 최영길 역. 파하드 국장 성 꾸란 출판청, 1999.
안드리아스 마우러. 『무슬림 전도학 개론』. 이승준 · 전병희 역. 서울: CLC, 2011.
압 둘 미시흐. 『무슬림과의 대화』. 이동주 역. 서울: CLC, 2001.
Armstrong, Amatullah. *Sufi Terminology*. Karachi, 1995.
Bauer, W. *Wörterbuch zum Neuen Testament*. Berlin, 1971.
Brunner, E. *Die Lehre vom Heiligen Geist*. Zürich, 1945.
Hr. v. Hazrat Mirza Tahir Ahmed. *Der Heilige Qur'an*, Deutschland, 1989.
Haji Sabri Suh Jung-Gil(Trans.). *Hadith*. The Korea Muslim Federation, 1978.
Imam Muslim. *Sahih Muslim*. trans. Abdul Hamid Siddiqi, Riyadh.
Ibn Hischam. *Das Leben Mohammeds*, Bd. 1. Villach Österreich, 1992.
Jüngel, E. *Gott als Geheimnis der Welt*. Tübingen, 1982.
Muhammad Ali Alkhuli. *A Dictionary of Islamic Terms*. Swaileh-Jordan, 1989.
Nehls, G. *Christen antworten Moslems*. Hänsler-Verlag, Neuhausen-Stuttgart, 1982.
Rhan, John K. *The Confessions of Saint Augustine*, New York-Doubleday, 1960.
The Translation of the Meanings of Sahih al-Bukhari, vol. 1. Lahore, 1979.

제2부 | 이슬람 대처

강경희. "지하드는 성전아니다." 「조선일보」. 2001.9.14., 7.
강신우. "독일 자폭테러 청년의 마지막 메세지…이슬람국가(IS) 2년의 현주소." 「서울경제」. 2016.7.26. (http://www.sedaily.com/NewsView/1KZ0MLGK8K).
강신우. "IS 테러, 모두 분석해봤더니…29개 나라에서 2,000여명 살해." 「서울경제」. 2016.7.26. (http://www.sedaily.com/NewsView/1KZ0KAJNR1).

김동문. 『러브엠이쩜컴(LoveMe.com)』 제 298호. 한국인터서브.
김보경. "영국에서만 올들어 세번째…최근 세계 대형테러 일지." 「연합뉴스」, 2017.6.4. (http://www.yonhapnews.co.kr/bulletin/2017/06/04/0200000000AKR20170604030900009.HTML?input=1179m).
노니 다르위시. 『이슬람의 인권과 여성 – 숨겨왔던 샤리아의 진실』. 장성일 역. 4HIM, 2013.
"무슬림의 어두운 그림자, 코슬림 세대의 위협." 「종교와 진리」. 2016.3.21. (http://www.churchheresy.com/news/articleView.html?idxno=80).
무하만 압둘 아렘 시디끼. 『이슬람 교리문답』. 하지 사부리 서정길 역. 이슬람 선교성, 트리폴리, 주한 리비아 국민사무소, 1984.
박성준. "이슬람은 평화의 종교 … 무슬림 왜곡한 IS는 정치집단." 「뉴스천지」. 2016.3.4. (http://www.newscj.com/news/articleView.html?idxno=336585).
변재현. "수세 몰린 IS, 흩어져 활동…지구촌 '디아스포라' 공포 확산." 「서울경제」. 2016.7.15. (http://www.sedaily.com/NewsView/1KYVKS5Z3W).
『성 꾸란 의미의 한국어 번역』. 최영길 역. 파하드 국장 성 꾸란 출판청, 1999.
신유리. "외국인 범죄율, 내국인 밑돌지만 살인·강도는 높아." 「연합뉴스」. 2016.2.12. (http://www.yonhapnews.co.kr/bulletin/2016/02/12/0200000000AKR20160212064900371.HTML).
「알아라비」. Kuwait. 2007.8.16. 114-121.
압둘 미시흐. 『무슬림과의 대화』. 이동주 역. 서울: CLC, 2001.
연유진. "IS '獨 도끼 공격자는 우리 전사'…독일사회에 긴장감 고조." 「서울경제」. 2016.7.20. (http://www.sedaily.com/NewsView/1KYXT4N0ZB).
연합뉴스. "본국 처자식 두고 한국서 결혼 외국인…'체류 불허'." 2015.9.28. (http://www.yonhapnews.co.kr/bulletin/2015/09/26/0200000000AKR20150926026400004.HTML).
이만석 · B. H. Eldin. 『왜 대부분의 테러범은 무슬림인가?: 이슬람의 취소 교리와 대체 교리』. 4HIM, 2016.
이수민. "희생자 84명 가운데 38명 외국인." 「서울경제」. 2016.7.20. (http://www.sedaily.com/NewsView/1KYXT9P9UJ).
이옥순, 이태주, 이평래, 이종득, 이희수. 『오류와 편견으로 가득한 세계사 교과서 바로잡기』. 서울: 삼인, 2007.
이유진. "한국여자, 파키스탄인을 만나지 말라?" 「여자와 닷컴」. 2012.1.1. (http://www.

yeozawa.com/news/news/120101/120101,01,1115_22.htm).

이정순. 『이슬람 문화와 여성』. 서울: CLC, 2007.

이지혜. "'선교목적' 입국해놓고…난민신청 브로커 활동한 파키스탄인." 「CBS 노컷뉴스」. 2016.1.31. (https://nocutnews.co.kr/news/4541060).

이희수. "'신의 계시' 이슬람 경전 '코란'." 「조선일보」. 2001.9.18., 21.

이희수. "적대적 고정관념으로 왜곡된 서아시아-이슬람권." 『오류와 편견으로 가득한 세계사 교과서 바로잡기』. 서울: 삼인, 2007.

진 세손. 『술타나』(Princess: A True Story of Life Behind the Veil in Saudi Arabia). 이영선 역. 서울: 문학세계사, 2002.

특별취재팀. "'부토 피살'때 교통마비 됐어도 한국어 능력 시험 응시율 98%." 「조선일보」. 2008.7.8. (http://news.chosun.com/site/data/html_dir/2008/07/08/2008070800061.html).

패트릭 숙데오. 『샤리아 금융의 이해』. 애드보켓코리아 번역위원회 역. 서울: 쿰란출판사, 2009.

채널A 쾌도난마. "한국 거리 활보한 테러리스트 56명… 테러 방지 손놓았다?" 792회 (https://www.youtube.com/watch?v=epeN9WYA0Vo).

한기총. "이슬람이 오고 있다." DVD. 2009.

한정수. "양자 체류기간 늘리려 위장결혼 시킨 귀화 파키스탄인, 재판에." 「머니투데이」. 2016.5.4. (http://www.mt.co.kr/view/mtview.php?-type=1&no=2016050409461434674&outlink=1).

홍혜림. "법원, '무늬만 기독교' 파키스탄인 난민신청 기각." 「KBS 월드 라디오」. 2016.2.1. (http://world.kbs.co.kr/korean/news/news_Dm_detail.htm?No=256879).

황은순. "할랄에 대한 오해와 진실 우리가 알아야 할 10가지." 「주간조선」 2421호. 2016.8.22. 스페셜 리포트(http://weekly.chosun.com/client/news/viw.asp?n-NewsNumb=002421100010&ctcd=C05).

Abd al-Masih. Wie ist das islamische Recht entstanden?, Die Gesetzgebung im Qur'an(Die Schari'a des Quran). Medienabeilung des EUSEBIA gGmbH, 2001.

Abd al-Masih. Die harten Strafen des Islams, Die Gesetzgebung im Qur'an(Die Qur'anische Schari'a). Medienabteilung der EUSEBIA gGmbH, 2001.

Abd al-Masih. Der heiliger Krieg im Islam - Traum oder Wirklichkeit?, Die Gesetzgebung im Qur'an(Die Schari'a des Quran). EUSEBIA gGmbH, 2000.

Abd al-Masih. *What a Woman should know about Islamic marriage before she marries a Muslim: The position of women, marriage and divorce according to the Qur'an.* Grace and Truth-Fellbach-Germany, 2003.

Ghulam Masih Haamaan. *My Grace is Sufficient for You.* The Good Way, Rikon, Switzland, 1998.

Glasse, Cyril. *The Concise Encyclopaedia of Islam.* London, 1989.

Hammond, Peter. *Slavery, Terrorism & Islam — the historical roots and contemporary threat.* Christian Liberty Books, 2005.

Hoppenworth, K. *Islam contra Christentum gestern und heute.* Bad Liebenzell, 1976.

SBS. "'무슬림의 복수'…IS, 한국인 테러 대상 지목"(https://www.youtube.com/watch?v=oPVrwlu8IJ4&feature=youtu.be).

YTN. "IS, 한국 포함 60개국에 '테러 위협' 경고 …'9월 이어 두 번째'"(https://www.youtube.com/watch?v=rvQSgvgSwXs&feature=youtu.be).

YTN. "IS, '일본인 인질 고토 참수' 영상 공개"(https://www.youtube.com/watch?v=MsZHoKfcSlA).

http://blog.naver.com/banks/220560646874

http://news.heraldcorp.com/view.php?ud=20161020000125

http://weekly.chosun.com/client/news/viw.asp?nNewsNumb=002421100010&ctcd=C05

http://news.heraldcorp.com/view.php?ud=20161020000125

이혜훈 의원. "이슬람 바로 알기"(https://youtu.be/MFSKL3mpZwI). 2015.6.27.

http://www.fcnn.com/index.php?option=com_content&view=article&id=1212:1389-02-05-02-21-08&catid=105:church&Itemid=501

http://100.daum.net/encyclopedia/view/150XXXXXXX099

http://book.daum.net/media/detail.do?seq=1177293

http://www.newswinkorea.com/news/article.html?no=445

http://www.missiontoday.co.kr/archives/3145

http://bbs1.agora.media.daum.net/gaia/do/debate/read?articleId=92446&bbsId=D104

http://www.ytn.co.kr/_ln/0104_201607170112222882?dable=10.1.4

http://pak-islamabad.mofa.go.kr/webmodule/htsboard/template/read/korboardread.

jsp?ty-peID=15&boardid=3593&seqno=550623

제3부 | 이슬람 수피즘 연구

강재춘. "터키수피즘의 영적 세계 및 수행방법 연구 – Mevlana 종단의 세마춤 수행을 중심으로." 석사학위 논문, 아세아연합신학대학교 대학원, 2005.
공일주. 『이슬람의 수피즘과 수쿠크』. 서울: CLC, 2011.
대세계백과사전 12. 서울: 태극출판사, 1991.
르메뜨르, S. 『라마크리슈나』. 서울: 대원사, 1988.
엘리아데, M. 『요가』. 정위교 역. 서울: 고려원, 1989.
요시로, D. 『열반경의 세계』. 서울: 현암사, 1991.
이기영. 『한국불교연구』. 서울: 한국불교연구원, 1982.
이현경. "이슬람의 사랑 개념." 『민속이슬람』. 서울: 예영커뮤니케이션, 2004.
조희선. "통합과 융합의 이슬람 문화." 『민속이슬람』. 예영커뮤니케이션, 2004.
황패강. 『신라 불교 설화연구』. 서울: 한국불교연구원, 1982.
Al-Ahram. 2010.10.21.
Der Heilige Qur'an. Ahmadiyya Muslim Jamaat, 1989.
Fadiman, J. · Frager R. (Edit.). *Essential Sufism*. San Francisco, 1997.
Fork, A. *Geschichte der mittelalterlichen chinesischen Philosophie, in: Abhandluugen aus dem Gebiet der Auslaudskunde*, Bd 41. Hamburg, 1934.
Hoppenworth, K. *Neue Heilswege aus Fernost*. Bad Liebenzell, 1978.
Huang-Po. *Die Zen-Lehre des Chinesischen Meisters Huang-Po*. Weilheim, 1960.
Kellerhals, E. *Der Islam*. Gütersloher, 1978.
Kohoury, A. Th. *Gebete des Islams*. München, 1981.
Melzer, F. *Christus und die indischen Erlösungswege*. Tübingen, 1949.
Sheikh Sasir Ahmad. *Ahmadiyya*. Verlag der Islam, 1958.
Suzuki, D. T. *Leben aus dem Zen*. München, 1953.
Tuerkman, E. *The Essence of Rumi's Masnevi*. Konya, Turkiye, 2002.
Wahid Bakhsh Rabbani. *Islamic Surfism*. Kuala Lumpur, 1995.
Winternitz, M. *Der ältere Buddhismus nach Texten des Tripitaka, in: Religions-ges-*

chichtliches Lesebuch, Heft11., hg .v A, Bertholet. Tübingen, 1929.
http://100.daum.net/encyclopedia/view/b01g0599a

제4부 | 내부자 운동의 번역 성경과 상황화 신학의 문제

김정위 편. 『이슬람 사전』. 서울: 학문사, 2002.
로저 딕슨. "C1-C6 그펙트럼의 극복." 『크리슬람』. 조수아 링겔 외 저. 전호진 역. 종교문화연구소, 2014.
무함맏 압둘 아렘 시디끼. 『이슬람 교리문답』. 하지 사브리 서정길 역. 이슬람 선교성, 트리폴리, 주한 리비아 국민사무소, 1983.
빌 니키데스. "무슬림을 위한 성경 번역: 내부자 운동과 성서해석." 『크리슬람』. 조수아 링겔 외 저. 전호진 역. 종교문화연구소, 2014.
『성 꾸란 의미의 한국어 번역』. 최영길 역. 파하드 국장 성 꾸란 출판청, 1999.
아담 심노위츠. "내부자 운동이 사역에 미치는 영향: 개인적 고찰." 『크리슬람』. 조수아 링겔 외 저. 전호진 역. 종교문화연구소, 2014.
압 둘 미시흐. 『무슬림과의 대화』. 이동주 역. 서울: CLC, 2001.
에밀 케너. "내부자 운동의 연옥사상: 낙타전도법." 『크리슬람』. 조수아 링겔 외 저. 전호진 역. 종교문화연구소, 2014.
제이 스미스. "내부자 운동 원리의 피러다임에 대한 평가." 『크리슬람』. 조수아 링겔 외 저. 전호진 역. 종교문화연구소, 2014.
제프 모튼. "내부자 운동: 부적절한 선교학." 『크리슬람』. 조수아 링겔 외 저. 전호진 역. 종교문화연구소, 2014.
제프 모튼. "종교신학적 문제: 예수께서 이슬람교에서 사역했다면 곧이 십자가에 못 박혔을까?" 『크리슬람』. 조수아 링겔 외 저. 전호진 역. 종교문화연구소, 2014.
조슈아 링겔. "성경의 이슬람화: 내부자 운동과 성경 번역들." 『크리슬람』. 조수아 링겔 외 저. 전호진 역. 종교문화연구소, 2014.
존 길크리스트. 『꾸란과 성경의 비교연구』. 전병희 역. 서울: 서로사랑, 2010.
『하디스』. 하지 사브리 서정길 편저. 한국이슬람교 중앙연합회, 1978.
한국천주교중앙협의회. 『제2차 바티칸 공의회 문헌』. 한국천주교중앙협의회, 1990.

Amatullah Armstrong. *Sufi Terminology*. Karachi, 1995.
Ibn kaiyim al-Jawziwa. *The Soul*. beirut, 1997.
Imam Muslim. *Sahih Muslim*. trans. Abdul Hamid Siddiqi. Riyadh.
Jüngel, E. *Entsprechung: Gott-Wahrheit-Mensch*. München, 1980.
Jüngel, E. *Gottes Sein ist im Werden*. Tübingen, 1976.
Jüngel, E. *Gott als Geheimnis der Welt*. Tübingen, 1982.
Khoury, A. Th. *Gebet des Islams*. Mainz-Grünewald, 1981.
Lohse, B. *Epochen der Dogmengeschichte*. Stuttgart, 1974.
Muhammad Ali Alkhuli. *A Dictionary of Islamic Terms*. Swaileh-Jordan, 1989.
The Noble Quran, English Tanslation of the meanings and commantary. Madinah Munawwarah, K. S. A.
The Translation of the Meanings of Sahih al-Bukhari, vol. 1. Lahore, 1979, 3.
http://blog.daum.net/mokryeon/4498248?srchid=BR1http%3A%2F%2Fblog.daum.net%2Fmokryeon%2F4498248(2008.10.3).

결론

『하디스』, 서정길 편저, 한국 이슬람교 중앙연합회 1978.
Abd al-Mashih. *Wer ist der Geist von Allah im Islam?* Villach, Osterreich, 1997.
Hoppenworth, K. *Islam contra Christentum gestern und heute*. Bad-Liebenzell, 1976.
Imam Muslim. *Sahih Muslim*. trans. Abdul Hamid Siddiqi. Riyadh.
Kellerhals, E. *Der Islam*. Gütersloher, 1978.
The Noble Quran, English Tanslation of the meanings and commantary. Madinah Munawwarah, K. S. A.
The Translation of the Meanings of Sahih al-Bukhari, vol. 1. Lahore, 1979
Muhammad Ali Alkhuli. *A Dictionary of Islamic Terms*. Swaileh-Jordan, 1989.
http://www.yonhapnews.co.kr/bulletin/2017/06/04/0200000000A KR20170604030900009.HTML?input=1179m

이슬람의 왜곡된 진리
Truth Distorted by Islam

2017년 12월 22일 초판 발행

지은이 | 이동주

편 집 | 정희연, 곽진수
디자인 | 신봉규, 서민정
펴낸곳 | 사)기독교문서선교회
등 록 | 제16-25호(1980. 1. 18)
주 소 | 서울시 서초구 방배로 68
전 화 | 02) 586-8761~3(본사) 031) 942-8761(영업부)
팩 스 | 02) 523-0131(본사) 031) 942-8763(영업부)
홈페이지 | www.clcbook.com
이메일 | clckor@gmail.com
온라인 | 기업은행 073-000308-04-020, 국민은행 043-01-0379-646
     | 예금주: 사)기독교문서선교회

ISBN 978-89-341-1744-5 (93230)

* 낙장·파본은 교환해 드립니다.

이 도서의 국립중앙도서관 출판시 도서목록(CIP)은 서지정보유통지원시스템 홈페이지(http://seoji.nl.go.kr)와 국가자료공동목록시스템(http://www.nl.go.kr/kolisnet)에서 이용하실 수 있습니다. (CIP제어번호: CIP2017030982)